Ann Shirley
Paris, November 2000

La mer hors d'elle-même

L'émotion de l'eau dans la littérature

Jacques Darras

La mer hors d'elle-même

L'émotion de l'eau dans la littérature

Ouvrage publié avec le concours
du Centre national des lettres

HATIER

HATIER LITTÉRATURE

Directrice littéraire : Colline Faure-Poirée
Collection Brèves Littérature
dirigée par Michel Chaillou

© Hatier, Paris 1991.
Dépôt légal n° 12080, mai 1991
ISSN. 1152-1279
ISBN. 2-218-03725-4
Responsable du visuel : Hélène Quinquin
Recherche iconographique : Nathalie L'Hopitault
Conception graphique : Coriat & Associés

Il faut commencer par revenir d'Irlande.

Maître de Boucicaut et Maître de Bedford
Au Paradis, la fontaine d'où sortent les quatre fleuves :
le Gange, le Nil, le Tigre, l'Euphrate
Enluminure pour le *Livre des merveilles*, début du XVe siècle

I

La Mer, 1900-1910

Masséot Abaquesne (actif dès 1526 - mort avant 1564)
Le Déluge, vers 1540-1550

IV

Nicolas Poussin (1594-1665)
L'Hiver ou le Déluge, vers 1660-1664

Claude Gellée, dit le Lorrain (vers 1600-1682)
Enlèvement d'Europe

Claude Gellée, dit le Lorrain (vers 1600-1682)
La Tempête

Jean Berain (1639-1711) atelier de
Thétis dans son char marin

André Le Nôtre (1613-1700)
Profil du marais d'eau à Versailles

Claude Gellée, dit le Lorrain (vers 1600-1682)
Port de mer, effet de brume, 1646

Echelle de cinq toises.

PROFÍL DV
MARAÍS
D'EAV·

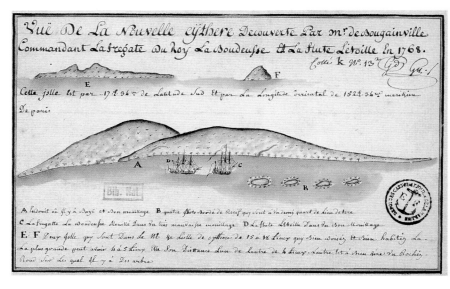

Anonyme, compagnon de Louis-Antoine de Bougainville
Vue de la Nouvelle Cythère (Tahiti), avril 1768

Antoine Watteau (1684-1721)
L'Embarquement pour Cythère, détail

Léon Spilliaert (1881-1946)
Plage au clair de lune, marine avec lumière, 1908

Gustave Doré (1832-1883)
Illustration pour *le Dit du Vieux Marin* de Samuel Coleridge, 1876

Odilon Redon (1840-1916)
Voiliers dans une baie

Nicolas de Staël (1914-1955)
Chenal à Gravelines, 1954

XVIII

Eugène Delacroix (1798-1863)
La Mer vue des hauteurs de Dieppe, 1852 ?

Joseph Mallord William Turner (1775-1851)
La Plage de Calais à marée basse : poissards ramassant des appâts

Edouard Manet (1832-1883)
Bateaux en mer. Soleil couchant, 1872-1873

Georges Seurat (1859-1891)
La Grève du Bas-Butin, dit aussi *la Falaise*

Georges Braque (1882-1963)
Les Falaises, 1960-1961

Gustave Courbet (1819-1877)
La Falaise d'Etretat après l'orage, 1870

Claude Monet (1840-1926)
Terrasse à Sainte-Adresse, vers 1866-1867

Edgar Degas (1834-1917)
Falaises au bord de la mer, 1869

Edgar Degas (1834-1917)
Maisons au bord de la mer, vers 1869

Eugène Boudin (1824-1898)
Voiles sur la mer

Eugène Boudin (1824-1898)
Baigneuse

Edgar Degas (1834-1917)
Au bord de la mer, sur une plage, trois voiliers au loin, vers 1869

Eugène Boudin (1824-1898)
Quatre Esquisses de barque

Nicolas de Staël (1914-1955)
Ciel à Honfleur, 1952

Yves Tanguy (1900-1955)
Sans titre, 1943

XXXII

XXXIII

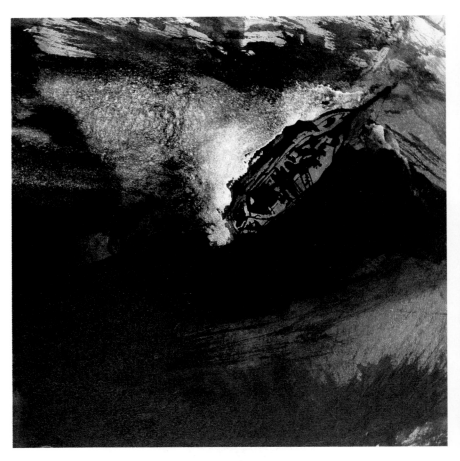

Victor Hugo (1802-1885)
La Durande portée par une lame, 1866

Théodore Géricault (1791-1824)
Le Radeau de la Méduse, 1819

Charles Méryon (1821-1868)
Voilier dans la tempête, 1857

Victor Hugo (1802-1885)
Pieuvre, vers 1866-1868

Gustave Courbet (1819-1877)
La Femme à la vague, 1868

Claude Monet (1840-1926)
Tempête, côtes de Belle-Ile, 1886

Claude Monet (1840-1926)
Les Rochers de Belle-Ile, la Côte sauvage, 1886

Gustave Courbet (1819-1877)
La Vague, 1870

Gustave Le Gray (1820-1884)
Mer Méditerranée - Mont Agde, 1856-1857

Odilon Redon (1840-1916)
Vision sous-marine

Lucien Lévy-Dhurmer (1865-1953)
La Calanque, vers 1936

XLII

Georges Braque (1882-1963)
Le Golfe des Lecques, 1907

Henri Matisse (1869-1954)
Le Luxe I, 1907

XLIII

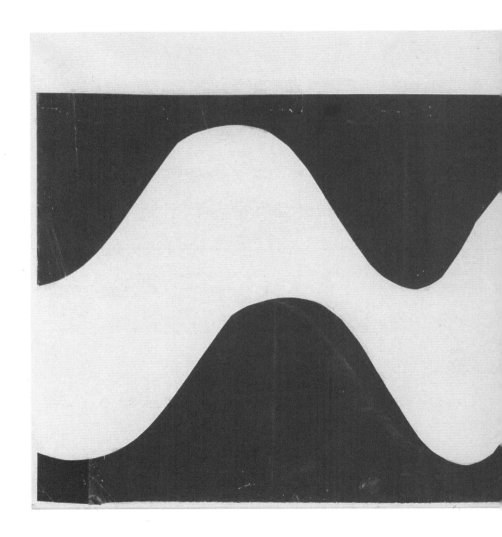

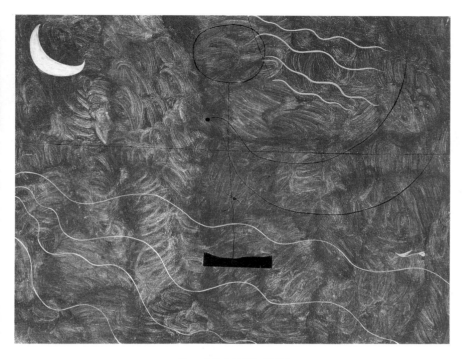

Joan Miró (1893-1983)
Baigneuse, 1924

Henri Matisse (1869-1954)
La Vague, 1952

XLVI

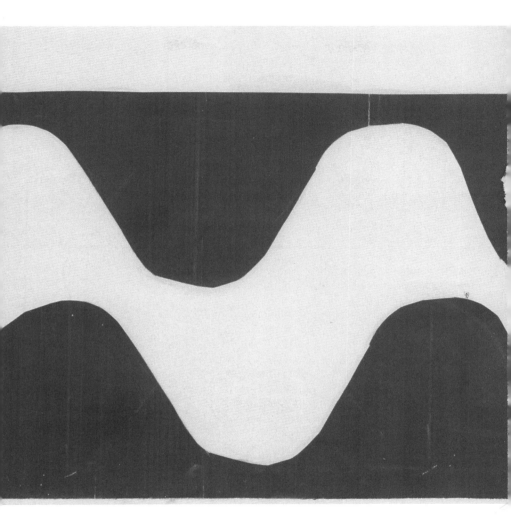

XLV

Yves Klein (1928-1962)
Monochrome bleu, sans titre (IKB 42), 1960

Pablo Picasso (1881-1973)
La Pisseuse, 16 avril 1965

XLIX

Pierre Bonnard (1867-1947)
Nu dans le bain, 1936

Paul Gauguin (1848-1903)
Cavaliers sur la plage, 1902

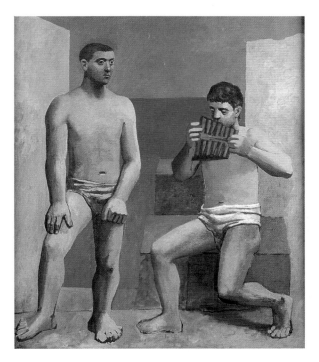

Pablo Picasso (1881-1973)
La Flûte de Pan, été 1923

Paul Cézanne (1839-1906)
Femme piquant une tête dans l'eau, vers 1867-1870

Chariots d'or sur Mag Rein,
Soulevés par la mer montante vers le soleil;
Chariots d'argent sur Mag Mon,
Chariots de bronze sans la moindre éraflure.

Cavales couleur d'or jusqu'à l'herbe de la rive
Cavales couleur rouge cramoisi,
Cavales à l'échine laineuse
D'une laine couleur bleu d'azur profond.

Quelqu'un viendra au lever du soleil
Illuminer la platitude de la plaine;
Un homme à cheval sur les vagues lavant la plaine
Remuera l'océan tant qu'il sera du sang.

Le Voyage de Bran.

Il faut commencer par revenir d'Irlande. C'est le pays de l'écriture qui nous est le plus proche, le plus lointain. Là-bas, au milieu de l'appel des oiseaux, des pages se sont écrites lentement. Des poudres se sont broyées et mélangées à l'encre pour colorier d'immenses lettres dressées comme des crosses pastorales. Il faut s'être tenu sur un coude du Shannon, entre les chapelles en pierre de Clonmacnoise, pour éprouver l'immense paix qui dut passer du fleuve à l'enluminure. Il faut avoir longuement contemplé les îles Skelligs depuis la pointe de Dingle pour entendre comment la rumeur prochaine de l'Atlantique qui se casse sur le sable s'annule tout au fond de l'espace. Il faut être entré dans ces ruchers de la méditation pour capter les derniers grésillements du bruit de fond de la pensée occidentale. Des gymnastes de l'équilibre spirituel se sont accrochés là à des nuages pour ne plus sentir la pesanteur humaine.

Il faut avoir le souvenir de la pointe de Slea Head, de cette eau vert de jade à quatorze degrés où l'on reflue, sitôt entré, dans le développement d'un volumineux rouleau d'écriture liquide. Il faut inlassablement recommencer par l'Irlande d'où sont parties les premières arches de notre religion. Il faut revenir avec la vague initiale où nous ne faisons nous-mêmes que nous baigner en épousant au plus près le rythme fondamental que donne à l'eau l'étrange machine cosmique. Dans le fastidieux ressassement des choses du monde où nous jette l'horizon il faut ensemble accepter l'espèce d'engourdissement où s'endort l'anachorète et profiter du vol vif de la sterne au ras de l'eau. Tout s'explique, en dernière évidence, par le choix d'un poème. Pour naviguer jusqu'au bout des terres de la vie nous avons choisi de commencer par la très lointaine Peregrinatio de Bran.

Il faut qu'une voile
soit noire ou blanche

Le triangle de la mer d'Iroise

Toujours les origines se construisent. La route des filiations qui nous fut enseignée depuis la tendre école nous veut classiquement méditerranéens. Il y a de bonnes raisons à cela qui tiennent autant au pouvoir du catholicisme romain qu'au génie propre à l'humanisme. Les adversaires du fait romain eux-mêmes ne peuvent d'ailleurs s'empêcher de reprendre à Rome son sens de l'exclusion, voire de l'excommunication. Quel dogmatisme par exemple chez le pape du surréalisme, André Breton, lorsqu'il réhabilite le celtisme ! Nous voulons beaucoup plus de jeu dans les origines, beaucoup plus de rêverie dans les routes historiques par lesquelles chacun aura soi-même choisi de venir au présent. Voire de n'y pas aborder du tout. Rien n'est jamais décidé quant au destin des hommes. Partout à la surface des océans traînent des amorces historiques négligées, cassées, par rupture de touage.

Depuis longtemps l'Irlande existe à l'horizon de la France comme une inaccessible sœur catholique jamais atteinte par les flottes de la Monarchie ou de la Révolution. Car entre France et Irlande, se dresse cet inamovible obstacle qui est un peu comme le tiers élément d'une triangulation de haine — l'Angleterre. Tirant sa force de sa puissance exclusivement marine, celle-ci confisqua progressivement toute la mer, de sorte que la France peu à peu repoussée dans sa prison continentale se prit à rêver à l'Irlande comme à une autre elle-même, aussi malheureuse, aussi révoltée mais plus libre dans son gisement marginal. Successivement Louis XIV, Hoche avec la Révolution, Napoléon, en notre siècle l'Allemagne y dépêcheront des expéditions hâtives, souvent mal préparées, ayant espoir et mission de surprendre l'ennemi commun par l'arrière. Que l'Irlande soit devenue par excellence la terre des attentats est une responsabilité qu'il serait sans doute plus honnête de faire partager à toute l'Europe au lieu d'en charger l'Angleterre seule.

Comment déminer l'impasse sanglante ? Lorsque la *barbarie* régna sur le continent après l'effondrement de la règle impériale romaine, en 403 A.D., l'Irlande eut alors une inoubliable mission pacificatrice. Chrétienne sans le martyre, savante avec les livres, visionnaire dans la poésie, elle réussit l'espace de deux siècles exceptionnels la fusion douce de tous les éléments disparates, voire contradictoires qui composaient l'Occident. C'est à ce passé idéal que nous voulons aborder à l'envers de toutes les routes non pas par goût de l'exotisme mais par conviction profonde d'une synthèse unique à faire partager. *Et ego in Hibernia.* Dieu merci, les clercs anglo-normands emportés dans leurs bagages par Guillaume ou Henry II pour imposer la règle bénédictine ou cistercienne eurent le bon goût de recueillir cette civilisation !

La nuit tombe toujours à l'est

Aux Capétiens la guerrière chanson de geste ! Aux doux Angevins le roman irlandais ! Nous voulons bien admettre, certes, que cette division paraisse un peu trop brutale. Il n'empêche que la voie Robertienne qui lie Roland au Cid

Campeador pour composer notre tradition classique majeure se détourne des rivages de l'Ouest. Inversement, tout ce qui monte de la cour limousine d'Aliénor à la cour de Marie de Champagne où compose Chrétien de Troyes, puis de là passe la Manche, s'ouvre aux vents qui soufflent à l'oblique depuis les îles d'Irlande, la Cornouailles ou Galles. Le noroît plaît à ces Normands progressivement modelés par la courtoisie occitane. Puisque la loi salique ne les concerne pas, ils font place à la femme qu'ils associent à l'élément mobile de leurs navigations.

Une étrange affinité semble d'ailleurs les rapprocher de ces Celtes ruraux dont ils ont quelques siècles auparavant si sauvagement pillé les côtes, confisqué les manuscrits et l'argenterie. Longtemps on crut à leur ingratitude absolue. Comme en outre ils étaient dépositaires du fonds commun aux légendes germaniques, ces Norvégiens d'origine devinrent vite d'horribles Allemands propres à alimenter notre haine de Bismarck. Or l'évidence archéologique établit désormais qu'ils furent les créateurs de ces délicats mécanismes humains que sont les villes. Sans eux, jamais de Dublin, de Waterford ni de Cork ! Il faut être descendu sous la terre de Jorvik (York) sur les traces de Bilbo le Hobbit pour comprendre leur apport. Maisons en chêne, cours domestiques où s'élèvent les cochons, tavernes du hareng jouxtent les bords de l'Ouse à une heure de la mer. Ici, une société du Nord inventa la Hanse commerçante.

Ce sont les mêmes que l'on retrouve quelque trois siècles plus tard, si bien assimilés à la campagne irlandaise environnante — ces Fitzwilliam, ces Montagu — que le très anglais Edouard III édicte les accords de Kilkenny leur interdisant la pratique de la langue gaélique et les mariages « romantiques » avec les jolies locales. Un mélange de témérité marine, d'apostolat des flots et de douceur préchrétienne a fait naître dans ces parages le roman gallois que la France a adopté aux XIIe, XIIIe siècles concurremment avec le poème héroïque. Celui-ci renferme en vérité plus de rigidité franque, assez proche de la froideur glaciale dans laquelle s'affrontent le guerrier-loup

13

anglo-saxon Beowulf et le monstre Grendel en un combat mémorable sur la lande. Bram Stoker beaucoup plus tard fera atterrir un autre loup sanguinaire, Dracula, dans le petit port oriental de Whitby. Les littératures, comme les animaux, obéiraient-elles donc à une loi secrète des pedigrees ?

Comme un vol de colombes apostoliques

Lorsque l'Anglo-Normand Benedeit adapte en notre langue l'une des innombrables versions latines de *La Navigation de saint Brendan*, il écrit pour la cour d'Henri Ier d'Angleterre, fils de Guillaume le Conquérant. La vraie destinatrice de l'œuvre est en fait la reine elle-même, dont on ne sait si elle se prénomme alors Mahaut ou bien Alice. On parle bien entendu le français à la cour. On l'y parlera même jusqu'à ce que Philippe Auguste faisant main basse sur la Normandie française en 1205, l'isolement de l'autre moitié normande d'outre-Manche fasse dériver là-bas notre langue vers l'anglais qu'emploie Chaucer lorsqu'il ébranle vers Canterbury ses très terrestres pèlerins à l'aube du XVe siècle. Pèlerinage pour pèlerinage, et malgré le génie gaillard de ce grand connaisseur en vin qu'est Chaucer, nous ne trouvons pas moins de plaisir au voyage du saint irlandais vers les îles bienheureuses de l'Ouest. Même si, originaire de Tralee (où chaque année encore se tient un prestigieux concours de roses), le « saint » nous semble avoir mis dans ses aventures moins d'imagination que son païen prédécesseur nommé Bran.

Etrange duplication des noms ! Ne s'étonnera-t-on pas qu'un certain Colomb Christophe reprenne un jour vers l'ouest la voie successivement ouverte par deux Irlandais nommés Colomba puis Colomban ? Que de colombes pour rapporter l'olivier biblique ! Là où Bran navigue la poésie se fait liquide et nous montre par transparence l'immense pouvoir des métamorphoses qui est au fond de l'élément marin. A-t-on jamais écrit rien de plus amoureux sur l'eau, rien de plus joueur ? Voici

qu'accourt le dieu des vagues Manannan dialoguant avec nous
par-dessus l'épaule du voyageur :

> Cette transparence de la mer
> A travers quoi Bran regarde depuis sa barque
> Pour moi qui suis sur mon char à deux roues
> Est une plaine couverte d'une profusion de fleurs.
>
> Cette transparence
> A la surface de quoi Bran dénombre la foule des vagues
> Est pour moi Terre de Merveilles
> Pays de fleurs aux corolles d'un rouge pur.
>
> Aussi loin que regarde l'œil de Bran
> Bran ne voit que scintillement de chevaux de mer :
> Mais au pays de Manannan le fils de Lir
> Coule un grand fleuve fait de ruisseaux de miel.
>
> La lumière de l'eau sur laquelle tu es,
> Les reflets blancs de la mer dans quoi tu plonges ta rame
> Sont une étendue de terre, de terre moelleuse,
> Couleur jaune, couleur azur.
>
> Des saumons mouchetés sautent par bonds
> Du ventre de la mer blanche où tu regardes :
> Ce sont des veaux, des agneaux de couleur
> Entre eux point de réciprocité de massacres mais d'amour.

Le Voyage de Bran.

Le « saut du saumon » de Finn Mac Cool

En 1925, lui-même ayant œuvré à la recomposition des
mythes autochtones, William Butler Yeats, vieillissant, prend
congé du jeune nationalisme irlandais. En un mémorable adieu
à son pays de frayères à saumons, il décide d'émigrer vers une
mosaïque byzantine.

> Ce n'est pas un pays de vieillesse. Jeunes gens
> Dans les bras l'un de l'autre, oiseaux aux branches,
> S'étourdissant — espèces mortelles — de leur musique,

15

Chutes à saumons, océans redondant de maquereau,
Viandes ailées, nageantes, font à longueur de temps
Louange à ce qui fut conçu et connaîtra la mort.

W.B. Yeats, Sailing to Byzantium.

Rupture moins radicale qu'il n'y paraît. L'Irlande depuis le
IVe siècle déjà entretenait des contacts avec l'Egypte alexandrine. Par la navigation des marins grecs touchant en Cornouailles aux ports de l'étain passaient alors des nouvelles de
l'extraordinaire élan d'érémitisme qui avait atteint une partie
de la chrétienté. Stylites et anachorètes, dont le plus célèbre fut
saint Antoine et auxquels faisaient écho les moines des îles de
Lérins, renvoyaient le christianisme à ses origines. L'Irlande
devint alors monacale par petites communautés.

Contemplatifs en face de la mer, mâchonnant quelques
herbes seules pour nourriture — qui sait quelle herbe! —, des
hommes mirent au point épreuves fictives ou réelles comme de
s'aventurer sur les flots à la grâce de Dieu. Aux Skelligs, à la
pointe de Dingle, sur les falaises d'Achill Island constamment
bouillonnantes d'écume, ils s'initièrent au vol du fou ou de la
sterne mystique, au cou tendu du cormoran. Abordèrent-ils
jamais en Amérique? On en dispute encore tant leurs récits
dissolvent le vrai dans le merveilleux. Ce qui en revanche est
sûr c'est qu'ils enrichiront par leurs pérégrinations maritimes le
sens chrétien de l'apostolat. Personnage bien réel et futur
fondateur de l'abbaye de Clonfert, Brandan va ainsi d'île en île
pendant sept ans jusqu'à ce qu'il touche enfin aux portes du
Paradis. En route lui et ses compagnons rencontrent d'innombrables obstacles de forme essentiellement animale. La mer ne
constitue plus à elle seule la présence inquiétante et divine qui
donnait à la navigation païenne de Bran toute sa subtile poésie.

Il est évident en effet qu'au début du XIIe siècle l'univers
commence d'être scientifiquement plus assuré. Ce qui surtout
frappe dans le texte de Benedeit c'est à quel point la littérature
est devenue allégorique. On sent ici une volonté pédagogique
très forte d'édifier par l'image simple. Découper le monde

suivant les règles de la parabole et du symbole est une technique qui va se généraliser à travers le monde de l'architecture et de la statuaire médiévales. Aussi n'est-ce plus tant le fluide ni le mouvant qui importent que le solide assumant la forme de l'obstacle. Les forces éparses refluent magnétiquement vers un point identifiable. Le monde se personnifie.

Chrétiens sur le dos d'une baleine

Ainsi de cet iceberg alchimiquement transmué par les comparaisons en une sorte de graal flottant couvert de pierreries :

> D'émeraude pur vit un autel
> Là où pilier plonge dans l'eau ;
> Le tabernacle fut en sardoine,
> Le pavement en calcédoine.

Parfois pourtant un doute persiste quant à la réalité, dont l'auteur joue avec humour. Débarquant sur une île où après avoir célébré la messe ils s'apprêtaient à manger, voici que les navigateurs ressentent une violente secousse. L'île non seulement bouge mais se sauve en les emportant sur son dos : ils étaient sur une baleine ! Jean de Brunhoff, l'inventeur de *Babar*, se souviendra de cet épisode pour notre bonheur d'enfant. Mais c'est l'enfance tout entière de la littérature occidentale qui s'offre généreusement dans l'enchaînement de ces épisodes. Hormis le génie particulier d'un Hieronymus Bosch, comment les autres peintres du Moyen Age eussent-ils d'eux-mêmes imaginé le Paradis sans le modèle de Cocagne ?

> Le doux été toujours y est,
> Ni fleurs ni fruits ne choient des arbres,
> Bois y abondent en venaison,
> Comme fleuves abondent en poisson.
> Y coule du lait dans les ruisseaux.
> Tant la richesse est répandue
> Que roseraies suintent le miel
> Par la rosée qui vient du ciel.

Faut-il longtemps jeûner pour entrapercevoir de telles visions ? Là n'est pas le moindre des paradoxes. Il semble en effet que les images d'abondance et de fertilité qui peuplent la route des *immrama*, ces pérégrinations légendaires, viennent d'une faim savamment entretenue. Cette civilisation de la découverte du Paradis est également celle du pénitentiel monastique. Pour suivre saint Colomban dans sa traversée fertile de l'Europe il faut pouvoir se contenter d'un minimum de nourriture. « Que la nourriture soit frugale et se prenne le soir ; qu'elle n'atteigne pas la satiété, ni la boisson l'ébriété. Il s'agit de réparer des forces, non de se rendre malade. Les herbes, les légumes, la farine, tout cela sera cuit à l'eau avec une petite ration de pain : voilà qui ne peut charger l'estomac ni troubler l'esprit. C'est un régime suffisant à conseiller à ceux qui cherchent des récompenses éternelles. »

Rions de nos diététiques contemporaines qui n'ont d'autre ambition que statistique ! Si l'on souscrivait au régime de l'athlète irlandais, au moins était-on prêt à faire partie des douze élus qui, en 590, quitteraient l'Irlande avec lui pour une grande pérégrination à travers toute l'Europe.

Enquête sur le Jura suisse irlandais

En 1929, l'écrivain Charles-Albert Cingria prolonge cette aventure de manière inattendue (*La Civilisation de Saint-Gall*, in *Œuvres complètes*, L'Age d'homme). Grimpant jusqu'à Saint-Gall dans le canton de Zurich d'une phrase précise et prime-sautière, pleine de virages d'où l'on découvre d'abruptes perspectives sur le passé, Cingria trace un grand trait oblique entre l'Irlande et la Suisse à travers toute l'histoire de l'Occident.

C'est à Saint-Gall, dit-il, où le navire terrestre de Colomban s'est momentanément immobilisé aux toutes premières pentes du VIIe siècle, que s'est opérée une translation accentuelle décisive dans le latin de l'Eglise. De là, conclut-il quelques démonstrations plus loin, vient notre plus grande poésie qui comme chacun sait est de la prose rythmée. Après quoi Cingria salue confraternellement le Lausannois Blaise Cendrars d'être un des plus sûrs héritiers de la navigation colombanienne.

Est-ce un effet de la prose ô combien jubilatoire de Cingria? On marche! On allonge le pas avec lui! Du moine compositeur Notker (vers 880) à l'écoute « même des bruits d'eau ou des rythmes d'engins de bois » jusqu'aux longues séquences du *Panama ou l'aventure de mes sept oncles*, Cingria demande que l'on comprenne que se poursuit un seul et même rythme. D'ailleurs, au stade où il en est, nous ne voyons pas très bien pourquoi ce coureur des cimes ne saute pas à pieds joints au beau milieu du lac dadaïste par excellence (le lac de Zurich) pour tremper dur comme fer sa démonstration. « Ce qui fait le soutien (les neumes, l'air tout seul, motif et raison des mots) c'est un dessin qui est un rythme. C'est le tracé arraché à un horaire de la ligne qui va du Pacifique à l'Atlantique en longeant le canal par Walla-Walla, Ogden, Cheyenne, Jules-bourg, Omaha, Dixon, Chicago. Entre chaque couplet il y a ce dessin et ce bruit de rails. »

Autrement dit, on ne peut être poète qu'en prose, pour quoi il faut savoir marcher. D'où les meilleurs poètes seront toujours, en Occident — et pas seulement en Occident! — ceux qui ont le sens de la route. « Il n'y a que les vagabonds, les itinérants — ces moines qui étaient venus d'Irlande à Saint-Gall — mais aussi Rimbaud, aussi n'importe qui écrivant à peine ou n'écrivant pas, n'ayant point d'orgueil, faisant autre chose — du commerce — qui soient vraiment, à notre époque où la littérature est devenue tout à fait odieuse, des musiciens des syllabes. Rimbaud n'aurait pas été aussi authentique du ciel et de la terre — aussi catholique à pleines voiles — s'il n'avait pas été itinérant. »

N'est-il pas suprêmement ironique que la Suisse ait conservé à ce point l'empreinte archéologique des navigations irlandaises? De quel déluge l'arche de Colomban aurait-elle donc été sauvée? N'oublions cependant pas qu'entre mer et montagne les complicités ont l'âge de la Genèse.

Il faut qu'une voile soit noire ou blanche

D'ailleurs, pour bien faire entendre que nous n'aborderons plus en France, nous resterons en Suisse. D'un lac à l'autre, de Zurich à Genève, la route n'est plus irlandaise mais picarde. Entendons-nous bien : Calvin nulle part ne fait appel à sa nation d'origine, l'une des quatre fondatrices du Collège de la Sorbonne en 1257. Mais d'autres humanistes, ses contemporains, le font : les hellénistes Lefèvre d'Etaples et Simon de Colines, l'hébraïsant Vatable, l'imprimeur Vascosan, mentionnent tous leur naissance.

On ne se méfie jamais assez en littérature des traducteurs. Et pourtant! ce sont toujours eux qui annoncent les grandes révolutions. Comment comprendre la diffusion du christianisme sans la traversée que saint Jérôme fait faire à la Bible, du grec au latin? Comment, sinon, expliquer Luther et le protestantisme, comment dire le Noyonnais Calvin? Traduire signifie s'exiler, temporairement ou définitivement, en d'autres termes franchir la mer, réelle ou symbolique. Ainsi lorsque les Anglo-Normands recueillirent la matière celtique dans leurs ateliers, qui fit le plus gros de la traversée?

On a, semble-t-il, perdu la légende originale de *Tristan* et les adaptations qui en furent données par Béroul et Thomas au XIIe siècle sont incomplètes, voire contradictoires. C'est un peu comme si l'œuvre portait en elle la marque de son destin fait à la fois d'enchaînement et de méprise. Les deux héros s'aiment et se manquent dans cette intime traduction de soi à soi qu'on nomme l'amour. Assurément ce texte donne forme à la première tragédie occidentale née ailleurs qu'en Méditerranée. Mais, bien que n'ayant pas souvenir de l'origine, on reconnaît à la lecture de Thomas, par exemple, la marque décisive d'un bouleversement. *Coup de génie*, si l'on veut! La voile, décrète Thomas, sera soit noire soit blanche. Brusquement prend corps dans le plus mince des tissus un manichéisme qui tient aussi du machinisme. Thomas invente le suspens.

Lisez et voyez comme le navire qui ramène Iseult d'Irlande en Bretagne pour une suprême guérison (ce n'est pas la première) met de temps à ne pas avancer. Nous n'avions plus souvenir à quel point Thomas pouvait être précis lorsqu'il approche de la côte normande alors que l'aire celte où il conduit l'histoire demeure extrêmement floue.

> Autant que le vent les emporte
> Courent la longueur de l'océan,
> La terre étrange vont côtoyant
> Devant le havre de Wissant
> Et par Boulogne et par Tréport.
> Le vent qui les pousse est violent
> Et le bateau qu'ils guident léger.
>
> *Le Roman de Tristan.*

Traduction, *translation* vers cette côte-ci où les manœuvres dilatoires de l'écrivain s'accordent à la vraisemblance même. Guillaume le Conquérant ne dut-il pas attendre le bon plaisir du vent à son heure?

Madame Bovary en vue des côtes normandes

Ici la mer a cessé d'être cette joueuse jubilatoire où les saints quelquefois pérégrinaient à leur insu sur le dos des baleines. Joueuse, elle l'est certes, mais comme une alliée maléfique. Plus conforme, en somme, à l'immense pessimisme qui pousse les Germains qu'à la foi optimiste des Bretons christianisés.

On sent l'histoire inexorablement drossée vers l'Allemagne où Gottfried de Strasbourg, traduisant au XIIIe siècle le texte de Thomas daté de 1173, poussera sombrement les amants vers le naufrage. Wagner recueillera l'épave beaucoup plus tard à l'extrémité d'un siècle raffolant de catastrophes maritimes. Le vent, désormais, devient l'élément important. Il est vrai que les moines irlandais naviguaient au mieux à la rame, au pis à l'humeur des courants. La muraille d'eau qu'à loisir sculpte et modèle Thomas est indubitablement belle mais complètement gratuite.

La réalité étant le luxe quotidien du romancier, pourquoi faire preuve d'imagination puisque la Nature elle-même s'en charge? Iseult n'est pas encore Madame Bovary mais déjà elle frôle les côtes normandes de bien près!

> Courent au lof, tournent la toile;
> Mais vont l'envers, quoi qu'ils essaient.
> Le vent se fâche et creuse l'onde
> Se meut la mer qui est profonde,
> Se trouble le ciel, l'air épaissit,
> Les vagues enflent, la mer noircit,
> Pluie, grêle s'abattent, l'orage gronde,
> Boulines se rompent, cassent les haubans;
> Voile abattue ils vont chassant
> Sur l'onde au gré du vent vaucrant.

> *Le Roman de Tristan.*

Il fallait sans doute un Genevois pour tenter de réconcilier ces coques divergentes, l'irlandaise et l'allemande. En publiant *L'Amour et l'Occident* en juin 1938, n'est-ce pas plutôt deux cultures irréparablement fuyantes que Denis de Rougemont essayait de rapprocher? Déjà la tempête s'annonçait, la plane Europe se creusait de ses premiers sillons qu'un sang patriotique, prétend l'hymne — qu'on en change enfin un jour! — avait soif d'abreuver. Vingt ans plus tôt, au sortir du premier conflit, son compatriote Cingria avait défini ce qu'il appelait son « nationalisme surintégral », lequel se moque bien entendu des autres nationalismes. Des Suisses, dira-t-on! On sent donc, dans le *Tristan* de Thomas, la mer être littéralement manipulée, étirée dans le mauvais sens du temps de toute la longueur du temps dickensien.

Clôture d'un monde : cette mer familiale où pendant tant de siècles s'étaient croisés Bretons armoricains — jadis émigrés de Cornouailles sous la pression des invasions saxonnes — Gallois, Irlandais, Pictes et Cornouaillais se prête ici au supplice de l'écartèlement. Un tissu se déchire en charpie.

Ursula Brangwen en sainte Ursule

De cette charpie, Rougemont voudrait guérir la blessure dont suppure Amfortas, le chevalier malade du *Parzifal* de Richard Wagner. La grande question, dit-il, est du mariage. Celle-là même que pose le petit shérif de Nottingham, David Herbert Lawrence, dans son roman *The Rainbow* censuré aussitôt que paru en 1915. Celle-là même que déjà se posait Panurge en un autre temps de divorce humaniste.

Lawrence vient d'enlever Frieda von Richtoffen au roi Marc son mari pour l'épouser dans la forêt. Comme une manière de cathare moderne, il croit trouver le salut dans la sexualité. On ne sait qui traduit qui, de De Rougemont ou du romancier anglais, à cette nuance près toutefois que l'essayiste suisse démontre comment l'idéologie courtoise est une rebelle née au contact du christianisme romain. La passion, dit-il, en une succession de formules promises à rester actuelles tant qu'il restera quelque chose qu'on pourrait appeler « culture occidentale », la passion c'est la guerre.

C'est à peu près ce que dit en 1934 Dick Diver, le héros de *Tendre est la nuit* de Scott Fitzgerald — autre pérégrin irlandais outre les océans du monde. Visitant les champs de bataille de la Somme, du côté d'Albert, Dick résume en une grandiloquente leçon d'histoire que 1914-1918 fut un combat pour l'amour. La femme, la Nation, la femme incarnée dans la Nation. Prétendra-t-on que la papauté réussit finement à divertir ces visions celtiques d'îles bienheureuses et leurs multiples femmes en profession de foi mariolâtre ? Que saint Bernard vint d'autant plus facilement à bout des arguties du Breton Abélard qu'il lui confisqua Héloïse sous la figure de l'Amour sublimé pour Marie ? En sorte que Dante puis Pétrarque pouvaient ensuite débarquer sans risque avec leur platonisme féminisé ?

Sur la magnifique châsse de sainte Ursule peinte par Memling qu'on voit trônant à l'hôpital Saint-Jean à Bruges, la sainte nous est montrée débarquant à Cologne accompagnée des onze mille vierges ses compagnes en martyre. Rhénan de Cologne précisément, Memling, qui travaille pour la cour de Bourgogne, suit scrupuleusement les épisodes racontés par Jacques de Voragine dans sa *Légende dorée*, sans doute l'un des livres les plus copiés et recopiés puis imprimés et réimprimés jusqu'à la Renaissance.

Ursule donc, sachez-le, est bretonne. Demandée en mariage par le fils du très païen roi d'Angleterre, cette fille d'un roi chrétien nommé Nothus pose comme condition de se faire accompagner de dix vierges auxquelles seraient ajoutées mille autre vierges pour lesquelles une flotte appareillera lorsque le jeune prince se sera fait baptiser. De Bretagne, Ursule et les siennes passent en Gaule cheminant vers Rome et sont massacrées à Cologne par deux généraux romains. Sur les multiples panneaux de la châsse, ce que Memling a peint de plus beau ce sont les bateaux avec leurs coques rebondies comme des flancs de jeune femme qui ne seront jamais ouverts par l'amour.

Entre l'Irlande et la Suisse, Clairvaux

Quand la mer et la femme se sont-elles épousées? Est-ce depuis que les doges allèrent jeter l'anneau au large de Venise? Est-ce depuis que le cistercien Bernard prononça ses quatre-vingt-six sermons sur le *Cantique des Cantiques* devant les moines de Clairvaux? Comme Dieu pour Bernard est amour, c'est donc par l'amour seul que l'homme peut rejoindre Dieu. A son approche l'âme humaine tremble ainsi que fait l'épousée dans l'attente du premier baiser de son Seigneur. Conséquemment, la communauté des âmes constituant l'Eglise est pareille à une nacelle de jeunes vierges frissonnantes de plaisir au seuil de la consumation suprême.

De la femme à la mer, médiation est ainsi très naturellement faite par l'image du vaisseau. N'oublions pas pour commencer la pédagogie vivante de l'architecture alors grande pourvoyeuse d'images. Toutes ces nefs qui montent dans le ciel comme autant de coques retournées appellent un grand frissonnement amoureux d'âmes, c'est-à-dire de vagues à la surface desquelles voguer. Notre-Dame de Paris largue les amarres dès 1163, suivie de Notre-Dame de Laon aiguillonnant ses bœufs porteurs de pierres jusqu'au sommet de la montagne, suivie par Notre-Dame d'Amiens dont les plans coïncident avec la création de la Sorbonne et la naissance du futur saint Thomas.

Botticelli l'humaniste fera naître Vénus directement de l'écume de la mer dans les plis d'une coquille pour le plaisir des Médicis ses commanditaires. Mais pour l'heure, l'étonnante assomption de la Vierge au ciel de la conscience occidentale traduit la cohésion croissante de l'Institution catholique dans ses villes. On a cru voir dans cet apogée comme un détournement par les subtils docteurs de l'Eglise des idéaux de la courtoisie. Entre catharisme et courtoisie les rapports sont, il est vrai, étroits. Et ces grands pourfendeurs d'infidèles devant l'Eternité que sont devenus les barons des Flandres ne se feront pas prier pour aller extirper l'hérésie au Sud.

Nefs renversées, doublement renversées, une première fois comme barque, une deuxième fois comme embarcations d'un tirant supérieur à celui des humbles églises romanes, toutes ces dames gothiques qui naviguent sur les toits de la ville disent une promesse de mers, d'océans inconnus aux richesses matérielles aussi bien que symboliques. Car les images simples et fortes sont prégnantes d'ambiguïté comme les flancs d'une vierge en qui se pressent les fécondités matérielles et spirituelles. C'est à cette époque que la société devient une matrice, que les églises avec leurs portails ont forme symbolisée du ventre féminin où se conjoignent l'acte de l'amour et celui de la naissance. Ce sont trafiquants de guède d'Amiens ou de garance d'Arras qui subventionnent cette tutrice de leur orgueil, qui parent d'inaccessibilité courtoise leur bourgeoise essentielle.

Glissements progressifs de l'indifférence

> O tres clere estoile marine
> Entre les perius matinaux,
> En ches tenebres nocturnaus
> Governe-nous et enlumine !
>
> (Ô très claire étoile marine
> Entre les périls matinaux,
> En ces ténèbres nocturnaux
> Gouverne-nous et enlumine !)
>
> Le Renclus de Molliens, *Miserere.*

Si nous nous tenons depuis aussi longtemps au Nord, semblant privilégier l'oïl sur l'oc, c'est parce qu'à compter du XIIIᵉ siècle le centre de gravité de la France y est nettement placé. La Méditerranée y monte avec ses banquiers italiens à la rencontre des produits de la Hanse qu'on échange aux foires. L'alun génois s'y troque contre les fourrures scandinaves, les nouvelles de la mode y prédisent la faveur de l'agneau noir au détriment du ventre d'écureuil. Bientôt la navigation côtière s'enhardissant va desserrer le maillage des routes terrestres. La Bourgogne activera intelligemment ses ports plus au nord au détriment d'une France peu à peu retrite comme reinette sur Paris. A voir comment les maîtres de la peinture belge bousculent les légendes sacrées on sent le processus laïque en marche. Jean Van Eyck avait placé le grand argentier des Bourguignons Rolin priant humblement la Vierge. Mêmes circonstances pour saint Luc peint par le Bruxellois Van der Weyden. Cependant ici, au lieu de prier, le saint a sorti une feuille, un crayon, et fait un croquis de la Vierge. Comprenons désormais que l'activité artistique n'est pas moins religieuse que la religion elle-même.

L'irrespect désacralise d'ailleurs les espaces les mieux gardés. Voici Eustache, pirate boulonnais qui fait l'objet d'un étrange récit en vers aux environs de 1217. Que ce mercenaire ait tour à tour servi les deux ennemis Jean sans Terre et Philippe Auguste n'est pas le plus étonnant. Mais Eustache de Wissant est un moine dont le savoir ésotérique vient de Tolède. Ce défroqué de la mer navigue donc avant tout en diableries. On croirait voir reparaître l'Irlandais Merlin sous un étrange déguisement pour nous avertir : ni foi ni loi désormais sur les vagues, commence la guerre des Panurges contre les Dindonneaux !

> Du moine brièvement vous dirai
> Les exemples que je connais.
> Il se rendit à Saint-Saumer
> A huit lieues près de la mer ;
> Là moine noir devint.
> Après que de Tolède revint
> Où il apprit nécromancie,
> N'y eut homme au royaume de France
> Qui tant sut arts et sortilèges
> A mainte gens tendit maint piège.
>
> *Le Roman d'Eustache le Moine.*

L'océan hérissé de piques et de Picards

Divorce plutôt que mariage se consomme entre un univers allégorique et une réalité de couleur sombre. Où sont donc passés les Irlandais, demandera à peu près Villon, qui dut les côtoyer sur la montagne ? On répondra sans doute que les croisades furent une succession de pérégrinations manquées. Ou bien l'esquisse d'une première Réforme qui se fût retournée contre ses promoteurs. L'ambition n'était-elle pas originellement la purification de la foi ? Les princes se mettaient longuement en pénitence comme des missionnaires colombaniens avant de prendre la mer. Pour eux Jérusalem était terre de *promission*, c'est-à-dire de salut. Oui mais encore eussent-ils dû lire Bran pour bien comprendre comment on n'aborde plus lorsqu'on est parti. Leur foi n'avait assurément pas assez d'émerveillement en elle. Seuls quelques témoins mineurs tel l'incroyable hobereau péronnais Robert de Clari (n'est-ce pas à Péronne que Colomban fondit son premier monastère ?)

conservèrent suffisamment de naïveté pour nous dépeindre l'Orient. La mer, en revanche, n'est plus qu'un banal chemin coupé de tempêtes dont l'agitation communique la nausée. Regardent-ils encore l'eau, ces hommes casqués, maillés, tout tendus d'acier vers leurs buts ? Ou bien serait-ce un effet de la technologie marine accordant maintenant une place démesurée à l'enflure des voiles ? Cela au détriment du liquide porteur ? Déjà l'évêque Guy d'Amiens donnait le ton dans son poème narrant la traversée de Guillaume de Normandie :

> Et sans retard chacun se hâte à son devoir.
> Les uns dressent les mâts ; les autres s'affairent,
> Les mâts étant dressés, à hisser les voiles.
> Un plus grand nombre fait entrer de force les chevaux :
> D'autres rangent en ordre les armes.
> Une armée de fantassins afflue au port,
> Comme un vol de colombes rejoint son pigeonnier.

> *Chant sur la bataille d'Hastings*, xie siècle.

Il est donc clair que très tôt la mer se militarise. N'étant plus l'affaire de quelques « coracles » en osier livrés à la merci des vagues mais de vastes entreprises exigeant un grand concours d'hommes, les traversées se programment, se planifient. Robert de Clari comme les autres chroniqueurs admire la science des Vénitiens en l'aventure. Picard comme lui mais mal résigné à voir s'essouffler l'esprit des croisades, Philippe de Mézières, ex-chancelier de Chypre, partage la même admiration dans son *Songe du viel pèlerin*. Clari écrit vers 1200, Mézières cent cinquante ans plus tard après que l'esprit de courtoisie s'est diffusé dans les allégories du *Roman de la rose*. Avouons que les nefs littéraires qu'affrète ce vieux soldat en quête d'une ultime croisade sentent vraiment l'affrété. Il faut se faufiler entre les mille filins dont s'entrecroise sa prose pour aller pêcher quelque détail croustillant telle cette fameuse pêche au hareng en Scandinavie (livre premier, folio 55-56).

Petite note admirative sur quelques passeurs

Eclipse de mer tout à coup! Derrière saint Luc en train de crayonner la Vierge laquelle, modèle complaisant, présente encore une fois son tétin aux lèvres du petit Jésus manifestement rassasié, s'ouvre une perspective. A mi-plan d'une rivière coulant sinueusement dans l'axe du tableau, deux bourgeois, femme en cape blanche, homme en mitaine rouge, regardent l'eau. On ne peut plus ostensiblement qu'ils ne font se désintéresser de la Nativité. S'inquiètent-ils seulement du rayon qui tombe à la verticale de la rivière depuis l'azur? Nul ne sait. Sans doute parlent-ils commerce, installations portuaires, perspectives de profit. Il n'y a plus place pour les Rois mages, nous dit Van der Weyden. Même si la sérénité bourguignonne tait son humour sous un masque de sérieux, la foi ici s'attiédit. On dira sans doute qu'elle s'humanise. Est-ce donc pourquoi il faudra attendre si longtemps pour que revienne la mer avec ses vagues, la mer partie tout au fond du tableau médiéval pour ne guère refluer qu'à l'extrême fin du XIXᵉ siècle en sa nature éternellement liée au soleil?

Voilà pourquoi nous démarrâmes par les poètes de la vague que furent les Irlandais. Quelle navigation semée d'écueils pour le chercheur! Une maigre poignée de fous semblent s'être aventurés parmi les récits, les poèmes et les mythes. Ne pourrait-on pas commencer par rééditer d'Arbois de Jubainville, grand philologue messin, initiateur des études celtiques? Faut-il continuer longtemps de s'abîmer les yeux à le suivre sur les microfiches de la Nationale? Manquent tant de traductions, tant de textes dans cette mouvance archipélagique que c'en est une pitié! Où est *Le Voyage du Mael Duin* par exemple? Sous quel horizon gaélique a-t-il sombré? Sans doute aura-t-il fallu que l'historienne A.D Kapferer m'amène un jour à Audresselles où l'on tracte encore de beaux bateaux médiévalement ventrus vers la mer pour que je sois persuadé de l'urgence de l'entreprise. Historienne avouant sa prédilection pour le sable, pour les mouvantes mollières où s'aventure à son risque le document humain, elle seule sut me faire comprendre, parfois en dépit d'elle-même, l'exiguïté de la frontière qui sépare l'histoire de la poésie.

J'entends *Le Bruit de l'eau* en écrivant (*In'hui*, Amiens, 1991). J'entends surtout le bruit des rouleaux d'Atlantique qui viennent s'écraser à la pointe de Slea Head d'où l'on ressort chaque fois incomparablement plus neuf. A la mer, à l'amour le poème emprunte sa répétition que l'Histoire module différemment en sorte que les civilisations les plus belles sont celles qui firent à la mer et à l'amour une place riveraine de leur lit. Ionie, Irlande, je prendrai moi-même pour médiatrice de mon périple la petite île d'Iona qu'une erreur de copiste hellénisa au VIe ou VIIe siècle à partir du gaélique Hy. Qu'un abusif délié de plume ait donné naissance à la plus sainte des îles marines qui soit dans tout l'Occident ouvre la porte du large à la littérature.

La France dans une goutte d'eau

Léonard de Vinci met la France en Cage

« Si une goutte d'eau tombe dans la mer calme, il est évident que la surface entière de la mer doit s'élever imperceptiblement, l'eau n'étant pas compressible comme l'air. »

Il y a quelque chose de fascinant dans cette notation qui ouvre le chapitre « Nature de l'eau » dans les *Carnets* de Léonard de Vinci. On croirait entendre s'énoncer devant nous le poème moderne de la science : John Cage, le compositeur américain, aurait dépêché des micros suprêmement sélectifs sur deux plages aux antipodes l'une de l'autre pour fusionner en une seule goutte le bruit de la pluie !

Ce qu'on entend par contre peut-être moins à la première écoute dans cette phrase mais qui une fois passé au filtre résonne presque insupportablement, c'est le bruit de reflux de la parole révélée. L'effet sonore maximal qui engloutissait l'Arche de Noé au chapitre de la Genèse se voit ici transmué en un subtil goutte-à-goutte. Un vide se crée où une condensation minimale résonne presque autant que l'afflux de milliers de tonnes de vagues. C'est la naissance du laboratoire à laquelle nous assistons : de même que l'espace s'y rétrécit idéalement aux dimensions d'une chambre isolée de toute interférence, de même pour le poème.

Comme par un différement d'écho Mallarmé et Valéry seront les utilisateurs futurs du vide expérimental léonardien. Dans ses recherches hydrauliques, l'ingénieur toscan éprouve d'ailleurs beaucoup plus d'affinité pour les fleuves ou la pluie que pour la mer elle-même. Non seulement réfute-t-il l'influence des lunaisons sur les marées mais encore, ainsi que dit l'un de ses biographes, il « éprouve une peur panique devant la furie des eaux. Celles-ci lui paraissent plus destructrices que le vent, les tremblements de terre, le feu des volcans » (Serge Bramly, *Léonard de Vinci*).

Nous sommes décidément bien loin de l'optimisme complaisant des moines irlandais pour les vagues. A Southampton d'où il s'embarque pour l'Espagne le 6 juillet 1522, l'empereur Charles Quint seulement âgé de vingt-deux ans éprouve le besoin de rédiger son testament avant de se confier aux flots. N'est-ce pourtant pas ce même Charles Quint que le pape a reconnu souverain des mers et terres situées à 300 lieues à l'ouest des Açores au-delà d'une ligne tracée de pôle à pôle? Il faut dire à sa décharge que la marine bourguignonne n'est pas des plus habiles si l'on en juge par les aléas du premier voyage de Charles vers l'Espagne, cinq ans plus tôt. Après dix jours de navigation agitée, la cour flamande privée de ses femmes et de ses chevaux noyés en mer avait finalement atteint la côte des Asturies, très loin du but initial, pour débarquer au milieu d'une population hostile. Mal remis de ses émotions Charles avait couru à Compostelle remercier la Providence. Pourtant les Bourguignons n'avaient-ils pas institué en leurs duchés l'ordre de la Toison d'or?

Eaux mortes et eaux fortes

Au regard de son ennemi François Ier, l'Empereur du Saint-Empire fait néanmoins figure de grand navigateur. On ne saura jamais en effet si le roi de France avait le pied marin tant il mit d'obstination à ne pas s'embarquer. A l'entrevue d'Aigues-Mortes, nom combien symbolique, Charles vint par mer, François par terre. Fatiguant ses armées à courir la Lombardie comme sa cour à se transporter inconfortablement au fond des provinces, François donne parfois l'image d'un prisonnier qui s'agite.

Une illusion de perspective nous fait prendre la Renaissance comme un temps d'expansion. Certes! Depuis que les caravelles de Colomb ont touché Haïti, Cortès conquis le Mexique en 1519, et que le moine astronome Copernic a dès 1505 détrôné le vieux système ptolémaïque, l'univers connu s'est accru dans des proportions inouïes. Mais l'Europe qui reçoit sa première leçon de relativisme géographique par la même occasion subit simultanément le contrecoup de l'échec des croisades. Voici les Turcs aux portes de Vienne en 1529, contrôlant la Hongrie. Pour meurtrière qu'elle soit la contre-attaque de Charles Quint contre Tunis avec quatre cents vaisseaux et cent quarante mille hommes six ans plus tard n'aura que peu d'effet. La Méditerranée entière est devenue musulmane, comme en fera bientôt l'expérience un certain Cervantès.

Si cet empire guetté par le morcellement semble n'inspirer à Charles Quint qu'un raidissement sur les principes chrétiens de cohésion interne, combien plus grande est sa liberté sur les mers comme les terres, mesurée à celle du roi de France! Nul étonnement à voir ce dernier tourner comme un fou dans l'espèce de triangulation étroite où l'emprisonne l'Empire tricuspide. Il faut se représenter la France amputée de Calais anglaise, de l'Artois flamand, de la Franche-Comté habsbourgeoise, et tout récemment dotée par lien matrimonial de la Bretagne et de la Savoie. François, qui est né à Angoulême, poursuivra toute sa vie la recherche d'un centre juste pour son royaume. Qu'il soit par conséquent l'un de nos tout premiers *centralisateurs* s'éclaire fort logiquement. Son ambition politique lui fera d'abord réticuler l'espace national d'un subtil redécoupage administratif. Dans le même temps il supprimera l'écart entre les particularismes dialectaux et l'usage savant du latin en supprimant l'emploi de l'un et l'autre dans les actes notariés. C'est une date capitale que celle de 1539 dans la formation de l'Etat national. Par l'édit de Villers-Cotterêts sont ensemble affaiblis la trop puissante Sorbonne, laquelle a osé mettre à l'index la propre sœur du roi, Marguerite de Navarre, cinq ans plus tôt, et les parlements locaux. L'autre tropisme de cette ambition poussera François vers l'Italie par sens de la continuité monarchique, fascination personnelle pour une civilisation du luxe et des arts, désir de désarticuler l'Empire.

La stratégie de l'araignée gyromètre

François Ier, roi en prison qui emprisonne la France pour les siècles futurs dans le cachot des guerres nationales ! En prison humiliante, comme à Madrid où il fut retenu treize mois par son vainqueur de Pavie. En prison luxueuse, comme cette kyrielle de châteaux dont il fit jalonner le chemin de la Loire. En prison sous les tentes du Camp du Drap d'Or à Ardres à quelques kilomètres à peine de la brise marine anglaise. En prison par la figure de ce Léonard de Vinci qu'il fera transporter de sa Toscane à Amboise pour les deux ultimes années de son existence et dont lui l'ingénieur s'échappera par l'imagination de machines aériennes ou hydrauliques.

L'un de ces projets fascine énormément François qui veut le réaliser à Romorantin. Pourquoi Romorantin ? Parce qu'il se trouve que c'est le centre géographique exact de la France. Toujours le centre, toujours le désir de se rassembler au point géométrique parfait de son royaume ! Mais aussi, ce que François n'avoue pas, parce que c'est là que vit alors sa mère Louise de Savoie. Omphalos du pouvoir ! Léonard de Vinci a rêvé autrefois d'une Florence idéale qu'on relierait à la mer par un gigantesque canal. Qu'à cela ne tienne, Romorantin sera cette ville : « Il reprend alors les plans de la cité idéale qu'il a imaginée à Milan ; il prévoit d'abord le creusement de différents canaux ; de la résidence royale rayonneront comme une étoile des voies d'eau qui rattacheront la nouvelle capitale à tout le pays, de la Manche à la Méditerranée. Le roi sera alors véritablement le cœur de la France ; les jardins, le château construits sur le modèle des camps de César, et la ville alentour seront eux-mêmes quadrillés de canaux qui alimenteront les fontaines et un grand bassin pour des spectacles nautiques. » (Serge Bramly, *Léonard de Vinci.*)

Ce qui eût pu s'appeler Romorantin deviendra au siècle suivant Versailles. Car la continuité du rêve monarchique français semble s'établir obstinément au revers des vérités maritimes comme si toutes ces folies continentales cachaient une impuissance profonde à aborder la mer. Ainsi, dans le même temps que la Touraine se couvre de vaisseaux en pierre, un Tourangeau nommé Plantin gagne le port d'Anvers en 1549 pour aller démarrer l'une des plus florissantes entreprises d'imprimerie que le monde ait jamais connue. Mobilité typographique contre solidité architecturale, en dépit de tous les efforts de Marguerite de Navarre sa sœur, si favorable aux humanistes, le roi finira par mettre sous contrôle royal l'imprimerie, hypothéquant ainsi pour longtemps toute perspective de liberté dans ce domaine au royaume de France. En revanche, la cohésion beaucoup plus « flottante » de l'Empire permettra sans trop de problèmes l'expansion de Luther, de l'imprimerie et du protestantisme.

L'envers d'une carte chagrine

A Anvers, capitale mondiale du XVIe siècle d'où sortent les premiers atlas modernes imprimés par Plantin d'après les recherches cartographiques des géographes flamands Mercator (1512-1594) et Ortelius ou Oertels (1527-1598), Anvers où se bousculent les comptoirs marchands qui partent à la conquête de la Hanse, Anvers qui a supplanté Bruges par la richesse et que tout à l'heure l'aveugle Inquisition espagnole appauvrira au profit d'Amsterdam, la France ne peut offrir qu'une modeste concurrence. Rouen et Dieppe, sur la Manche, le Havre récemment fondé, tout à l'heure Saint-Malo d'où s'élancera Jacques Cartier pour la Nouvelle France sont les seuls accès à la richesse maritime.

Un nom symbolise à lui seul le développement du capitalisme naissant sous le règne de François Ier, celui de l'armateur dieppois Jean Ango dont la fortune coïncide étroitement avec celle de son souverain. En France point de dynastie à la manière de l'extraordinaire famille florentine des Médicis ! Leur patiente accumulation d'argent savamment loué et investi sur la durée de plusieurs siècles dans toutes les places commerçantes n'a nulle part son équivalent. Jean Ango naît, fleurit et meurt en une génération, marquant par son exemple la tragique absence de continuité commerciale française. C'est sans doute cette incapacité à avoir suscité en son sein des puissances investissantes qui affaiblira à terme la France et la fera, par manie de l'Italie, recourir aux Florentins alors sur le déclin de leur savoir.

Croyant importer des financiers, nos rois se choisiront en fait des Machiavel qui flatteront les pires défauts de leur absolutisme. Ango, parti de trois fois rien, réussit très vite en se plaçant dans les bonnes grâces de l'archevêché de Rouen dont il gère d'abord les biens dieppois puis normands. Point d'accès aux routes de la mer à cette époque si l'on ne passe par l'Eglise. Jacques Cartier, illustre inconnu, ne devra à son tour d'être choisi par François Ier que par recommandation de l'abbé commendataire du Mont-Saint-Michel où le souverain fait visite en 1532. Très entreprenant, l'armateur Ango s'associe dès le printemps de 1523 avec un syndicat de sept banquiers italiens installés à Lyon pour lancer depuis Dieppe quatre vaisseaux sur l'Océan à la poursuite des « bienheureux rivages de Cathay ».

Ici commence donc réellement l'aventure atlantique française : des textes du navigateur florentin Verrazzano pas plus que des trois *Voyages* de Jacques Cartier ne peut être tirée aucune satisfaction littéraire. Quoique le plus bref des deux, Verrazzano, a le plus de beauté, comme si la poésie de l'œil se mêlait à la crainte pour donner un étrange suspens. Tel raccourci peut être saisissant de condensation : « Nous donnâmes à cette île le nom de votre Illustre Mère, dit-il dans son rapport au roi, mais n'y débarquâmes pas en raison du mauvais temps. » Cartier, beaucoup plus réaliste, est souvent laborieux.

Savoir vendre la peau de l'ours qu'on a tué

La plus poétique activité de ces découvreurs royaux ne se trouve pas dans la substance même de leurs récits mais dans leur pouvoir de nomination. On sait l'étrange aventure survenue à Amerigo Vespucci, le Florentin protégé de Laurent de Médicis et ami du peintre Botticelli — Vénus sort-elle de l'onde d'une mer occidentale dans la célèbre toile qu'on voit aux *Uffizi* ? — qui l'a fait survivre jusqu'à nous. En 1507, un cartographe lorrain aimant à jouer sur les étymologies, Martin Waldseemüller, baptise le continent américain dont il imprime la figure dans un traité de cosmographie du nom d'Amerige, à savoir helléniquement « terre (*gê*) d'Amerigo ».

Du fond de leurs études ou du château de leurs galions, cartographes ou navigateurs lancent ainsi une multitude de noms à la côte. Certains restent, d'autres disparaissent, d'autres encore suivent une étonnante migration qui les fait glisser de latitude en latitude. Ainsi de l'Arcadie que Verrazzano croit entrevoir au large des côtes de Virginie, semble-t-il, où « nous trouvâmes aussi des roses des bois, des violettes, des lis et de nombreuses espèces d'herbes et de fleurs odoriférantes très semblables aux nôtres », et qui insensiblement glissera selon l'humeur des vents et des explorations plus au nord vers l'Acadie canadienne.

Pour le reste, on s'étonne plutôt de l'absence d'étonnement de ces sondeurs d'inconnu. Pas la moindre trace d'angoisse métaphysique au milieu de ces plaines liquides, croirait-on, aucune interrogation sur les limites de l'Univers mais une application matérielle de tout instant qui les sauve sans doute. Ayant tué un ours blanc qui traversait devant lui, le fermier Jacques Cartier compare sa chair à celle d'une vache, bretonne ou normande sans doute : « Sa chair était aussi bonne à manger que celle d'une génisse de deux ans. » D'ailleurs s'il y avait des poètes à bord de ces flûtes, galions et caravelles, ils ne tiendraient sans doute pas longtemps.

L'une des originalités de Jean Ango est donc de s'être entouré d'un cénacle d'esprits de qualité composé d'astronomes, mathématiciens et poètes au milieu desquels on l'imagine sans peine discourant et écoutant dans son célèbre manoir qu'il fit construire au-dessus de Dieppe, à Varengeville, et que l'on voit encore aujourd'hui. C'est sans conteste dans ce monde-là qu'on montre le plus de sensibilité, aux frontières de beaucoup de cruauté. Il y a là le pirate Jean Fleury qui raconte sa prise du premier bateau chargé d'or et de pierreries dépêché par Cortès en Espagne, dès sa conquête de Mexico. Le Dieppois jaloux de la puissance espagnole attend calmement ses proies sous le vent des Açores. Il bondit comme le tigre ! Deux tigres en effet figurent parmi le trésor royal arraché aux griffes de Montezuma. L'un s'échappe de la cale, blesse huit hommes, en tue deux avant de sauter dans la mer : on tue l'autre par précaution.

La poésie sans les épices

Est-ce aux tigres de Montezuma que rêve le Normand Jean Parmentier? Ango va l'envoyer tout à l'heure avec Pierre Crignon l'astronome et Raoul Parmentier son frère tester la puissance portugaise au fond des mers orientales. Ils s'en vont à bord de deux bateaux méditativement nommés *Le Sacre* et

La Pensée. On appareille en direction de la Chine le 2 avril 1529, on passe devant Madagascar où huit hommes sont massacrés, tribut qu'on peut considérer comme normal depuis le premier tour du monde de Magellan. Vient l'île de Sumatra où la mission échoue, n'ayant fait tout ce voyage que pour une maigre poignée de poivre. Le découragement et les fièvres minent les deux frères qui laissent Crignon rentrer seul à Dieppe. Mais, plus précieux que les épices qui garnissent à peine les cales des deux vaisseaux, des journaux sont déchargés où sont retranscrits des poèmes de la main de Jean Parmentier. Voici enfin la méditation que nous attendions vainement de l'un de ces grands arpenteurs de la mer, voici enfin le sens de la solitude humaine en mer ironiquement sondé par un homme de la Renaissance !

> En traversant la grand mer d'Occident
> Pleine d'esprit ou gist maint accident
> Par ventz soufflant sans mesure et repos
> Delibere penetrer l'Orient,
> Passer midy : mais que inconvenient
> Ne peut troubler mon desireux propos :
> Le cueur bien sain en ma nef bien dispos,
> L'esprit ouvert sur si pesant affaire,
> Viens me pencher quel œuvre vouloys faire.
>
> Je suis pensant pour quelque fantasie,
> Je quicte Europe et tant je fantasie,
> Que veulx lustrer toute Affrique la nove,
> Encores plus je ne me rassasie
> Si je ne passe oultre les fins de l'Asie,
> A celle fin que quelque œuvre je innove
> Mon cervault boult, mon esprit se renove
> Car pour repos il prend solicitude ;
> Mais dont me vient telle effarée estude !
>
> Dirai-je avec Horace ou Juvenal
> En concluant soubs un propos final
> Que aux Indes vays pour fuir poureté !
> Cet argument est faulx et anormal ;

Faulte d'argent ne peut me faire mal ;
Point ne la crains, car j'ai plus poure esté.
Sur quel propos suis-je donc arresté
Quand j'ay conçeu voyage si pesant !

Alors raison contenta mon esprit,
Disant ainsi : Quand ce vouloir te esprit
De te donner tant curieuse peine,
Cela tu feis afin qu'honneur te pait,
Comme Françoys qui premier entreprit
De parvenir à terre si lointaine.
Et pour donner conclusion certaine
Tu l'entrepris à la gloire du roy,
Pour faire honneur au pays et à toy.

Jean Parmentier, *Description nouvelle
des merveilles de ce monde*, 1531.

Deux Bretons prisonniers d'un même pigeonnier

Cartier se retirant dans son manoir pour mourir d'une mort plus moelleuse élevait-il des colombes ? Déjà le grand argentier Jacques Cœur avait fait de la France une ferme avec pigeonnier central : à peine les voilures d'Orient avaient-elles atteint l'horizon marseillais que s'envolait la spéculation financière. Ne partons pas tout de suite du manoir d'Ango ! Reprenons l'allée de hauts ormes aujourd'hui desséchés par la maladie dite *Dutch disease*, comme par déloyauté concurrentielle de la Hollande. Au ras d'un plateau surplombant la mer normande dont le gris d'ardoise au printemps se fond dans le vert pâle des blés, s'arc-boute un corps de ferme. Le peintre Georges Braque n'est pas très loin, dans sa tombe qu'emporte un oiseau en mosaïque. L'officier de marine Albert Roussel, lui aussi s'embarque au fond du même cimetière marin, deux allées plus bas, dans un concassement de mer crayeuse. Au centre de la ferme d'Ango, se dresse le donjon d'un pigeonnier d'où tant de colombes semblent s'être envolées et s'envoler encore.

A la poésie revient en effet le droit de suspendre le jugement du temps, de l'inverser s'il le faut, d'acquitter les coupables. Pourquoi exonérerait-on les Médicis au détriment d'Ango?

Retour des colombes de l'Histoire à contre-vol chronologique puisque tel est le privilège, n'est-ce pas, que réclamait le surréalisme, en vertu de quoi nous accourons à tire d'aile du fond du XVIᵉ siècle, sans raison apparente. Sans raison apparente que cette tour pigeonnière où André Breton en 1927 orchestra sa navigation nommée *Nadja*. « Je prendrai pour point de départ l'hôtel des Grands Hommes, place du Panthéon, où j'habitais vers 1918, et pour étape le Manoir d'Ango à Varengeville, où je me trouve en août 1927 toujours le même décidément, le Manoir d'Ango où l'on m'a offert de me tenir, quand je voudrais ne pas être dérangé, dans une cahute masquée artificiellement de broussailles, à la lisière d'un bois, et d'où je pourrais, tout en m'occupant par ailleurs à mon gré, chasser au grand duc. »

Dans l'édition « Folio » (Gallimard), une photographie du pigeonnier regarde ce texte en vis-à-vis comme par une sorte de mitoyenneté méfiante. Oserons-nous, colombes de l'imagination, rentrer sous cette vaste marqueterie de briques casquée d'ardoise? Sans doute pourrions-nous nous suffire d'un hasard objectif après tout concerté par André Breton lui-même, et cependant nous irons outre, nous pousserons encore une fois jusqu'aux layons de la Grande Histoire où cet Iroquois de Paris prétendait ne plus marcher.

Notons d'abord le petit ermitage colombanien qu'on propose à ce disciple de Bran. Colombe, Colomb, Colomba, Colomban toute une déclinaison froufroutante d'ailes résonne dans le soudain claquement des colombes indigènes : « Enfin voici que la tour du Manoir d'Ango saute, et que toute une neige de plumes, qui tombe de ses colombes, fond en touchant le sol de la grande cour naguère empierrée de débris de tuiles et maintenant couverte de vrai sang! » (André Breton, *Nadja*.)

Apocalypse de plumes blanches à Patmos

Breton, dont le parcours s'inscrit délibérément dans la mouvance de la geste anglo-normande recueillant l'écho de la forêt galloise, en oublie à quel point le chemin qu'il suit s'ouvre très loin en avant de lui comme un appel obscur de l'Histoire. C'est cette inconscience-là qui sauve d'ailleurs le surréalisme d'une programmation trop lucide. Regardons s'envoler de la tour d'Ango cette migration colombanienne blanche à travers l'Atlantique qui va se jucher sur la Roche Percée en Gaspésie.

Nous sommes maintenant en 1944, et Breton qui a laissé Nadja la folle dans les rues de la capitale martelée par les bottes du Führer — des oies contre des colombes! — invente Mélusine au détour d'une autre métamorphose. Ô l'incomparable faculté qu'a le grand colombier de se poser lui-même à pattes silencieuses sur les supports du monde transmués d'un coup de phrase sourcière en châteaux de romance! Tout à coup ce sont les moines, les macareux-moines, qui rappliquent des confins de leur Hibernie pour reprendre du service sur les routes du coracle. Et Cartier à Percé redevient Perceval, dépouillant ce sarrau de laboureur platement content d'aller droit avec sa charrue. Décuplé par les rouqueries sauvages, le pigeonnier d'Ango exulte à nouveau dans l'écume du Saint-Laurent.

> Le claquement des drapeaux nous avait accompagnés tout du long, au moment près où notre attention avait été captée par l'aspect, bravant l'imagination, qu'offrait l'abrupte paroi de l'île, frangée de marche en marche d'une écume de neige vivante et sans cesse recommencée à capricieux et larges coups de truelle bleue. Oui, pour ma part, ce spectacle m'avait embrasé : durant un beau quart d'heure mes pensées avaient bien voulu se faire tout avoine blanche dans cette batteuse. Parfois une aile toute proche, dix fois plus longue que l'autre, consentait à épeler une lettre, jamais la même, mais j'étais aussitôt repris par le caractère exorbitant de toute l'inscription.
>
> André Breton, *Arcane 17*.

Ô l'immense prosateur en poésie qu'est Breton s'enfuyant par transmigration imaginale de la prison des circonstances! Avouons-le mieux que nous ne le fîmes jadis : reconquérant le Nord romanesque sur le Nord guerrier avec sa boussole amoureuse, Breton prend à *rebours* la vaniteuse carte du *Tendre* masculin. Comment s'interdire cependant de penser que cette joliesse a quelque chose d'une complaisance étroitement terrienne, d'une prudence atavique à ne pas s'abîmer au large? Pour peu, la première surréaliste nous paraîtrait avoir été Marie-Antoinette à Trianon — et sans doute le fut-elle! Car nous ne voyons jamais le déroulement de la vague dans toute la menace écrasante de son poids chez ce *grand transparent*, toujours la légèreté de l'air se sèche des gouttes de l'eau aux plumes de la colombe et le sang qui parfois la souille à sa chute par terre a la joliesse d'une enluminure royale.

Marguerite dans une piscine d'eaux sulfureuses

Regagnant notre XVIᵉ siècle depuis ce Canada où Merlin apprit à siffler à tant d'oiseaux — à commencer par le joyeusissime merle Miron des Laurentides (Gaston Miron, *L'Homme rapaillé*, 1970) —, faisons nous-mêmes étape sur l'île où Marguerite de Navarre jette un couple de naufragés à la soixante-septième nouvelle de son *Heptaméron*. Si, une fois encore, l'image de la prison s'impose à nous, qu'on n'en conclue pas à une facile commodité. On sait plutôt que Marguerite de Navarre tint aussi longtemps qu'elle put porte ouverte aux Réformés dans le royaume. Formée par Briçonnet, l'évêque de Meaux protecteur des humanistes, amie personnelle de Clément Marot qui fit auprès d'elle traduction des Psaumes, Marguerite dut céder en fin de règne à la Sorbonne et prendre retraite sur ses terres de Navarre. Dans sa famille se préparait, certes, l'ascension d'Henri IV son petit-fils, mais il n'empêche, ce dernier épisode ressemble bien à un exil. A Pau, Tarbes et Nérac, on croirait voir se replier avec elle toute une cour lyrique d'Aquitaine faisant retour chagrin sur ses bases de départ.

Prenant modèle sur le *Décaméron* Marguerite enferme dans une abbaye des environs de Cauterets dix conteurs ironiquement faits prisonniers par les eaux à leur retour d'une cure thermale ! On se rappelle que Boccace à peu près à l'époque de notre bataille de Crécy (1346) avait choisi de retenir ses personnages à Florence dans une bibliothèque à l'abri d'une épidémie de peste noire. Marguerite, qui ne put accomplir que sept journées complètes de nouvelles, nous raconte l'histoire d'un couple d'artisans partis avec Cartier et Roberval « en l'isle de Canada » et qu'une trahison du mari jette, pour sa punition, « en une petite isle sur la mer où il n'abitoit que bestes sauvaiges ». Le mari mort, son épouse défend alors sa charogne contre l'assaut des bêtes avec une angélique vigueur qui tire sa pureté de la proximité animale. Quoique diversement reçue par les présents, l'allégorie est claire : la fidélité à Dieu doit s'exercer bien au-delà des murs de notre prison charnelle. C'est la même foi que Marguerite impétueusement reprendra dans le dernier épanchement en *terza rima* écrit sitôt connue la mort de son frère.

> Navire loing du vray port assablee,
> Feuille agitee de l'impetueux vent,
> Ame qui est de douleur accablee,
>
> Tire toy hors de ton corps non sçavant,
> Monte a l'espoir, laisse ta vielle masse,
> Sans regarder derriere viens avant.

On sent qu'au contact de l'humanisme la théologie a commencé à déserter les rivages de saint Augustin pour ceux de Platon. Plus sobrement certes qu'aux vitraux colorés de la galerie d'Anne de Montmorency, une *Psyché* se dépouille ici devant nous pour le grand envol.

Ame majuscule contre corps en bas de casse

En déléguant à l'âme la seule puissance réelle de voyager, Marguerite de Navarre fait plus qu'établir un lieu commun de la consolation. L'écart grandit alors pour la première fois entre la mobilité mentale et la présence corporelle. Car c'est un paradoxe que l'élargissement des limites connues de l'Univers ait eu pour résultat de faire rentrer chez soi l'esprit humain. Joachim du Bellay le dit avec une sorte de nostalgie enchanteresse lorsqu'il célèbre sa patrie angevine, Ulysse finalement désire rentrer au port. Rentrer chez soi! Retrouver sa patrie! Mais si les traducteurs eux-mêmes commettent le contresens sur Platon, comment éviter que le commun des mortels prenne à la lettre ce qui est du domaine de l'esprit? Ce siècle des grands voyages sera par conséquent celui des proximités mesquines. La mobilité des caractères d'imprimerie ne communique pas seulement leur agilité mercuriale à ceux qui en usent, elle implique l'immobilité des yeux, du corps tenus rivés de longues heures à la surface de l'imprimé en l'absence de cette convivialité studieuse jadis propre aux scriptoria. Voyez comment Jean Parmentier, toujours lui — notre découverte! — aime à s'enfermer dans sa bibliothèque au beau milieu de l'océan Indien.

> Sur ce pensif et tout melancholique
> Entray en chambre où ma bibliotheque
> Vins revolver pour trouver passetemps
> Et me adressay a l'ecclesiastique
> Sur un beau mot de sentence autentique
> Pour tout haultz cueurs rendre plein et content
> Dont le vray sens fut tel comme je entends
> Qui veult avoir grande gloire et honneur
> Doist suyvir Dieu son souverain seigneur.

Jean Parmentier, poème cité.

Pour que l'intériorité luthérienne produise les lumineux cantiques de Bach semblables à des fruits spontanés de la

Création, seront nécessaires deux pleins siècles. A l'époque des grandes découvertes le divorce s'amorce de la façon la plus subtile mais aussi la plus violente, à l'intérieur des êtres mêmes. C'est un moment de déchirure tout à coup qui vient d'abord insidieusement à bout des êtres. Charles Quint, usé, finit en retraite. Erasme, longtemps favorable à Luther, s'éloigne finalement de son radicalisme. Rien de plus divisé que l'Empire entre ses Portugais ou Espagnols s'engouffrant à l'Ouest dans l'ouverture toute grande de l'espace, et à l'Est ses Allemands amorçant la première phase de leur repli nationaliste qui prendra des siècles à s'accomplir comme une digestion lente et ressassante. On comprend sans peine qu'il soit difficile de garder son équilibre sur la faille. Est-ce pour cela que le clivage géographique du Rhin est devenu l'allée favorite de la *Folie* ?

Les deux rives rhénanes d'une même et seule folie

La première navigation de Fous, la plus universellement célèbre, est celle que fait paraître le Strasbourgeois Sébastien Brant à Bâle en 1494, *Das Narren Schyff (La Nef des fous)*. C'est aussitôt un immense succès suivi de plusieurs rééditions la même année à Nuremberg, Augsbourg et Strasbourg. L'auteur, bientôt débordé par sa réussite, doit donner la chasse aux plagiaires qu'il n'avait sans doute pas comptés au nombre des fous stigmatisables. Se profile déjà en arrière-plan de cette aventure éditoriale tout l'immense profit que le journalisme saura tirer un jour d'une recette satirique aussi sûre ainsi que l'interminable débat sur la question de la propriété littéraire.

En France, la première traduction paraît trois ans plus tard par les soins de Jacques Locher, professeur de poésie à Fribourg-en-Brisgau dont l'université demeurée catholique accueillera Erasme chassé de Bâle à partir de 1529. Construite en deux cent trente chapitres nerveux faits d'octosyllabes à rime plate, c'est une charge populaire qui s'acharne sur sa cible avec une grande vigueur. S'intéresser à cette nef rhénane n'est ni s'éloigner de la France ni oublier la mer mais souligner à quel point les grandes navigations spirituelles européennes vont se détourner de nous à compter de cette date. Je tiens pour un point essentiel qu'aucune traduction de ce poème ne soit parue entre 1530 et aujourd'hui, par quoi s'accusent d'elles-mêmes les limites du prétendu humanisme traducteur.

On comprend mieux du même coup l'authenticité d'un Luther resté dans le droit-fil de la culture médiévale populaire malgré l'apparente rupture technologique de l'imprimerie par contraste avec une France déjà campée dans un combat d'élites, Sorbonne intellectuelle contre Collège de France humaniste ! Il suffira de comparer l'original du poème allemand avec la paraphrase édulcorée qu'en donne en caractères gothiques d'une grande finesse l'imprimeur Etienne Juste à Lyon, en 1530, pour comprendre l'écart qui sépare la France de l'Allemagne. Par ambition de latinisme comme d'italianité, la langue de la Renaissance perd donc non seulement contact avec sa racine populaire — Rabelais étant l'exception — mais en même temps toute relation de voisinage aux « barbares » protestants.

Gagne-t-on vraiment au change avec ce texte châtié : « Droit est de peindre les obscènes et ordes coutumes de la table et connénumérer les folles manières d'icelle. Car entre plusieurs maintenant étant à table il n'y a quelque honte en parolle mais toute paillardise et infamie. Il n'y a quelque révérence de la table. Maintenant le monde vit en la manière de pourceaux », alors que le halètement de l'original ressemble plutôt à ceci :

> Eux ne se lavent jamais les mains
> Qu'ils posent toutes sales dessus le pain
> A la table où ils prennent leur place
> Se fichent pas mal s'ils prennent la place
> De quelqu'un d'autre assis avant —
> N'attendez pas d'eux raffinement !...
> ... Un autre les joues pleines à péter

Du papin dont il s'est empiffé
Recrache le tout dans la bouillie...
Sébastien Brant, *Das Narren Schyff,* notre traduction.

La course d'un « corpuscule » dans le cyclotron humaniste

Triboulet a beau divertir la cour par ses facéties, la folie déserte pour de bon le royaume de France. Hamlet, tout à l'heure, donnera d'après la boussole sa nouvelle orientation magnétique : nord/nord-ouest. C'est à peu près la voie qui par les Alpes conduit d'Italie en Suisse puis longe le Rhin vers Bruxelles, Anvers et Londres. Un petit homme se baptisant ironiquement lui-même avec une prophétique humilité de « corpuscule » s'y rencontre parfois trottinant sur son âne.

Ni sa lenteur de déplacement ni la modestie de son véhicule ne doivent cependant nous abuser. Il n'y a pas dans tout l'Occident d'esprit plus vif et plus mobile que ce conducteur d'âne-là. D'avril 1506 à juillet 1536, Erasme de Rotterdam empruntera cette route plusieurs fois dans les deux sens. D'abord vers l'Italie jusqu'à Venise où pendant deux années il fréquentera l'imprimeur, savant helléniste et éditeur Aldo Manuce, avant de revenir à petits trottinements de sa monture jusqu'à Padoue, puis, repassant les Alpes, de s'embarquer pour l'Angleterre de son ami Thomas More.

Cheminant à courtes étapes qui doivent néanmoins paraître longues, Erasme occupe son esprit à des jeux philologiques. Il dit avoir été frappé par la coïncidence qui fait que More se dit en latin Morus — le latin est la langue véhiculaire de l'Europe — et que le grec *moria* signifie la « folie ». La science de la navigation sur les immensités de l'océan n'est-elle pas en train de devenir une affaire calculée en écarts de secondes ? Tout comme l'Amérique est née d'un jeu de mots l'*Eloge de la folie* peut bien s'être composé dans l'esprit de l'ânier au cours de sa lente navigation.

D'autant qu'il marche aussi sur les traces d'un certain Sébastien Brant (voici que saisi tout à coup par le démon contagieux de la philologie, nous avons nous-même envie de reconduire de Brant à Bran, mais holà!) qu'il a sans doute lu, voire peut-être rencontré. Brant mourra seulement en 1521, au poste honorifique de secrétaire du bourgmestre de Strasbourg — dont nous oserons rappeler que c'est aujourd'hui une ville française. Mais la *Folie* d'Erasme est le contrepied exact de celle de Brant, coup de sabot de l'âne à la mule du pape! Car dans son subtil plaidoyer imprégné de dialectique socratique plus que d'idéalisme platonicien, Erasme n'hésite pas à prendre le masque pour mieux démasquer ceux qui prétendent aller nus.

Extraordinaire renversement dont date l'acte de naissance du roman européen! Descartes peut maintenant accourir de La Haye au sud à La Haye au nord sur toute la déclinaison d'un suspens, comme Don Quichotte jucher son double sur l'âne érasmien. Une philosophie de la navigation s'élabore ici que reprendront plus près de nous de vrais humanistes comme le navigateur Joseph Conrad, beaucoup trop tempéré pourtant sous ses tropiques hollandais pour avoir suivi le maître de Rotterdam jusqu'à l'ultime renversement final de la folie en *folie de la Croix*.

Pieds de vigne en voyage sur leurs pentes

« Dois-je me marier? » insiste au *Quart-Livre* Panurge qui monte à bord de la *Thalamège* pour aller consulter l'oracle de Bacbuc. Cette fois cap au nord! On suit la route toute nouvellement ouverte par Jacques Cartier « veu que l'oracle de la dive Bacbuc estoit près le Catay en Indie superieure ». Guidée par une telle légitimité, libre à la nef de très vite redevenir une « nef des fous ». Or si Rabelais marie très harmonieusement les navigations rhénanes de Brant et d'Erasme avec les lointaines *immrama* irlandaises, le tout combiné aux récits de Cartier, le trouble jeté par la question de Panurge résonne plus sourdement.

49

Rabelais, avons-nous dit, est une exception dans notre paysage, un peu comme Chinon sous son château contraste avec les résidences ligériennes alentour. Sur les bords de la Vienne ferrugineuse qui brille d'étranges couleurs vert et or dans le couchant, s'écoule le cœur de la France. Née aux confins néolithiques de la Dordogne cette eau qu'aucune arche ne franchit pour la gratuité du miroir est beaucoup plus lointaine que la Renaissance. Il y a du rouge d'uranium dans son flux. C'est sur ce fond que s'adosse François Rabelais, mais voilà que quelque chose ébranlant soudain ses assises l'a contraint de se lever. Marchant par ses racines, on dirait d'un géant! Ce sont mille plants de vignes qui se sont levés avec lui et courent après leur vin.

La question de Panurge sur le mariage est cette déchirure. Cet enracinement provincial millénaire que rien n'avait jamais permis de déplacer, voire que les communautés monacales elles-mêmes avaient conforté, est en effet contesté. L'axe du véritable savoir ne passe désormais plus par la sédentarité mais par la mobilité. Cela signifie donc que l'espèce de rêverie claire où croit pouvoir s'admirer la culture royale dans ses somptueux miroirs est elle-même illusion des illusions.

Rabelais raisonne avec et contre l'atavisme de ses racines malheureuses, il sait, il sent, il pressent que la vieille chimie des échanges par quoi était fait localement le vin en France doit faire place à de nouvelles techniques. Toutes ces horrifiques piquettes que l'on produisait dans le moindre coin de notre pays vont tôt ou tard être appelées à disparaître. Hormis la royale reconversion du champagne, Laon ne sera plus pour longtemps la capitale vinicole qu'elle fut depuis l'époque carolingienne. La Moselle produit, le Rhin produit, et les imprimeurs de Gutenberg ont soif! Rabelais voudrait tellement déplacer le territoire national sur son axe! Rabelais voudrait tellement faire que la France entière rejoignît à pas de géant la route rhénane des humanistes sans pour autant hypothéquer une seule miette de terroir! Le voici donc qui décide d'embarquer ses Chinonnais sur une « nef des fous » expérimentale lancée à la poursuite d'une méthodique transsubstantiation.

Poussière d'étoiles pour un sextant littéraire

Parler sérieusement de Rabelais passe pour le contresens, pour ne pas dire le péché le plus énorme que quelqu'un puisse commettre à son égard. Son rire fait à lui seul une telle muraille d'écho, une telle ceinture d'inanité imprenable que l'on craint de s'y exposer. Ce stratège semble avoir confisqué toutes les bombardes philologiques mises au point par le grand artilleur de Desvres, Jean Molinet, chroniqueur des ducs de Bourgogne.

Si l'on se risque cependant à affronter cette solide défense par le vide, en étant convaincu que l'œuvre contient en son cœur une plénitude, on soupçonne très vite la faille. Car la question de Panurge « Dois-je me marier ? » n'est centrale qu'autant qu'elle recouvre la conscience douloureuse d'un divorce.

D'abord constatons qu'il n'y a pour ainsi dire pas de femme dans l'œuvre de ce moine dit paillard. On ne peut guère tourner le dos plus abruptement à l'univers de la courtoisie. Mais le cistercien Bernard de Clairvaux n'a-t-il pas fait de l'Eglise une épouse ? Novice des franciscains puis des bénédictins avant de partir étudier la médecine à Montpellier et à Padoue, il est logique que François Rabelais se demande avec réelle inquiétude jusqu'où le nouveau savoir est compatible avec la foi. Faut-il se marier peut donc s'interpréter : dois-je divorcer ? Puisque « traduire » semble être devenu la clé de l'éthique scientifique contemporaine.

Rabelais se demande ce que cela coûte en infidélité aux coutumes, au terroir, à la nation. L'enfant trouvé de Rotterdam baptisé Erasmus ne s'est-il pas inventé une nouvelle ascendance maternelle dans la figure de la Folie ? Voyez-le épouser cette Eglise de la mobilité, de la clandestinité, de l'éternelle fuite en Egypte sur le dos de son âne ! Que deviendront bientôt les identités familiales dans ce monde du voyage généralisé ? Pour correspondre avec Gargantua son père, Pantagruel fait donner des colombes de l'espèce anglo-normande : « Si fortune adverse feust à Pantagruel advenue, il y eust des jectz noirs attaché es pieds ; mais pour ce que tout luy estoit venu à bien et prosperité, l'ayant faict démailloter, luy attacha es pieds une bandelette de tafetas blanc. »

A quelle réalité se fier si elle n'est plus partout que cousue du fil blanc de la littérature, envers-endroit ? Les passages les plus poignants de la navigation sont ceux où, freinant tout à coup l'espèce de tourbillon de lexèmes, de phonèmes mots et sons dont il s'enivre comme l'astronome qui vient de découvrir la rotation de notre planète, Rabelais s'immobilise. Dans le voisinage de l'Arctique, l'expédition découvre que les paroles gèlent :

> Lors nous jecta sur le tillac plenes mains de parolles gelées, et sembloient dragée perlée de diverses couleurs. Nous y veismes des motz de gueule, des motz de azur, des motz de sable, des motz dorez. Les quelz, estre quelque peu eschauffez entre nos mains, fondoient comme neiges, et les oyons realement, mais ne les entendions, car c'estoit languaige barbare. Exceptez un assez grosset, lequel ayant frere Jean eschauffé entre ses mains, feist un son tel que font les chastaignes jectées en la braze sans estre entonmées, lors que s'esclattent, et nous feist tous de paour tressaillir. "C'estoit, dist frere Jean, un coup de faulcon en son temps."

Qu'éclate au milieu des glaces cette châtaigne chinonnaise — marron glacé — indique mieux que tout l'exiguïté d'angle où est parvenue l'écriture. Puisque, réfléchit Rabelais, le temps pénètre jusque sous l'écorce même des mots, c'est que nous sommes circonscrits désormais par un océan où notre navigation est affaire de secondes.

L'alexandrin avait-il le pied marin?

Maquettes hitlériennes en perspective

« Descartes, c'est la France », a lancé André Glucksmann, un philosophe qui nous avait précédemment dégrisés du marxisme. Son slogan sent encore trop la cure de désintoxication. Un peu d'histoire pure nous rapprocherait de la vérité. Descartes est si peu la France qu'il n'y vécut en tout et pour tout que deux ans après qu'il l'eut quittée à l'âge de vingt-trois ans en 1619. *Ergo*, s'il faut vraiment le définir, affirmons que Descartes est plutôt à lui seul comme aucun Français de son époque, la Hollande, la Bavière et la Suède réunies. Allons même jusqu'à prétendre que ce bas-breton fut un cousin de Panurge et de Cartier, magnétiquement attiré à leur image par la froide lumière érasmienne. Par contre, si nous voulons spectaculairement caractériser ce qui du XVIIe siècle jusqu'à nous fait la continuité de la France, alors avançons plutôt cette équation : « Vauban c'est la France ! » Pourquoi ? Parce que cet ingénieur incarne à merveille son âge presque entièrement résumé dans l'art de la stratégie, mais aussi parce que, mieux que le fils du conseiller au parlement de Bretagne, ce petit chevalier morvandiau dit Sébastien Le Prestre, marquis de

Vauban, consacra au Nord la majeure partie de son temps. A cette nuance d'importance près qu'il n'y chercha pas une ouverture spirituelle mais y conçut pour tout un pays une folie d'enfermement. Car le prétendu esprit cartésien dont les Français passent pour être les héritiers naturels, s'il correspond à une méthode de quadrillement, vient plutôt de l'art militaire. Louvois en est le producteur, avec son service militaire régulier, Vauban le metteur en scène, dans ses casernes et ses forts.

Depuis son premier commandement au siège d'Anvers en 1654 jusqu'à son dernier au siège de Charleroi en 1693, il n'est pratiquement pas une ville du Nord que Vauban n'ait rendu *forte*. Son innovation : dissocier les défenses d'une ville de la ville même pour rendre en quelque sorte la guerre « abstraite ». Vauban concevra donc mille variantes architecturales d'un même modèle dont il dressera les maquettes ou « plans reliefs » ! Partout, comme encore à Calais à quelques mètres du rivage, ces étoiles de mer en brique à bastions anguleux d'où fusiller l'adversaire en tirs croisés ; partout ces frises zigzagantes de tranchées défensives qui courront jusqu'à Verdun puis jusqu'à la ligne Maginot ; partout ces sobres casernements où discipliner la vigueur des régiments. Dire Vauban, c'est égrener pieusement le chapelet de nos frontières : Guise, Cambrai, Valenciennes, Condé, Tournai, Lille, Ypres, Béthune, Aire, Montreuil, Dunkerque, Sedan, Luxembourg, Thionville, Sarrelouis, Montroyal, Landau, etc. Dans son majestueux *Louis XIV* paru en 1908, le patriote historien qu'est Ernest Lavisse ne peut s'empêcher de rejoindre le roi dans son admiration d'une telle géométrie : « Ce fut une beauté, ce vigoureux dessin, qui creuse la terre de ses grandes lignes géométriques. Cette beauté plaisait à Louis XIV. Le Roi aimait la fortification. »

L'armée française à l'étroit dans une pièce d'eau

Pourtant il finit toujours par se produire que l'inflexibilité vacille. Est-ce d'avoir si longtemps vécu au contact des Flandres, gagné par la corrosion insidieuse de la mer, est-ce d'avoir respiré le vent de la liberté maritime soufflant de la Hollande, il semble que Vauban se soit progressivement désolidarisé du pouvoir royal. Consterné par la décision du 18 octobre 1685, prise à Fontainebleau, Vauban adresse à Louvois un *Mémoire sur le Rappel des Protestants*.

C'est un acte de courage, sinon de dissidence, par quoi se distingue sa lucidité au milieu de l'aveuglement général. A trop voir de près le soleil, la cour est éblouie, au contraire de cet homme que tempère la lumière nordique. Chassés des terres, une grande partie des soixante-dix mille huguenots prennent le large, c'est-à-dire vont littéralement s'engager comme « pilotes, calfateurs, canonniers, matelots, mariniers et pêcheurs, travaillant même à la construction des navires, confection des cordages et des toiles propres aux voiles ».

Quelle chose réjouissante que cette nouvelle victoire du sel de la mer sur les châteaux de sable ! Une petite république dont la puissance s'appuie sur le commerce et l'eau ose tenir tête au Roi-Soleil. Voilà qu'elle épice son insolence d'une poignée de sel : prétexte à la colère de Louis XIV, un médaillon où l'ambassadeur hollandais s'est fait représenter en Josué arrêtant le soleil ! L'offense mérite un salaire que délivrera l'armée du Rhin en 1672. Alors que la chute d'Utrecht, le 20 juin, menace directement Amsterdam, les Hollandais passant outre aux temporisations de leurs chefs ouvrent spontanément les digues de Muyden. Pendant trois jours on voit l'eau se répandre à la surface de la plaine, isolant Amsterdam telle une forteresse défendue d'immenses douves. Reflue l'armée française, invasion contre invasion.

Je crois qu'il faut s'arrêter une seconde devant cette monumentale inondation pour ce qu'elle a de force pacifiante en elle, comme d'un lent étouffement du feu de l'histoire par l'eau. Deux modèles s'affrontent tout à coup en un schéma appelé tant de fois à se reproduire dans la geste européenne, une démocratie s'appuyant sur la fluidité, échanges commerciaux et peinture, contre un absolutisme croyant à la durable incorruptibilité de la pierre et de l'or.

Aucune production n'est plus représentative du Grand Siècle que son architecture. Il y a de la caserne de Vauban dans les austères façades dessinées par Perrault au Louvre, il y a de la stratégie militaire dans les perspectives géométriques de Versailles dont Louis XIV maniait et remaniait l'ordre comme il commandait de loin à la guerre. La guerre comme l'architecture n'étaient en somme que perspective et maquettisme : détruire la Grand-Place de Bruxelles ou Heidelberg n'était, loin du bruit de la canonnade, guère plus émouvant qu'un grincement de caisse de fleurs roulée aux jardins de l'Orangerie.

Petite musique de mer pour flûte hollandaise

Le siège, voilà l'obsession du royaume ! Vauban, dans ces réflexions qu'il rassemblera sous le titre plutôt plaisant d'*Oisivetés*, n'a que le mot de « retranchement » à la bouche. Il faut que la France se retranche, il faut que Paris soit retranché derrière les citadelles du Nord qui protégeront son cœur. Axiomatiquement s'élabore sous nos yeux le programme obsidional esquissé jadis par le vieux Vinci.

Contre cette folie de l'enfermement sur soi, voyez au contraire la jeune république hollandaise jeter les principes d'une ouverture universelle des nations les unes aux autres. Du petit traité de 90 pages joyeusement intitulé *Mare Liberum* que publie en 1609 l'avocat de La Haye Hugo de Groot (Grotius) la Hollande tire encore aujourd'hui, j'imagine, l'essentiel de sa philosophie.

Grotius est un érudit doublé d'un patriote qui cherche ses meilleurs arguments, en bon érasmien, chez les poètes latins Cicéron, Virgile et Ovide. Puisque est insaisissable l'espace qu'on appelle la mer, nous prévient-il, la seule prise qu'on peut en avoir passe par un dessaisissement de l'autre espace sur quoi notre droit s'établit, savoir la terre. Merveilleuse habileté de cette flûte des mers du Nord louvoyant à l'estime entre tous les écueils ! Grotius, très fermement, nomme droit primaire des nations de pouvoir « aborder toute autre nation et négocier avec elle ». Sa démonstration n'est certes pas gratuite : il s'agit pour ce calviniste de lever habilement l'hypothèque papale sur les terres découvertes, et de damer le pion aux Portugais à Sumatra. Capitalisme et colonisation ont assurément trouvé en Grotius leur premier juriste.

Oui mais il y a la mer ! « Car l'océan, navigable en tous sens, dont Dieu a entouré les terres, le souffle régulier ou irrégulier des vents qui ne viennent pas toujours de la même région et passent alternativement sur chacune, ne signifient-ils point assez que la nature a accordé à tout peuple l'accès des autres peuples ? » Quel autre juriste donna jamais au droit une assise aussi poétique ? Voir la fluctuation des eaux s'inscrire à même nos règlements est un peu comme d'assister aux premières secondes de la Genèse. En prenant possession de la mer, la Hollande acquiert d'un coup une vision plus subtile, plus fluidement fraîche de la Nature. « La mer ne peut donc absolument devenir le propre de qui que ce soit. » A l'absolu monarchique dont Versailles est alors le symbole la jeune République maritime oppose ainsi la déliaison suprême de tous les liens, l'absolue liberté de la mer. N'est-ce pas la peinture hollandaise qui dira le mieux cette évolution-là ? Quel plus grand contraste que celui opposant alors l'école du Nord tout attentive à l'individualité des objets, à la nuance du ciel, à l'appel de l'horizon, à cette grandiloquente romanisation for-cée où Louis XIV enferme ses artistes ?

Grand calme sur une plaine d'huile de lin

Lorsque l'armée française s'interrompt, incrédule au spec-tacle de la plaine hollandaise progressivement envahie par les eaux, comme aucune machination du jardinier Le Nôtre n'y fût jamais parvenue, il y a conflit d'échelle. Les calvinistes sont des créatures de l'Ancien Testament, qui ont intériorisé Dieu et dégagé le paysage. Méditant sur les mêmes sources bibliques mais avec considérablement plus d'audace qu'eux, le polisseur de verres d'Amsterdam Spinoza pose l'équation d'où découlera toute la philosophie moderne « *Deus sive Natura* » (« Dieu, c'est-à-dire la Nature »). En face les catholiques français sont des païens superficiels : une touche de baroque autrichien, une touche de mythologie humaniste mélangées à une bonne dose de machiavélisme florentin font, le tout coulé dans la pierre, un amalgame trompeur. La lissité du Grand Siècle désespère ! Toute la nuance du temps qui passe, toutes les teintes délicates des saisons du ciel sont sur les toiles de l'école de Haarlem, de Leyden et de Delft.

Lorsque tout à l'heure, après cette nouvelle version du Déluge, les eaux auront reflué entre leurs digues, Jakob Van Ruisdael ira sécher ses cheveux dans le vent de Scheveningue. Meindert Hobbema (1638-1709), planté comme un arbre dans le droit axe de l'Allée de Middelharnis, cavalera à vision de nuage pour la première contre-plongée de tous les temps. L'horizon est à la hausse avec ces maîtres du paysage, comme un moulin qui fait invisiblement monter la terre en balance avec l'eau. Parce que le doute lui-même est momentanément suspendu, la roue de l'Univers travaille en silence. Rembrandt Van Rijn se peint plusieurs fois en crucifié lent, en bœuf patiemment équarri ; à l'horloge de l'eau la Hollande apprend à lire cette lenteur différée où depuis lors nous sommes. Toujours en avance parce qu'ils retardent !

Sur une liqueur d'huile voici Vermeer posant l'aiguille qui indiquera le nord d'un imperceptible frémissement d'axe. Une femme déplie une lettre qui lui apprend que Copernic est dans son ventre. Partout les angles sont rapportés à l'essentielle rotondité qui pousse êtres comme nations à l'attraction complémentaire. Mais la sensualité n'est dite qu'à l'oblique, dans le frôlement des coques, la courbure d'un champ de blés verts que fend une allée de terre et de mûres féminines — nous dormons, nous rêvons avec l'Univers, disent ces peintres, et notre indolence suprême est dans le travail qui précipite les fluidités, les pigments où se fixe la dissolution des nuages.

Cette adoration qu'on dirait alors partagée par autant de toiles qu'il y a de voiles sur la mer de Hollande représente pour nous un travail spirituel d'une inégalable légèreté. Ici, à l'abri des digues, comme deux siècles plus tôt à Florence ou bien un jour dans la jeune France républicaine, le vent, la mer et la couleur se sont donné rendez-vous pour que claque la joie céleste.

Une Angevine en pèlerinage sur la route de Douvres

Sur le rivage d'en face qui n'en est qu'aux tout premiers stades de sa puissance maritime, la mer semble avoir choisi d'embrasser la poésie comme s'il y avait une complicité intime entre l'insularité du poème et la géographie du pays. L'Angleterre s'est découverte grande le jour où l'*Armada* de Philippe II a sombré ou brûlé dans les brouillards de la mer du Nord. Un souvenir de ce spectacle hantera bientôt les grandes toiles de Turner. Mais pour l'heure, malgré Raleigh (explorateur et poète, 1552-1618) et Drake (premier Anglais autour du monde de 1577 à 1580), malgré la compilation du géographe Hakluyt (1552-1616) prouvant que le pays a le pied aventurier, ce sont encore des paysans qui gouvernent la langue.

Simplement la proximité de la Tamise à la mer, le trafic des laines avec Bruges, Anvers et la Hanse, le rutilant commerce des vins de Bordeaux dans quoi s'est illustrée la famille des Chaucer ont tanné et assoupli les cadences germaniques du *Kentish* d'une courbe d'Aquitaine. Paradoxalement, la douceur angevine que célèbre en ses *Regrets* Du Bellay a depuis longtemps traversé la Manche par les barques anglo-normandes. Pétrarque, sans dommage, est ensuite venu jouer sur le terrain de la geste arthurienne comme plus nulle part en France.

Une autre ironie a fait qu'à la bourse du commerce prosodique nous laissions filer à notre insu notre décasyllabe pour nous enticher de l'alexandrin. On pérégrine ainsi jusqu'à Cantorbéry en dix syllabes en 1400, mètre qui sera toujours la pointure retenue par les excursionnistes Coleridge et Wordsworth, au Lake District, en 1798. Ayant moi-même fréquenté alternativement les deux mesures, pourquoi suis-je plus à l'aise sur le dix anglais en haute mer que sur l'alexandrin? Vauban réintroduisit quelque temps la galère méditerranéenne pour courir l'Anglais au large de Dunkerque : échec total! On ne traite pas l'Atlantique comme une naumachie versaillaise!

« Que diable allait-il faire dans cette galère? » L'alexandrin, qui n'a d'ailleurs rien à voir avec une quelconque origine callimaquienne, a en effet la flottabilité d'une galère. Peu de vagues, peu de vent, beaucoup de rameurs, on n'avance pas! Ce qui vous explique pourquoi très sagement Racine laisse Iphigénie, Phèdre, Andromaque à la côte. Voyez Shakespeare par comparaison, l'extraordinaire pied marin qu'est le dix dans *La Tempête* (1611), l'espèce d'aisance insolente avec quoi l'on s'en déchausse pour courir pieds nus jusqu'au sable — chacun pour soi comme Robinson! Ces deux superbes soleils couchants que sont *Antoine et Cléopâtre* (env. 1606) ne soulèvent-ils pas ensemble la langue d'une même magnétique respiration d'amour? Par contraste, voyez Jodelle enfermer sa *Cléopâtre captive* (1552) dans un serpent décasyllabique d'aussi gracieuses que vaines contorsions.

> Mêmes ainsi que d'une onde le branle,
> Lorsque le Nord dedans la mer l'ébranle,
> Ne cesse point de courir et glisser,
> Virevolter, rouler et se dresser,
> Tant qu'à la fin dépiteux il arrive.
>
> Jodelle, *Cléopâtre captive.*

Considérations sur la mort précoce d'Alexandre

L'adoption de l'alexandrin dans notre langue ne relève pourtant pas du hasard! Or si peu de réflexions ont été conduites sur le sujet qu'on croirait l'instrument protégé par sa vénérabilité. Même lorsque tout récemment Jacques Roubaud, le premier depuis longtemps, nous intéresse à son devenir, nous n'apprenons rien de son origine. Car il ne suffit pas d'en accrocher le départ à un vague roman du XIIe siècle dit *Roman d'Alexandre*, mais bien de nous dire pourquoi le mètre finit par supplanter le huit breton (Béroul, Chrétien, et même les fabliaux), par écarter le dix carolingien héroïque (*Roland*).

Les choix prosodiques obéissent à des lois profondes : cette manière qu'a l'alexandrin de progressivement se dégager des mesures voisines comme un chêne croît au milieu d'autres arbres qu'il étouffe touche à notre histoire nationale. Car il semble bien qu'à compter d'une certaine époque le modèle italien ait pesé décisivement sur l'orientation de notre vers. Lorsque le poète Jean Lemaire de Belges déserte la cour de Marguerite d'Autriche à Malines, il commet plus qu'une simple infidélité à sa protectrice : il change de culture. Rompant avec les rhétoriqueurs du Nord, dont son maître Molinet, rompant avec la polyphonie d'Ockeghem et de Josquin, il se soustrait en fait à la continuité médiévale flamande pour rallier Lyon, la toute bruissante des nouvelles d'Italie.

La rupture est dramatiquement consommée en 1513 par *La Concorde des deux langages*, dans laquelle Lemaire déclare son ambition de porter la langue française à la hauteur du toscan de Dante, Boccace, Pétrarque. Plus que l'ambition, l'expérimentation prosodique de Lemaire est à suivre : son débat entre Amour et Honneur, tout foncièrement imprégné du *Roman de la rose* se partage entre décasyllabe et alexandrin. Dix pour l'Amour, douze pour l'Honneur, l'Honneur l'emporte sur l'Amour ! C'est précisément ce dont débattront bientôt les tragédies de Corneille et de Racine.

> Car ainsi le commande Honneur, le grand seigneur
> Qui de tous haultains biens est maître et enseigneur.

Or, en mettant en présence les deux mètres, Lemaire, s'il ne tranche pas, sait intuitivement ce que l'Amour va perdre en légèreté à gravir la pente ardue du douze, et le laisse deviner. En revanche ce qu'il ne dit pas c'est que la raison profonde du débat tient à l'hendécasyllabe de Pétrarque autour duquel notre langue tourne, virevolte sans pouvoir décider quelle meilleure approximation retenir, du dix ou du douze. Ainsi, après une éclipse totale au siècle précédent, notée par Maria Luisa Spaziani, l'alexandrin rentre par la route royale de l'Italie. Toutefois, trahison pour trahison, n'oublions pas que la cour de Bourgogne lui avait déjà bien préparé la voie par ses gigantesques travaux, comme dit Doutrepont, de *dérimage*. (Georges Doutrepont, *Les Mises en prose des épopées et des romans chevaleresques du XIVe au XVIe siècle*, 1939, puis 1969, Slatkine.)

Faut-il casser sa canne sur le dos du maître de musique ?

Italienne, méditerranéenne, voire turque et mahométane, la France du XVIIe siècle est tropiquement ouverte au Sud, comme elle est fermée par son glacis picard aux influences du Nord. Où Vauban va-t-il par exemple chercher ses modèles techniques du retranchement ? Chez les Arabes, parce qu'ils « forment leurs douars ou villages ambulants en rond ». Quant à l'Italie, son omniprésence dans la vie politique, financière et culturelle du pays est proprement admirable. Depuis que deux Médicis de deux branches différentes se sont succédé à sa tête, la France est devenue la fille aînée de Florence ou comme Fernand Braudel l'exprime plus brutalement : « Florence a créé Lyon et s'est saisie de la France. »

Certainement, il n'existe dans aucune autre cité marchande de l'Europe d'exemple de famille accédant, par sa seule réussite financière, au principat puis au pontificat. Il ne faut donc jamais oublier l'ascendance florentine dans la personnalité de Louis XIV non plus que la mémoire des premières années passées sous la protection de Mazarin. Pourquoi ne pas imaginer que la figure apollinienne se soit épanouie comme une vision paternelle sublimée? *La Concorde des deux langages* souhaitée par Lemaire de Belges à l'aube du XVIᵉ siècle est devenue une réalité à Paris. On y parle italien partout mais assez ironiquement on entend moins le toscan que le berga-masque, le vénitien ou le sicilien. Le jeune spectateur nommé Molière a-t-il l'oreille assez fine pour distinguer tout ce canevas des langues qui longtemps encore fera la richesse de la pénin-sule?

Trop tard! Le cardinal de Richelieu a déjà ouvert l'Académie française, et un Italien beaucoup moins drôle que Scaramouche ou Colombine régente l'opéra. Ce dont Lulli ne veut plus, en accord avec ce grand amateur de musique qu'est le roi, c'est de la polyphonie ancienne. On laissera donc les luthériens du Nord continuer la tradition du contrepoint vocal jusqu'à Jean-Sébastien Bach pour favoriser à sa place l'art de la déclamation accompagnée. Les cantates que compose Lulli visent en somme à une espèce de sobriété pathétique assez voisine de la tragédie. La Bruyère trépigne de colère : il veut des machines! « C'est prendre le change et cultiver un mauvais goût que de dire, comme on l'a fait, que la machine n'est qu'un amusement d'enfants et qui ne convient qu'aux marionnettes ; elle aug-mente et embellit la fiction, soutient dans le spectateur cette douce illusion qui est tout le plaisir du théâtre. »

Simple changement de décor! Car les machines aussi sont italiennes tout comme les ingénieurs se nomment Vigarani ou Jacopo Torelli. D'ailleurs le roi avait spécialement fait construire en 1662 aux Tuileries une *salle des Machines* où neuf ans plus tard avait été représentée la célèbre comédie-ballet de *Psyché* écrite à trois par Molière, Corneille et Lulli.

Jupiter dans la salle des machines

Machines de guerre ou machines de théâtre, Louis XIV préside à une mécanisation générale de l'Etat à laquelle parti-cipe le choix de l'alexandrin. Car il faut parler de ce vers comme d'une *machine* contraignante aux effets incalculables. On doute même si certains de nos *mécaniciens* du vers actuel parleraient aussi spontanément du bonheur des contraintes s'ils n'avaient encodé dans leurs gènes le vieux tic-tac. Leur prendrait-il un jour de vouloir combattre ce réflexe autoritariste que je leur prescrirais, quant à moi, une bonne cure de huit breton ou de dix shakespearien. Louvoyer avec Tristan sur la mer anglo-normande demande tellement plus de souplesse que de guer-royer avec Corneille contre le Maure ! On pourrait d'ailleurs s'étonner qu'un Rouennais ait consacré si peu de temps à la mer dans son théâtre. Une seule lucarne marine, de taille il est vrai :

> Cette obscure clarté qui tombe des étoiles
> Enfin avec le flux nous fait voir trente voiles ;
> L'onde s'enfle dessous et d'un commun effort
> Les Mores et la mer montent jusques au port.
> On les laisse passer, tout leur paraît tranquille :
> Point de soldats au port, point aux murs de la ville.
> Notre profond silence abusant leurs esprits,
> Ils n'osent plus douter de nous avoir surpris ;
> Ils abordent sans peur, ils ancrent, ils descendent,
> Et courent se livrer aux mains qui les attendent.
> Nous nous levons alors et tous en même temps
> Poussons jusques au ciel mille cris éclatants.

Le Cid, acte IV, scène 3.

En vérité ce n'est pas la mer qui importe ici mais le rythme même qu'elle prête au combat car le verdict stratégique est clair : la victoire doit rester aux terriens. Le bref répit qu'ils semblent s'accorder avec la complicité de l'onde n'est que le comble de la ruse. Les lois de l'alexandrin dramatique ne tolèrent pas plus longtemps l'inertie. Tout au plus l'échappe-ment musical peut-il durer l'espace de quelques vagues bien déroulées, bien harmonieusement pleines. La purge finie, le vers a de nouveau faim d'action, de verbes, de pronoms, de complétives.

Corneille, on le sent, n'a pas la patience de l'eau : son vers n'a pas absorbé tout le sel de la mer comme celui de Racine, dans un esprit à la fois de légèreté et d'exaspération. C'est le combat à terre que Corneille aime, l'embuscade ponctuée de cris dignes de sauvages Caraïbes ou Iroquois accueillant quelque explorateur. Richelieu qui dix années plus tôt a mis le siège au port de La Rochelle n'aurait rien à redire à une telle stratégie même si elle fait la part belle à l'ennemi espagnol qui campe à la frontière du Nord.

Trirèmes à la cape dans la vallée des Chèvres

On se demande en fait si la longue évolution du vers français jusqu'à l'alexandrin n'aurait pas eu pour seul but de faire advenir Racine tant celui-ci semble être à la tragédie cette lumière que Louis XIV a voulu être en majesté.

Si l'on va se promener aujourd'hui au balcon conduisant du donjon de la Madeleine au-dessus de la vallée de Chevreuse jusqu'au vallon de Port-Royal, on peut encore lire, écrits sur des plaques de halte en halte, les vers de jeunesse d'un familier du chemin, Jean Racine. Regardant au sud vers les collines de l'autre côté de la vallée, on aperçoit comme le dessin abstrait d'une colline toscane, au-delà de laquelle pourrait se découvrir la Méditerranée. Des vents du nord, la route est protégée par un bois encerclant une vision quasiment intacte de ce qu'est le paysage français classique. On appuiera un rivage grec à cette colline aux chèvres pour faire surgir les gradins du théâtre de Delphes ou d'Epidaure. Toujours chez Racine il y a un bord de rivage, un balcon où se prépare un embarquement qui n'a ou n'aura pas lieu malgré l'immense aimantation de la mer. On se dit que ce long enfermement où s'est condamnée la France terrienne dans son rêve d'Italie ne va plus pouvoir durer.

Quoique contenue, ou justement parce que contenue, la révolte contre le soleil atteint un degré d'exaspération inouï. Il n'est d'ailleurs pas sûr que la question profonde ne soit pas tant de l'amour, de la passion, que de l'effervescence à quoi une société longtemps réprimée se prépare. Racine, par son art, détourne au soleil royal ses feux dont il fait une insoutenable combustion : je le vois en maître artificier poussant plus loin que quiconque la réflexion sur l'artifice. Voyez les machines sorties *in extremis* de la mer pour accomplir sur Hippolyte la vengeance de Neptune conformément à l'imprécation de son père. Ne dirait-on pas d'une sorte de gigantesque escargot versaillais ?

> L'onde approche, se brise, et vomit à nos yeux,
> Parmi des flots d'écume, un monstre furieux.
> Son front large est armé de cornes menaçantes ;
> Tout son corps est couvert d'écailles jaunissantes ;
> Indomptable taureau, dragon impétueux,
> Sa croupe se recourbe en replis tortueux.
>
> *Phèdre*, acte IV, scène 6.

En vérité, Racine nous fait comprendre que l'homme est de loin l'artifice le plus monstrueux puisque tout son talent le pousse à construire d'horribles machinations. Contrairement à ce que croyait l'optimiste Descartes, il est donc une manière d'ingénieur animal supérieur dévoué à ses passions. Le feu est son emblème, culminant dans le blason solaire. Vénus, bien que née de l'écume adoucissante, n'apporte en fait ses suffrages qu'aux guerriers ou aux forgerons.

Une tyrannie née d'un manque de tirant

Peu d'eau, si peu d'eau dans toute cette économie canalisée où s'assèche la France ! Paradoxalement, les ingénieurs s'inquiètent. Vauban lui-même, que préoccupent généralement plus les techniques du feu, a quelques recommandations précises sur le sujet : « Tenir pour certain que tout pays a besoin d'arrosements en quelque situation qu'il puisse être, par la raison que les pluies ne sont pas de commande. »

Or il semble justement qu'on ne puisse plus concevoir

l'élément liquide dans sa simplicité. L'eau à laquelle les esprits pensent est une eau détournée par des canalisations dont Versailles expose le modèle jusqu'à la caricature. On laisse ensuite à la mythologie grecque fonction de naturaliser la tuyauterie.

Le système politique tout entier repose en effet sur la rhétorique du détournement : le meilleur moyen de rejoindre la nature, croit-on, c'est de combattre l'artifice par l'artifice. Ainsi voit-on toute une écurie de dauphins, nymphes, silènes et sirènes cracher à longueur de journée une eau qu'ils n'ont d'abord pas bue. Il peut même y avoir de la fascination à regarder marcher toutes ces clepsydres mues par la volonté d'un seul. Louis, nous avertit Lavisse, aime son eau artificielle. « Il n'aimait pas voir couler l'eau tout simplement... Il l'aimait canalisée, pompée, sourdant à peine du sol ou s'élançant en hauts jets, se recourbant en voûte. Il se plaisait à l'entendre bruire. Il ne s'est occupé de rien avec plus d'application que de ses pompes et de ses fontaines. »

Douze heures par jour ! Voilà la journée de travail prescrite par Louis à la mythologie grecque et puis, comme ses campagnes de Hollande ou du Rhin le fatiguent, il lui faut bientôt une horloge perpétuelle. Du front des armées il commande qu'on améliore le mécanisme versaillais : « Je voudrais bien trouver les pompes en état pour que les fontaines qui sont en vue du château allassent toujours. » Mais que diable est-il allé planter ce navire à tirant tyrannique dans une vallée sans eau ! Paul Morand, dans son *Fouquet ou le soleil offusqué,* fait dialoguer à l'ombre de la prison de Pignerol le surintendant déchu avec un familier de la cour qui lui donne des nouvelles. De toute évidence Versailles a pour ambition d'éclipser Vaux-le-Vicomte : « Comment étaient les grandes eaux, à cette fête du Roi ? — Médiocres. L'eau n'arrive à Versailles que très mal. — Fouquet haussait les épaules. Il n'y aurait pas d'eau à Versailles, il le savait bien, tant qu'on n'aurait pas détourné la Seine. »

A défaut de Seine, c'est l'Eure qu'on détourna au printemps

de 1685 par le fameux aqueduc de Maintenon. Y avait-il si loin des ardeurs du Soleil aux fraîcheurs de Madame que le canal jamais ne put atteindre sa complétion ? Des seize cents arcades prévues, quelques-unes seules furent édifiées pour un effroyable coût de vies humaines. Louis, comme Léonard le Florentin, prétendait porter l'eau à hauteur de montagne.

Se désaltérer à la source d'une petite comptine

Le seul à nous procurer encore quelque vraie fraîcheur au milieu de cette sécheresse est incontestablement Jean de La Fontaine. Par sa fenêtre à l'angle des douves de Vaux, on l'imagine suivre du regard le manège de quelques vieilles carpes à peau de courtisane fanée. A l'affût de la moindre métamorphose, son œil traîne, paresse entre deux brouhahas de conversations puis, éclair d'écaille, fonce sur une proie qu'il happe d'une bouche silencieuse. Dégustation suivie de digestion : il y a un art aquatique de La Fontaine qui fait de chacune de ses fables une sorte de repas méandreux. Miroitant et frétillant devant nous comme une eau de rivière où le soleil n'est perceptible que par reflet, comme une nageoire un peu plus vive, son poème épouse les sinuosités de la carpe ou de la tanche jusque dans la disposition de ses lignes.

Une fois la prise assurée, le sens hameçonné par le sourire de la lecture, le suspens de quelques secondes donne ensuite lieu à une brève déjection morale. Pour ce pensionnaire de Vaux que la déchéance du surintendant surprit comme éclair de foudre en plein été, la sérénité de l'eau est une philosophie. Fouquet a beau railler du fond de son cachot, la Brie n'est guère plus aqueuse que Versailles, quoique la Seine passe en contrebas à Melun. Le Nôtre et Le Vau y concoctèrent d'ailleurs les premiers feux d'artifice d'eau qui devaient alimenter la jalousie du roi le 17 août 1661. « Dans cette plaine à blé, commente Morand, en pleine moisson, au sol fendillé de gerçures, l'eau rit, elle est le luxe suprême, l'élément cher dépensé pour rien, jaillissant du sol ; chaque goutte vaut de l'or et cette richesse coule à fonds perdu, dans les cataractes dressées, dans cette inondation verticale organisée par le magicien. »

La philosophie du fabuliste, d'origine beaucoup plus souterraine, sourd des nappes profondes qui dorment sous les craies de la Picardie et de la Champagne. On a maintes fois dit comment Jean de La Fontaine — n'oublions tout de même pas son nom ni cette comptine sottement entêtante qu'on se récite depuis toujours dans les cours des lycées, « une Corneille sur une Racine de La Bruyère Boileau de La Fontaine Molière ! » — tire saveur des arcanes médiévaux. Chez lui, la « machine alexandrin » se casse en lignes plus fines, plus courtes, propres à attraper l'espèce « menu fretin » grouillant aux viviers royaux.

A Vaux, sa chambre d'angle jouxte l'escalier conduisant à la fraîcheur des resserres à fruits, l'aigreur des tonnelets de cidre, la chaleur des cuivres de cuisine. Avant tout, La Fontaine connaît ces chambres dans la craie où l'on descend par degrés brefs pour rejoindre la bonté du vin. Contre l'ardeur du soleil royal qui calcine en surface la France, il ménage de secrètes muches, protection ancestrale de la paysannerie picarde devant les descentes de foudres étrangères, espagnoles ou anglaises. Au fond, les vraies sources !

Conversation téléphonique du fabuliste avec ses carpes

Le poisson nage chez La Fontaine comme chez lui. On en fera d'ailleurs un peu trop vite son animal totem. Poisson, donc glissant, donc fuyant, donc peu fiable : mais pourquoi pas chrétien ? Roulé dans la farine ou grillé dans la friture, en tout cas, quel sel ! Voici un dîner de Vaux-le-Vicomte. A l'époque, rappelons-nous, le service se fait *à la française*, ce qui veut dire qu'on mange ce qui est devant soi. Il faudra attendre Napoléon pour recevoir la nourriture de la gauche, par-dessus l'épaule, *à la russe*. Pas de chance pour La Fontaine, ce soir-là. En face de lui, sur la table, c'est jour doublement maigre :

Un rieur étoit à la table
D'un Financier, et n'avoit en son coin
Que de petits Poissons : tous les gros étaient loin.

Le Rieur et les Poissons.

Voyez comme l'assiette du vers fait progressivement plat de résistance d'une telle situation : alexandrin va-t-il trancher ce nœud gordien ?

Il prend donc les menus, puis leur parle à l'oreille,
Et puis il feint, à la pareille,
D'écouter leur réponse. On demeura surpris ;
Cela suspendit les esprits.

Ibid.

Autrement dit, coup de téléphone aux poissons ! Oui, n'hésitons pas à jouer de l'*appareil* avec nos auditeurs modernes puisque c'est de toute façon ce qu'ils auront compris. Le sens ne change pas : sous sa perruque, Jean de La Fontaine ressemble étonnamment à Groucho Marx. Non merci, il n'y a pas de friture sur la ligne, le message est reçu 8 sur 8. De fil en anguille, le rieur essaie donc ensuite d'autres correspondants.

« N'en puis-je donc un gros interroger ? »
De dire si la compagnie
Prit goût à sa plaisanterie,
J'en doute, mais enfin il les sut engager
A lui servir d'un monstre assez vieux pour lui dire...

Ibid.

La Fontaine ou l'art de faire venir l'eau à la bouche, mieux qu'aucune canalisation du roi. Avec le plaisir supplémentaire de voir la bouche disant la fable se tordre en masque de triton par quoi s'écoule la vérité. Car l'enchanteresse Circé a beau offrir aux Compagnons d'Ulysse de quitter qui sa hure qui son groin, eux depuis longtemps s'accommodent de leurs monstruosités respectives.

> Ulysse y court, et dit : « L'empoisonneuse coupe
> A son remède encore ; et je viens vous l'offrir :
> Chers amis, voulez-vous hommes redevenir ? »
>
> *Les Compagnons d'Ulysse.*

Où l'on comprend pourquoi certains ânes préfèrent être payés en son qu'en sel

Comment ne pardonnerait-on pas à La Fontaine d'avoir su si adroitement faire prendre son art des métamorphoses pour de la transsubstantiation ? L'Eglise, à son époque, commande que le chrétien jeûne trois jours par semaine, d'où l'extrême tolérance dont jouit comme mets le poisson, plat de substitut. Si l'on en croit l'angoisse d'un Vatel désespérant de voir lui parvenir à temps la marée, tout n'est alors qu'attente de l'eau. On ne va pas à la mer, au siècle de Louis XIV, on attend qu'elle vienne à vous. Peut-on concevoir d'attitude plus diamétralement opposée à celle de la Hollande qui met tous ses moulins au service de la fertilité ? La fin de Vatel en revanche a quelque chose de gratuitement stérile, comme s'il était mort d'un défaut de mer.

D'ailleurs ne faudrait-il pas mettre en rapport cette sécheresse avec l'impôt de la gabelle dont le régime grève les paysans ? Toutes les salines de Nicolas Ledoux, tout le sel de la Bretagne seront pourtant bien incapables d'empêcher que le hareng hollandais n'envahisse les marchés français à plus bas prix. Dans cette course contre la mer où s'engage l'économie française, l'Etat ne sait plus que faire tourner l'immense meule fiscale dont l'engrenage met en branle à son tour la machine guerrière. Dispendieuse mécanique tournant à vide, Versailles n'est donc que la maquette à peine réduite de ce grand mécanisme-là. D'un tel jeu, comment tirer son épingle ? Par le sel ! La Fontaine nous en montre dans ses *Fables* la recette, tout comme nous pourrons bientôt juger de l'ascension des professions « de sel » à la popularité des « poissards ». C'est à Michel Chaillou qu'on doit tout récemment d'avoir remonté le Picard

Vadé de son puits à saumure où il confectionnait, aux environs de 1750, ses « Bouquets Poissards ». De Vadius à Vadé, quelle antithèse !

Dire pour autant que le peuple a commencé dès lors de reconquérir la parole serait aventureux : au mieux il balbutie. Scapin n'est somme toute qu'un produit d'importation débarqué de Naples ou de Sicile comme son célèbre compatriote Mazzarini, le cardinal, fils d'un maquignon obscur. Couleuvre solaire se prélassant sur les marches du perron, il n'est pas seulement l'anti-Colbert mais une manière d'artificier royal des intrigues. A nos balourds provinciaux qui sont à son école il ne dispense que par éclairs ses rayons. Don Juan, quant à lui, se tire de la noyade grâce à des Normands qu'il remercie en les poussant à l'eau. C'est l'ambiguïté des machines que, de quelque côté qu'on se trouve, elles prêtent à rire. Or malgré tout l'amour que nous avons pour Molière, comment parfois ne pas cependant déceler chez lui une certaine stérilité ? Le rire est du côté du feu : or, nous le répétons, le XVIIe siècle meurt de soif.

Coucher de soleil sur lit de marais salants

Lorsqu'en 1715, au bout d'une guerre de dix ans menée contre toute l'Europe coalisée, le Soleil condescend à se coucher, c'est dans un lit de ruines. L'hermétique scellement de la frontière que son ingénieur Vauban avait entrepris, brique à brique, s'ébrèche. Dunkerque, achetée en 1662 par Louis XIV pour être immédiatement convertie en port moderne, est désormais surveillée par l'Angleterre qui exige le démantèlement de l'œuvre fortifiée. Les puissances maritimes ont donc triomphé de la grande armée continentale mise sur pied par Louvois et Turenne.

Sur les soixante et une années qu'aura duré le règne du souverain, trente-deux pleines ont été consacrées à la guerre. Or de quoi la guerre s'est-elle nourrie tout ce temps ? De sel ! Parfaitement, oui, tout le sel que dépose l'océan sur les plages bretonnes par évaporation s'est évaporé lui aussi dans la fumée des canons. Comment ? Par la gabelle, l'inique impôt direct qu'on fait supporter aux paysans de certaines généralités françaises, Picardie, Champagne, Normandie, pour qu'ils en épicent leurs salaisons. Or eux, sans l'argent du sel, ne peuvent acheter de cochons : nous étonnerons-nous ensuite que l'ingénieur Vauban dans ses *Oisivetés* ait composé un *Traité de la cochonnerie ou Calcul estimatif pour connaître jusqu'où peut aller la production d'une truie pendant dix années de temps* ?

L'histoire du règne du Roi-Soleil pourrait s'écrire toute par diffraction d'un rai de lumière à l'angle d'un minuscule grain de cristal, y inclus la fuite précipitée de Fouquet à Nantes, dont il contrôle les fermes, la veille de son arrestation. Lavisse, sur le sel : « L'ordonnance dispose que le sel destiné aux pays de grande gabelle proviendra uniquement du Brouage, des îles voisines et de la région de Nantes ; tout sel d'autre provenance est déclaré "faux sel". » La même ordonnance interdit qu'on fasse servir deux fois le sel ayant salé le poisson, ou qu'on fasse « boire l'eau de mer à des bestiaux ». A Tours, ajoute l'historien, existait un bureau dont les officiers avaient pour tâche de secouer la morue pour qu'en tombe la saumure.

Ce n'est donc pas pure gratuité métaphorique que de prétendre qu'au XVIIe siècle, le soleil a entièrement bu la mer. A cette balance, on pourra dire aussi que Phèdre fait un joli poisson, ou un monstre marin « tout entière à sa proie attachée » (acte I, scène 3). Quant à l'alexandrin, seul La Fontaine aura su s'en servir pour la pratique de la pêche alexandrine. Ne voit-on pas en effet dans Plutarque la reine Cléopâtre appâter Marc-Antoine d'une ligne au bout de quoi sont accrochés des poissons de sel qui se dissolvent sitôt remontés ? Cet épisode figure dans la seule et immense pièce qui donne sa véritable mesure à la Méditerranée, *Antoine et Cléopâtre* de William Shakespeare.

Bougainville plus Cook
avec Diderot en supplément

Un Picard à Houston, un Vendéen à Montréal

Parcourir l'Amérique pour un Français du XXe siècle à bord d'une puissante voiture climatisée est devenu un exercice banal. Je revois aujourd'hui encore avec un détachement sans émotion ces matinées du Texas où, après un bain rituel dans la piscine à fond bleu auprès de laquelle bourdonnait le bon génie Coca Cola, je m'en allais vers les hautes mesas en verre de Houston au volant de ma Zodiac de louage. Calé dans la molesquine des coussins, le pied gauche rêvant inutilement sur le plancher à l'Europe, l'oreille surprise par une attaque indienne de Mozart, j'avais le sentiment d'atteindre sans la chercher une certitude métaphysique.

Quelle certitude ? En Amérique la réponse vient toujours avant la question alors que le sentiment d'être en retard caractérise l'Europe. Quant à moi je sais que je ne pourrais longtemps m'accommoder comme font les Américains d'une absence d'aspérité : *no problem !* C'est pourquoi je soupçonne les Français en Amérique de s'intéresser moins à l'état du pays qu'à leur sentiment de perte à son égard. Voilà, se confient-ils intimement, l'espace que nous n'avons pas su conquérir.

Qu'aurions-nous fait de cette lissité ? Le rêve américain sur le mode rétrospectif, en somme !

Je ne connais aujourd'hui que le Montréalais d'adoption Robert Marteau pour courir les forêts montagnaises du pied assuré de ses ancêtres de Brouage. On croirait à le lire entendre l'Amérique gazouiller en langage Audubon (ornithologue américain, 1785-1851), mais le docteur Williams de Rutherford me semble avoir posé en quatre pages sur *La Fondation de Québec* un autre diagnostic. « C'est votre faiblesse à vous, Français, de planter une goutte de votre précieux sang dans des veines étrangères au beau milieu de la forêt et de croire que cela suffira à les faire françaises — que vous avez converti, civilisé les sauvages. Jamais. Si grand soit votre désir ! »

Camper dans la glace avec Champlain tout au long de l'hiver de 1608 à Québec, voir mourir seize hommes sur vingt-quatre, puis s'enfoncer à la pagaie entre les rives du fleuve Ottawa en 1615 au cœur de la nation huronne alors en guerre contre l'iroquoise, c'est à cette geste des départs éternellement recommencés que nous aimons revenir. L'admirable chez l'explorateur français Jean Nicolet (1598-1642) qu'on voit quinze ans après Champlain explorer jusqu'au lac Michigan n'est-il pas son inébranlable certitude qu'il va découvrir la Chine ? Si grande est son illusion qu'il a pris soin d'emporter avec lui une robe en soie chinoise qu'il arbore à sa première rencontre des Indiens Winnebago. Ici, bien que nous soyons en Amérique, la réponse vient sous forme d'une question : comment ne peut-on pas être Persan ? Ainsi préférons-nous continuer d'appeler l'Amérique notre « continent perdu », c'est-à-dire continent de nos pertes, transmuant une perte politique réelle causée par une succession de défaites en durable perte symbolique.

Voltaire en guide de haute montagne

De la France du XVIIIe siècle on pourrait dire qu'elle a renoncé au Canada pour mieux coloniser la Suisse. Curieux *effet de retard* que celui qui amène Voltaire à s'asseoir sur la chaise d'Erasme! En achevant son existence aux portes de Genève, à deux pas de la barrière des Alpes, le philosophe parisien ne renoue-t-il pas avec une tradition interrompue? Le contraste est on ne peut plus clair avec le sédentarisme forcé de Versailles : à nouveau l'axe des échanges intellectuels suit la vallée du Rhin. Etre mobile, c'est être alors allemand puisque l'éclatement de l'Allemagne en une multitude de foyers crée une circulation concurrentielle des idées.

Très spontanément nos philosophes de l'*Encyclopédie* répondent à cette demande : Voltaire, Diderot hésitent d'autant moins à s'embarquer pour Berlin que les huguenots chassés par Louis XIV y ont imposé la langue française. S'installer à Ferney est donc moins affaire d'opportunisme que geste symbolique. A distance raisonnable du calvinisme genevois et du catholicisme ultramontain, c'est un peu de la France perdue que Voltaire reconquiert. Que fondent les neiges du Canada pourvu que brillent celles des Alpes! Colonies pour colonies, celles d'Allemagne ont l'avantage indiscutable de la richesse et de la réussite. Si l'histoire ne retiendra par la suite que l'erreur de calcul commise par Voltaire, est-ce à dire que l'ambition d'origine était fausse? Nullement! Voltaire entend seulement cultiver un jardin dont la taille n'excéderait pas celui d'une principauté allemande. N'oublions pas qu'il a sous les yeux les effets de la désertification où l'absolutisme de Louis XIV a laissé la France. Dissocier la culture des idées universelles de la volonté d'expansion territoriale correspond en somme à l'ascèse érasmienne.

Difficile ascèse! L'Europe avec Voltaire poursuit son rêve d'un délicat équilibre que le Balte Herder fera lourdement chuter du côté de la terre. Ne condamnons pas trop vite les « arpents de neige »! Pour un protestant de l'époque, la seule émigration possible est à l'est, puisque l'Ouest canadien reste une propriété de la très catholique couronne et que convertir au vrai christianisme les sauvages demeure la mission urgente des explorateurs. Voltaire a déjà bien trop à faire avec la protection des « indigènes » locaux (Calas, La Barre) ! D'ailleurs, le Canada n'intéresse pratiquement pas la France officielle. Samuel de Champlain laisse à sa mort, en 1635, une colonie forte d'à peine soixante hommes. Ses douze voyages successifs, de 1603 à 1633, n'auront-ils finalement produit que ce maigre résultat ? Même Mme de Champlain n'a pas été convertie aux possibilités de Québec ! Débarquée en 1624, elle est repartie très vite s'enfermer dans un couvent des ursulines à Meaux. Ce sont des puritains qu'il faudrait au Canada pour réussir comme ceux du *Mayflower* qui ont atteint Plymouth en 1620 !

Où la Nature retrouve l'esprit en perdant son sel

Quelle chance la France canadienne aurait-elle d'imposer son modèle puisque à proprement parler elle n'a pas de modèle ? On ne bâtit pas un empire sur l'énergie d'un seul homme. Or Champlain possède une force hors du commun que n'effleure aucune ombre d'inquiétude même lorsqu'il voit mourir autour de lui tous ses hommes. Notation intéressante, il observe que ce sont les viandes salées qui causent la maladie. « J'avois un sauvage du pays qui hiverna avec moi, qui fut atteint de ce mal pour avoir changé sa nourriture en salée, lequel en mourut : ce qui montre évidemment que les saleures ne valent rien, et y sont du tout contraires. »

Quand on est né à Brouage, on ne peut manquer d'être sensible au sel : voilà la gabelle dissoute d'un coup ! Je ne sais si l'on pourrait expliquer le retour à la nature végétale dans notre sensibilité par le seul soupçon sur les nourritures salées. La monarchie mettra encore quelque temps à fondre. Champlain le diététicien suit cependant un chemin original entre les frondaisons exotiques où ses explorations le conduisent. Loin de ces deux philosophies du retranchement qui inspirent la conquête espagnole au sud, presbytérienne au nord, lui seul pratique l'ouverture. Même lorsqu'il s'emploie à convaincre le sauvage montagnais de la vulnérabilité de sa foi, sa propre argumentation l'expose dangereusement au relativisme. Cet homme qu'on prétend sans éducation aurait-il lu Montaigne ?

> Et lors je luy dis, puisqu'ils croyaient à un seul Dieu, comment est-ce qu'il les aurait mis au monde et d'où ils étaient venus ? Il me répondit, après que Dieu eut fait toutes choses, il prit quantité de flèches et les mit en terre, d'où il sortit hommes et femmes, qui ont multiplié au monde jusques à présent et sont venus de cette façon. Je lui répondis que ce qu'il disait était faux : mais que véritablement il y avait un seul Dieu qui avait créé toutes choses en la terre et aux cieux. Voyant toutes ces choses si parfaites, sans qu'il y eût personne qui gouvernât en ce bas monde, il prit du limon de la terre et en créa Adam, et ce forma Eve qu'il lui donna pour compagnie et que c'était la vérité qu'eux et nous étions venus de cette façon et non de flèches comme ils croient. Il ne me dit rien sinon qu'il avouait plutôt ce que je lui disais que ce qu'il me disait. Je lui demandais aussi s'ils ne croyaient point qu'il y eût autre qu'un seul Dieu : il me dit que leur croyance était qu'il y avait un Dieu, un Fils, une Mère et le soleil, qui étaient quatre.
>
> *Des Sauvages*, 1603.

Peut-on rêver plus belle leçon de tolérance aux lisières mêmes de sa propre foi ? L'humilité courtoise du « sauvage » ébranle en effet jusqu'au dogme infaillible de la Trinité. Mais la manière dont Champlain laisse traîner que Dieu est quatre pour certains au lieu de trois nous rapproche bien plus de Voltaire que des libertins.

Evasion en Suisse par le fond d'un jardin anglais

Versailles est vraiment l'exception ! Canalisations et pompes y traitent l'eau en feu, la tritonnent, la triturent en crachats de mousquet. On dit alors pièce d'eau comme on dirait pièce de feu pour des batteries. Mais, feu l'eau française ! Très vite le navire Versailles engagé dans le grand combat de la Nature, coulera sous l'« arrosage » anglais. On peut en effet considérer comme une victoire de la Nature protestante l'adoption progressive des formes paysagères anglaises. Aucune invasion n'est plus persuasivement douce que celle de l'herbe. Sur tapis vert, l'Angleterre gagne à tout coup. Partout où passe le colonisateur anglais, on le voit semer la graine biblique dans l'espoir de reconstituer le jardin originel. William Blake qui a épousé une protestante française, Catherine Boucher, avec laquelle, disent de mauvaises langues, il se promène en costume d'Adam dans son jardin londonien, est hanté par la vision d'une Jérusalem verte :

> And did those feet in ancient times
> Walk upon England's mountains green ?*
>
> William Blake, *Milton.*

Dans ce dispositif jardinier, le lac est une pièce essentielle. Informe comme la mer, il a la régularité superficielle d'un bassin qui peut parfois se fâcher d'une houle. C'est dans cette eau ombilicale que l'Europe entière s'admirera pendant deux siècles. Propice au retour sur soi qui est un exercice spirituel du recueillement calviniste, le lac est une étendue privilégiée. Est-ce hasard pur si nous voyons Voltaire et Rousseau pour ainsi dire échanger leurs lacs ? Des terrasses de Ferney on devine en effet ce Léman d'où s'expatriera le « promeneur solitaire » vers Bienne puis finalement Ermenonville. Quoique ayant aimé exposer sa vie « aux ondes impétueuses de l'océan », déjà Samuel de Champlain avait eu la passion des lacs. A l'entendre palpiter aux descriptions que font les Indiens du cours de la rivière Saguenay jusqu'au lac où elle est censée prendre sa source, on comprend cette attirance. Il est vrai que le mystère a reculé au fond des terres depuis qu'on commence à mieux connaître le contour des rivages.

---

* Et aux époques anciennes quels pas
Foulèrent les collines vertes de l'Angleterre ?

Une étroite connivence unit ainsi la progression vers l'intérieur des pays comme vers l'intérieur des esprits. On pourrait parfois croire à quelque plan préétabli de la Providence. Vers 1798, cependant, les poètes du Lake District (Wordsworth, Coleridge, Southey, De Quincey, etc.) moduleront ce tropisme lacustre en une petite musique du désenchantement. Désormais plus d'espoir de renouer collectivement avec les prémices d'un quelconque « contrat social » rousseauiste : chacun d'entre nous doit accomplir le difficile voyage du retour jusqu'à la source de sa propre mémoire. Baisse des ambitions océaniques, crainte d'une perte par épuisement, autant de symptômes à quoi les idéologies colonialistes apporteront leurs rudes remèdes.

Corsaires en bout de course

Alors que les sensibilités s'indigénisent par « effet de sauvagerie », la France perd son sens du lointain. Rousseau fait l'anthropologue autour d'un lac à Ermenonville. Inévitablement la sanction tombe : au traité de Paris de 1763, Canada, Acadie, Terre-Neuve, comptoirs de l'Inde nous échappent. Déserter la mer, ce n'est pas seulement manquer d'imagination : c'est manquer l'imagination. Des « coursiers » — les Anglais prononcent « corsaires » — ne suppléeront pas à eux seuls au déficit de légendes. Quelque bruit qu'on fasse autour de Jean Bart, Surcouf ou Dugay-Trouin, les connaisseurs ne s'y trompent pas : « Malgré la gloire des corsaires et l'importance économique des prises, la guerre de course est toujours signe d'une relative impuissance. » (Joseph Martray, *La Destruction de la marine française par la Révolution*, 1988.)

Fallait-il une telle perte pour nous aiguillonner ? La marine de Louis XVI se lance alors éperdument dans le conflit qui oppose les treize jeunes colonies d'Amérique à la métropole anglaise. On cite toujours les formules-bannières de La Fayette, oubliant le rôle décisif de l'amiral d'Estaing, du comte de Grasse, du lieutenant général La Motte-Picquet. Leurs succès navals n'auront pourtant aucune suite commerciale, l'Angleterre s'empressant de commercer avec la jeune République. Quant aux irréalistes plans de la Convention, du Directoire, du premier Empire, le silence ou l'échec les feront capoter.

Au sommet de la colonne qui s'élève face à la Manche sur le plateau de Boulogne on voit toujours Napoléon conquérir du regard la côte anglaise. A-t-on réfléchi à ce que commémorait ce monument? Un fiasco stratégique de première grandeur aboutissant à Trafalgar. « Je voulais réunir 40 ou 50 vaisseaux de guerre dans le port de la Martinique, les faire revenir tout d'un coup sur Boulogne; se trouver pendant quinze jours maîtres de la mer; avoir 150 000 hommes et 10 000 chevaux campés sur cette côte, 3 000 ou 4 000 bâtiments de flottille et, aussitôt le signal de l'arrivée de mon escadre, débarquer en Angleterre, m'emparer de Londres. » (J. Martray, ouvrage cité, chap. 11.) A moins qu'on n'ait voulu que le duel se poursuive symétriquement avec Nelson juché sur son mât au centre de *Trafalgar Square?*

A l'ombre hollandaise éclipsant la gloire du Roi-Soleil succède sous Louis XV une hantise de l'Angleterre qui ne tourmentera pas moins la Révolution. Le Conventionnel Barère de Vieuzac lance en 1798 un brûlot de mille pages reprenant à Grotius son titre *La Liberté des mers* où la puissance anglaise est violemment prise à mal. « Nous sommes au dix-huitième siècle pour la terre : nous ne sommes qu'au sixième siècle pour la mer. Les barbares du Nord couvraient à cette époque l'Europe de leur régime féodal et oppressif. Les barbares des îles Britanniques ont couvert, de nos jours, l'Univers entier d'oppression et de servitude. Le gouvernement anglais a mis la mer en féodalité. » (*De la mer féodale.*)

Une Bible avec peut-être une faucille et un marteau sur une plage

Etonnante pérennité des schémas! Pour le Tarnais Barère le Nord est par définition régressivement barbare même si la référence au VIᵉ siècle est particulièrement malvenue. Mais l'injustice approximative de cette attaque jette un éclairage précis sur le fond de notre imaginaire national. Ne voyons-nous pas des régimes successifs que tout sépare, monarchie, Révolution, Empire, communier dans une même dévotion à Rome l'éternelle? Que d'arcs pour nos triomphes, que d'autels pour le culte de l'Etat, que de cirques pour nos fêtes de la Fédération!

Maintenant regardez par contraste avec cette pompe l'insolente nudité de l'homme nouveau. Robinson Crusoë vient de débarquer sur une île au large des côtes chiliennes en 1719, soit tout juste quatre ans après la mort du Roi-Soleil. Réduit au dénuement comme tant d'autres protestants condamnés à l'exil par ce souverain, cet homme trouve dans la Bible la force d'un nouvel apostolat. Désormais, nous dit Defoe, l'exégèse active remplacera la Révélation passive.

Une petite centaine de prototypes ont d'ailleurs traversé l'Atlantique bien avant le modèle, dès 1620. Quatre longs mois de navigation pour un échouage au cap de la Morue (Cape Cod), Massachusetts, un hiver sans autre nourriture que quelques graines de maïs empruntées aux Indiens, cinquante morts : Samuel de Champlain en mieux! Mais ces Congrégationnalistes de Nottingham unis entre eux comme un seul homme par leur foi ont décidé de réactualiser la véracité de la Bible par leur exemple. Comme les Hébreux à travers la mer Rouge ou le prophète Job dans le ventre de son monstre ils ont voulu rappeler aux hommes la nature essentiellement parabolique de leurs vies. Nous n'existons que pour voyager, disent-ils : *old men ought to be explorers*, commentera tranquillement un de leurs descendants, Thomas Stearns Eliot (*A la mer les vieillards*! ma traduction irrespectueuse). N'est-ce pas une juste récompense que leur épopée ait semé derrière elle une moisson d'histoires, de récits, de mythes littéraires qui feront l'étonnement de ceux demeurés sur le rivage?

Déserter la mer, c'est renoncer au mythe, ce qui nous explique pourquoi Robinson ne parle pas français. De s'être aussi sottement séparée de son équipage protestant, l'immobile galère versaillaise nous aura donc coûté une révolution de retard! Pour qu'un de nos héros se retrouve nu comme Adam face à la mer, il faudra attendre encore cent ans, jusqu'à l'exil de Hugo. En Angleterre par contre l'épidémie de frilosité lacustre n'exclut pas qu'on s'expose aux fièvres des tropiques : Coleridge à Bristol avec Wordsworth invente une merveilleuse ballade octosyllabique dite du *Vieux Marin* où il est question d'un vaisseau proscrit de débarquement comme celui de Bran. Ainsi la vieille écume marine irlandaise refleurit-elle au contact des explorations australes pour aller fouetter de son sel les stériles joues tarnaises.

Breuvages d'insomnie

On dira sans doute que l'imagination continentale des Français préfère alors la lumière du soleil levant aux feux du soleil couchant. Pertes à l'ouest contre gains à l'est? Voire! Du Roi-Soleil à Bonaparte, il est certain que se poursuit un même tropisme oriental. Louis XIV a pratiqué avec le grand vizir Mustapha l'éclipse diplomatique : ruptures suivies de réconciliations. C'est au cours de l'une d'elles que l'ambassadeur De Nointel emmène dans ses bagages un jeune voyageur picard du nom d'Antoine Galland. On se demande s'il n'y aurait pas une prédisposition de ces gens-là à la croisade depuis que Robert de Clari puis Conon de Béthune et enfin Philippe de Mézières ont transité par Venise et Chypre.

Antoine Galland, natif de Rollot devenu orphelin de bonne

heure, a eu la hardiesse de monter à Paris avec un peu de grec, de latin et d'hébreu glanés au collège de Noyon. Hasard ou jeu de réseaux, le voici appelé à faire le catalogue des manuscrits orientaux de la bibliothèque de la Sorbonne. Où apprend-il le grec « vulgaire » ? Comme il le parle, Nointel l'embarque visiter les « échelles » du Levant (Smyrne, Alep, Le Caire, etc. et autres ports où la France a des consulats). Trois séjours successifs à Constantinople donnent à ce linguiste l'arabe, le turc et le persan.

C'est par le goût de ses papilles que nous connaissons aujourd'hui le café. En 1699, il fait paraître quatre-vingt-dix pages délicieuses sur *L'Origine et le Progrès du café* où malgré une certaine pédanterie philologique il sait nous faire respirer en une phrase l'arôme de l'Orient : « Mais je sais que dans les visites réglées, les Turcs le présentent d'abord que la conversation devient languissante. Alors on ne manque pas de s'écrier que le café est admirable et que le Maître de la maison a des gens qui s'entendent parfaitement à le préparer. Et comme si le café réveillait l'esprit, comme il est vrai en effet qu'il le réveille, l'on passe de cette matière à d'autres, pendant que l'on apporte le sorbet et le parfum et l'on sort enfin très content de la visite que l'on a faite. »

Etonnant parcours des boissons dans les cultures nationales ! Je m'étais toujours demandé pourquoi le thé nous avait, nous Français, à ce point « manqués ». Comparative évolution des prix, difficultés de notre commerce avec la Chine malgré les jésuites, convivialité plus grande des *maisons de café* alors que le thé paraît une boisson « ecclésiastique » (Paul Butel, *Histoire du thé*, 1990) nous font nous confiner au Moyen-Orient, là où nos ennemis anglais allongent leurs routes jusqu'à l'Extrême. Serait-ce encore une histoire d'herbe ? Protestants qu'attire l'infusion en tisane contre esprits forts (forts de café) ? Le café, dit Galland, fut la boisson des derviches cherchant à garder l'éveil malgré le jeûne.

Une absence de goût pour les tisanes végétales

Nos voyageurs français ont de la Méditerranée une conception si courte qu'il est rare de les voir dépasser les îles grecques. Lorsque le botaniste Joseph de Tournefort abrège précipitamment son voyage en Orient en 1702 pour rentrer à Marseille, il vise, croit-on, le poste de « démonstrateur des plantes au Jardin royal » (Jardin des Plantes). Trop grande précipitation ! Nommé en 1708, il meurt quatre mois plus tard coincé contre un mur par l'essieu d'une voiture, en se rendant à son Jardin. Savoir « cultiver son jardin », l'expression de Voltaire doit donc aussi s'entendre au pied de la lettre ! Les deux volumes du *Journal de voyage* de Tournefort ne paraîtront qu'en 1717. Assez peu d'histoires de plantes dans cette navigation entre les îles grecques tout compte fait. On attend vainement chez lui ce scrupule méthodique qui va faire la gloire du Suédois Charles Linné.

Démonstrateurs de plantes, c'est ainsi qu'on appelle curieusement les botanistes à l'époque. Nommé « démonstrateur » au Jardin botanique de l'université d'Uppsala en 1730, Linné ne voyage lui-même que dans la seule Laponie à la recherche systématique de la flore indigène, mais essaime ensuite en une diaspora de disciples courant la plante sur toutes les mers du globe. Les protestants et l'herbe : n'y voyez pas une obsession mais il fallait rien moins qu'un Suédois pour explorer la sexualité des plantes. La grande question dont va débattre l'époque est en effet celle de la Nature pour quoi l'artifice versaillais nous a laissés en déficit. Plus tard, les révolutionnaires essaieront pathétiquement de remettre notre calendrier à l'heure en effeuillant la marguerite : germinal, floréal, prairial, etc. Linné à Uppsala prépare Kant à Königsberg alors que nous nous nourrissons d'une Méditerranée idéale.

Dans les *Mille et Une Nuits* dont Galland commence à faire paraître la traduction à partir de 1704, le soleil brille sur des plages irréelles, illuminant d'invraisemblables Versailles transfigurées.

Au bout de ce temps-là, je m'aperçus que la mer diminuait considérablement, et que l'île devenait plus grande ; il semblait que la terre ferme s'approchait. Effectivement les eaux devinrent si basses qu'il n'y avait plus qu'un petit trajet de mer entre moi et la terre ferme. Je le traversai et n'eus de l'eau presque qu'à mi-jambe. Je marchai si longtemps sur la plage et sur le sable que j'en fus très fatigué. A la fin je gagnai un terrain plus ferme et j'étais déjà assez éloigné de la mer, lorsque je vis fort loin au-devant de moi comme un grand feu... Mais à mesure que je m'en approchais, mon erreur se dissipait et je reconnus bientôt que ce que j'avais pris pour du feu était un château de cuivre rouge que les rayons du soleil faisaient paraître de loin comme enflammé.

> « Cinquante-septième nuit ».

A première vue ce fragment de plage en lisière de la mer pourrait tout aussi bien appartenir au *Robinson* de Defoe. Origine géologique commune aux fictions par-delà le banal jeu des influences : on ne conçoit pas Robinson sans Sindbad.

Lever de soleil sur une mer morte

Voyez maintenant ce cuivre s'illuminer devant nous par la magie d'un peintre qui illustre Galland avant que Galland même paraisse. Orphelin lui aussi ? On ne sait mais il doit avoir emporté sous ses sabots un peu de terre lorraine en quittant Chamagne vers 1615. Pendant toute la durée du siècle de Louis XIV qu'il traverse jusqu'à sa mort en 1682, Claude dit Le Lorrain, né Claude Gellée, travaille anonymement à Rome, loin du soleil français. Mais quel soleil justement dans ses toiles ! Claude semble l'aimer indifféremment couchant ou levant mais toujours dans la proximité immédiate de la mer. Voilà enfin un Hollandais dans la peinture française, dont l'art réussit à se débarrasser de la lourde mémoire antique. Un tour de force, puisqu'il la met au premier plan : oui mais dans un contre-jour afin de refroidir les marbres morts et laisser vivre les marbres vivants.

Le pathétique dans cette peinture est cependant décelable derrière la rhétorique car ces embarquements sont des *comme si*. Hommes, sites, fonctions ne se conjuguent que sur le mode d'un passé conditionnel aux antipodes de la fièvre hollandaise. Notre mal colonial point déjà sur ces embarcadères comme d'une lèpre secrète. « On ne part pas », dit Rimbaud ! On ne part pas chez ce voyageur tôt parti de Lorraine mais dans la mauvaise direction. Car la Méditerranée est alors devenue une mer morte en attente de son ingénieur Lesseps, où des môles d'Ostie, voire de Venise, n'appareillent plus que les felouques conduisant aux *Mille et Une Nuits*.

Quoique cette espèce de langueur marine contractée au cœur du XVIIe siècle ait d'insidieux prolongements jusqu'à Flaubert, Baudelaire, puis Mallarmé, des esprits cependant s'inquiètent. Ouest et est étant verrouillés, pourquoi ne pas plonger au sud ? En 1756 le président Charles de Brosses, gendre du marquis de Crèvecœur, l'un des plus gros actionnaires de la Compagnie des Indes (Michèle Duchet, *Anthropologie et Histoire*) publie deux volumes in 4° consacrés à *L'Histoire des navigations australes*. Le livre a la forme d'un récit, d'un lexique, mais surtout d'un manifeste. De Brosses, qui est proche des Encyclopédistes, souscrirait assurément au commentaire qu'on lit dans le *Dictionnaire raisonné des sciences* sous l'entrée « mer » : « Dans ces derniers temps les Anglais ont prétendu particulièrement à l'empire de la mer. » Avec lucidité il avoue que les seuls historiographes de la mer ont été jusqu'ici des congénères d'Hakluyt, le célèbre compilateur d'Henry VIII auquel l'abbé Prévost empruntera bientôt huit volumes de son *Histoire des voyages*.

Constatation plus cruelle encore : aucun Français ne figure au tableau des grands circumnavigateurs de notre civilisation. Entendez — et qui peut mieux entendre cela que le roi en personne ? — il serait grand temps de réparer une telle lacune : « L'entreprise la plus grande, la plus noble, la plus utile peut-être que puisse faire un souverain, la plus capable à jamais d'illustrer son nom, est la découverte des *Terres australes.* » La Compagnie des Indes n'a pas suffisamment de force en elle pour courir une pareille aventure, plaide le président, qui fait appel à l'Etat. Pressentiment de l'imminence d'une perte? Dans sept ans sera consommée l'humiliation du traité de Paris.

Voyage autour d'une Australie de salon

Parti de Nantes en novembre 1766, Louis-Antoine de Bougainville retrouve la France trois ans plus tard, l'honneur sauf! La première circumnavigation française de tous les temps autour du globe est aussi pour lui une revanche personnelle contre l'Anglais qu'il a vainement combattu sept ans plus tôt devant Québec. C'est non seulement contre les vivants, les Byron (explorateur de la Patagonie, 1723-1786), les Wallis (découvre Tahiti en 1767), les Carteret (compagnon de Wallis) et autres James Cook qu'il a engagé la course dans les mers du Sud mais aussi contre les formidables ombres anciennes de Drake et de Hawkins (amiral et négrier, 1532-1595). Pourtant l'expédition de Bougainville hâtivement décidée n'aura eu que deux mois pour rassembler les vaisseaux, une frégate *La Boudeuse* et une flûte hollandaise *L'Etoile.* Comprimé comme dans une arche au milieu des animaux, l'équipage de deux cents hommes — plus une jeune clandestine de vingt-six ans introduite à bord sous un déguisement de marin par le naturaliste Commerson — s'en ressentira.

Sa fidélité au Canada récemment cédé par la France à l'Angleterre conduit d'abord l'explorateur dans la direction des Malouines (les Falklands) où il a relogé, à ses frais, une communauté d'Acadiens. Ces îles étant la propriété de l'Espagne, diplomatie oblige que Bougainville consacre quelque temps à leur restitution. On franchit enfin le détroit de Magellan! Trois cents ans plus tôt sont passés ici des Portugais, cent ans après eux des Anglais. Latitude fatale à partir de quoi le voyage de Bougainville entre dans la littérature pure et simple.

On peut très sérieusement se demander en effet quelle trace réelle aurait laissée l'expédition d'Antoine de Bougainville s'il n'y avait eu la divine intervention de la littérature. Toujours en France il y a le secours de la littérature — ici sensible dans la réécriture de son *Journal* par Bougainville pour son récit. Voyez comment le *Journal* décrit par exemple l'approche de Tahiti en date du 5 avril 1768 : « Toute la côte est élevée en amphithéâtre avec de grandes coupures et de hautes montagnes. Une partie du terrain paraît défrichée, le reste est couvert de bois. Le long de la mer, au pied du pays haut, règne une bande de terre basse, couverte d'arbres et d'habitations et l'ensemble de cette isle offre un coup d'œil charmant. »

Voyez ensuite la correspondance dans la table synoptique du récit officiel : « L'aspect de cette côte, élevée en amphithéâtre, nous offrait le plus riant spectacle. Quoique les montagnes y soient d'une grande hauteur, le rocher n'y montre nulle part son aride nudité ; tout y est couvert de bois... Les terrains moins élevés sont entrecoupés de prairies et de bosquets, et dans toute l'étendue de la côte il règne, sur les bords de la mer, au pied du pays haut, une lisière de terre basse et unie couverte de plantations. C'est là qu'au milieu des bananiers, des cocotiers et d'autres arbres chargés de fruits, nous apercevions les maisons des insulaires. »

Deux hommes-fleurs sous les tropiques

Bougainville aura beau ironiser ensuite sur l'ombre faite à son nom par la *bougainvilléa*, la graine de cette exubérance germe d'abord dans sa prose. Ses phrases, jardinées en terrasses toujours plus haut, finissent même par culminer en un piton fictif, totalement absent du *Journal* : « A peine en crûmes-nous nos yeux, lorsque nous découvrîmes un pic chargé d'arbres jusqu'à sa cime isolée... on l'eût pris de loin pour une pyramide d'une hauteur immense que la main d'un décorateur habile aurait parée de guirlandes de feuillages. » L'hyperbole qui tout à coup s'empare de son récit tahitien marque non seulement une rupture décisive avec nos tailles en litote versaillaises mais libère une vigueur inconnue de la modestie puritaine.

D'un mélange métissé de Fragonard et des *Mille et Une Nuits* naît sous nos yeux la littérature d'exotisme — littérature fleurie par excellence où la femme se naturalise comme les noms d'homme s'y féminisent en fleurs. Il doit bien y avoir une raison à ce que deux naturalistes français, Bougainville et Pierre Magnol (botaniste, 1638-1715), aient donné leurs noms à deux fleurs parmi les plus exotiques, la bougainvilléa et le magnolia ! Bougainville a manifestement choisi de naviguer aux antipodes littéraires de Juan Fernandez où l'on ne rencontre ni femmes ni fleurs. Car l'île de Robinson est une « matrice » célibataire qui se reproduira pour ainsi dire asexuellement tout au long des conquêtes anglo-saxonnes — jusqu'à Golding et son *Seigneur des mouches*.

Saisissant contraste que de lire James Cook après Bougainville ! (James Cook, *Voyage d'Angleterre à Tahiti*, 1768-1769.) L'Anglais débarqué à Tahiti un an à peine après l'enthousiaste Français a reçu entre autres missions de mesurer le passage de Vénus dans le ciel austral. Or voici Vénus ! Un brutal cyclone amoureux s'abat soudain sur le vaisseau menacé dans son cloutage : des femmes contre des clous, c'est le nouveau tarif qu'exigent des marins anglais les Tahitiennes. Cook, imperturbable au milieu de la tempête, pas une seconde ne se départit de ce sang-froid qui donne à l'humour britannique la froideur d'une science : « 4 juin. Punition de deux douzaines de coups à Archibald Wolf pour vol : ayant pénétré dans la soute aux vivres, il a volé une forte quantité de clous, dont on trouva quelques-uns sur lui. Ce soir ceux de nos messieurs que j'avais envoyés observer le passage de Vénus revinrent, leur expédition ayant rencontré un plein succès. »

Guère la peine en revanche d'insister longuement sur la pâle récolte scientifique du voyage des Français. Un coup d'œil rapide à la carte du périple de Cook suffit, par comparaison, à nous convaincre que Bougainville paraît surtout avoir évité les terres tant sa trajectoire est tangentielle aux côtes. Sans doute voyageait-il pour réparer l'honneur de la France mais peut-être plus encore par hâte d'alimenter les conversations au salon de Mme de Pompadour, la protectrice de l'administrateur des Postes, son oncle.

Un Trianon tout en bas des mers du Sud

Grâce à lui la France croira avoir rattrapé en huit jours son retard de plusieurs mythes. Huit jours est en effet le temps exact passé par Bougainville dans l'île qu'il baptise la Nouvelle-Cythère. Mais pas plus que le baptême n'aura d'incidence réelle sur l'avenir du lieu qui retrouvera vite son nom indigène, ne sera magiquement comblé notre déficit. On se demande si Bougainville n'aurait pas simplement accompli un périple rêvé avec Watteau. Tous ces marquis de pastorales sont-ils équipés pour aborder nulle part? Ne marchent-ils pas sur une vapeur d'eau, d'air ou de feuillage mélangés avec une même gracieuse indifférence? Du Watteau de 1717 on pourrait presque aller directement au Mozart de *La Flûte enchantée* de 1791 sans toucher le sol.

Or Bougainville touche-t-il jamais le sol? Voyageant aux antipodes de nos déceptions nous l'avons condamné à ne plus aborder pour ne pas courir de nouvelles déconvenues. Laissons l'opiniâtre Robinson faire fructifier l'ingrate terre américaine, lui avons-nous conseillé! Les puritains, gens tristes et appliqués, ont la rigueur morale qu'il faut pour ces climats. A une cour libertine convient mieux en revanche une latitude plus chaude où la générosité naturelle n'exigerait pas l'application d'une science agricole. Voilà pourquoi Bougainville a choisi le versant spécifiquement littéraire du mythe de l'abondance. C'est, pour un investissement minimal, faire aisément concurrence à l'Angleterre jusque dans son propre jardin. Et quelle concurrence! Le Paradis que John Milton avait déclaré perdu renaît à Tahiti en plus vert, en plus luxuriant que les impitoyables possessions américaines où il faut s'atteler la charrue au cou et se défendre contre le pillage des oiseaux. Contre ces bagnes du travail, la Nouvelle-Cythère favorisera au contraire l'épanouissement d'une aristocratie naturelle pouvant se passer à la fois des esclaves et des paysans.

Par son artifice, Bougainville fait donc advenir exotiquement à l'existence la notion d'état de nature. Mais tout expédient dont les racines ne sont pas suffisamment enfoncées dans le sol est toujours gros de conséquences imprévisibles. A qui osera-t-on refuser le droit d'accès à cette aristocratie naturelle désormais? Puisque la malédiction du travail semble avoir été levée dans certains endroits privilégiés du globe, comment pourra-t-on encore la justifier chez nous? L'état de péché ne serait-il enfin qu'une invention perpétrée par une caste religieuse pour se maintenir au pouvoir? On voit très nettement croître ici la distance entre les mythes nationaux. D'un côté Robinson sueur au front, Bible à la main, conformément à l'Adam de la Genèse : le paradis qu'on atteint par l'incessant perfectionnement. De l'autre l'état de nature originel dont la perte subie par l'homme exige réparation.

Pierre Poivre dans la même coquille que Bernardin

La Révolution française sera donc verte avant d'être rouge — irréellement verte chez Bougainville, qui rajoute de la verdure à son dessin. Pourtant l'esprit scientifique des botanistes, à bien des égards les héros du XVIIIe siècle, leur confère souvent plus de lucidité quant à la prétendue abondance australe. Sorti de l'Ecole des Ponts et Chaussées en 1759, le jeune ingénieur Bernardin de Saint-Pierre a trente-six ans lorsqu'il atterrit à l'île de France (île Maurice). Brusque contraste pour lui qui vient des latitudes septentrionales : il a servi dans l'armée russe à Saint-Pétersbourg. Admirons son sens du balancement dans la formule : « Pendant six mois j'ai vu le paysage blanc à Péters-bourg, pendant six mois je l'ai vu noir à l'île de France. »

Ce voyageur garde en effet suffisamment d'acuité compara-tive en lui pour éviter de se laisser emporter par le cyclone du Sud. Il est vrai que beaucoup plus tard, à la veille de la Révolution, un peu comme s'il pressentait tout à coup l'englou-tissement du vieux monde, il se laissera gagner par la nostalgie et par la mode sentimentale pour donner le livre par quoi il est connu : *Paul et Virginie*. Mais pour l'instant le botaniste tient en lisière le romancier. Méthodiquement il donne un inventaire détaillé et sobre des richesses de l'île sous forme de tableaux. Passant en revue les qualités des plantes et leur comestibilité il en vient à cette conclusion refroidissante : « J'ai cru fort long-temps sur la foi des relations que l'homme sauvage pouvait vivre dans les bois. Je n'ai pas trouvé un seul fruit bon à manger dans ceux de l'île de France. » Pour que la fertilité naturelle serve l'homme il faut donc passer par l'état de culture et d'expérimentation.

C'est d'ailleurs ce à quoi s'attache à la même époque l'intendant de l'île de France, Pierre Poivre. A cinquante ans tout juste, avec un invraisemblable passé de bourlingueur des mers du Sud derrière lui, ce Lyonnais a rapporté de ses courses en Cochinchine et aux Moluques une des plus impression-nantes sciences de l'épice. Longtemps j'ai cru que Pierre Poivre avait inventé le poivre. Eh bien non ! éternuons à la santé de mon ignorance : le poivre s'appelait poivre avant Poivre, lequel ne fit en somme que pérégriner toute son existence vers le parfum de son nom.

En 1768, quand Bernardin débarque à l'île de France, Poivre, intendant depuis tout juste un an, maugrée contre Bougain-ville. A défaut des muscadiers promis par le navigateur, celui-ci a laissé à l'escale — passez muscade ! — son naturaliste Commerson flanqué du « bon sauvage » Aotourou. Perte de profit pour Poivre ! Bougainville qui court après son mythe n'a que faire du commerce réel des plantes et des sauvages. Pour garder son intégrité virginale la Nature demande surtout à n'être qu'entrevue.

Diderot, suisse supplétif

De Virginie les biographes disent qu'elle serait Mme Poivre résistant fermement aux assauts galants du jeune ingénieur des ponts Bernardin. Tout s'épice à l'île Maurice ! Mais notre balance ne s'équilibrera que lorsque nous aurons rapporté que, veuve, Mme Poivre épousera en secondes noces un M. Dupont, originaire de Nemours, avec qui elle ira fonder la dynastie qu'on sait en Amérique. Au bilan final y a-t-il un gagnant ? Oui, la philosophie.

Suisse, Denis Diderot ne l'est pas, bien qu'il ait vu le jour sur la route de la Suisse, dans la ville de Langres, mais il va littéralement créer un canton libre de la pensée. Je le vois à sa manière naviguer comme Erasme sur les turbulentes eaux de la Folie. Pour les voyages réels, peu de chose : l'hiver de 1773 sera passé par lui à Saint-Pétersbourg auprès de Catherine II son admiratrice avec retour par La Haye en Hollande dont il ne rapporte qu'un *Journal* plat comme le pays. Mais le récit de Bougainville, paru en 1771, suscite chez lui une véritable poussée de fièvre. En quarante pages d'une inouïe alacrité il pousse plus loin qu'aucun explorateur ou poivrier de son temps. Je vois dans le *Supplément au voyage de Bougainville* la synthèse du siècle. Pourquoi ? Parce que Diderot y dit que la philosophie est moins que la somme globale de ce qu'il y a dans le monde. Il faut donc lire le *Supplément* comme le complément de l'*Encyclopédie*.

Perte de la naïveté par les sauvages comme perte de l'état de nature par les civilisés, les pertes sont équitablement réparties entre les deux camps. Or loin de nous écraser sous leur addition elles doivent se corriger l'une par l'autre. Dénudons la société chrétienne par l'état de nature, démontre Diderot avec une incroyable impudeur : chrétiens ou païens nous ne connaissons d'autre loi que celle de notre reproduction. Faut-il pour autant rétablir la sauvagerie? Non, ce serait utopique! Sauvages, nous le sommes tous objectivement quoique à des degrés de conscience plus ou moins « dégradée ». Finissons seulement d'être hypocrites : par nos lois, par nos institutions nous ne cessons d'ajouter à la folie générale. Philosopher c'est donc s'abstraire à la folie en y apportant son *Supplément*.

On voit l'immense déperdition que représentera l'encyclopédisme hégélien comparé à ce savoir joyeux qu'il n'y a jamais de pensée que par défaut du tout. Quelle tare pour la philosophie que ce *Supplément*! Surtout lorsque la tare est une noix du muscadier de Poivre. Seul Nietzsche saura entreprendre d'aussi joyeuses courses sur les glaciers de Sils-Maria à la limite raréfiée de l'oxygène. Qu'en revanche une philosophie récente ait cru devoir emprunter à Diderot son *supplément* pour l'ajouter comme « tare » à Rousseau nous rend perplexe. Manquer Diderot, manquer de Diderot à ce point, n'est-ce pas manquer de l'humour essentiel sans quoi la philosophie aujourd'hui ne peut prétendre peser ni se peser?

Réécrire l'histoire du Déluge

Une galerie des Glaces plus au nord

On ne sait pas comment les prendre du regard. On sait qu'elles coupent et le fait qu'elles soient déjetées comme par une force occulte les rend inconfortables pour elles-mêmes. Jamais on n'a peint de froideur aussi dense. Sous un couvercle de neige plombée, pareilles à une insurrection de la Nature elles inspirent la crainte. Pourtant leur magnétisme n'est pas moins fort. Leurs aiguilles qui se chevauchent donnent l'illusion de s'incliner les unes mieux que les autres vers la direction du nord.

Pathétiques dans leur extension elles sont allées jusqu'au bout de leur élasticité rigide. Toutes pointent à gauche sauf quelques irréductibles que la contrariété aimante. Quand on a vaincu leur effet de masse on distingue d'étranges phénomènes particuliers. Tel chapiteau adossé en branlant s'équilibre contre l'aiguille la plus aiguë. On doute. On est tout près de croire à la supercherie d'un trop bel arrangement. Qu'est-ce que ce reste de grécité à quelques encablures à peine du pôle ? On sait pourtant que l'architecte froid qui construit dans ces latitudes possède spontanément tous les styles : la Nature imite l'art. C'est nous que ce désordre prend en flagrant délit de classicisme toujours tendu vers la symétrie harmonieuse.

Or la terre tout entière est devenue un accident, à l'évidence de cette table tectonique du premier plan que fragmentent les cassures. Le piton de glace, par contraste, donnerait presque l'illusion d'être gréé à son socle. Un pas glissant de l'imagination plus loin, et voici qu'un vaisseau est couché sur le flanc sous l'impact d'un vent glaciaire qui aurait lui-même gelé sur son aire. Drossés à gauche voiles, mâts, coque suivis d'autres massifs semblables dans le lointain font à eux tous une flottille. D'un jaune terreux la glace semble avoir raboté le fond de la terre jusqu'à ce qu'on distingue une suintante perméation de sang brun unissant la surface à un naufrage réel. L'homme est reconstitué par l'accident : c'est l'enquête à quoi désormais sera soumise toute beauté — « sa béante profondeur en tant que la coque d'un bâtiment » (Mallarmé, *Un coup de dés*).

Ironiquement nous ne sommes plus la mesure du monde que par prétérition. Nos fantômes de carcasses n'apparaissent enserrés dans la glace qu'au tout dernier moment alors que nous commencions à trouver le meurtre beau. Conduite jusqu'à nous par la persévérance de la mauvaise conscience, l'investigation ne produit plus qu'une ombre policière. Indices devenus, mais de quoi ? Car le naufrage dans sa généralité nous a réduits au rôle mineur de clandestins. Donc cassons l'esthétique de la morale juste ce qu'il faut pour que, bloc à bloc, ne s'entendent point trop les grincements. L'immaculée blancheur de la neige, qui n'est qu'une apparence, couvrira l'opération de son absolution chirurgicale. Et maintenant, que débarquent les naufrageurs, les bourreaux, les baleiniers aux mains gluantes !

L'humanité désaxée

Caspar David Friedrich peint *Le Naufrage* en 1824. Professeur depuis peu à l'académie de Dresde — où on refuse de lui confier la classe de « paysage » —, il invente la peinture géologique qui manquait à la nouvelle conscience.

Lointains baltes, horizons bleutés du port de Greifswald, sévères plages de la mer du Nord, rochers lisses du rêve où des veilleurs guettent d'improbables voiliers, falaises blanc cassé de Rügen, brumes du Riesengebirge sur lesquelles marchent des Faust en redingote, des pans entiers d'un monde inconnu tombent en avalanche devant nous. Friedrich n'est certes pas le premier à peindre l'hiver, solidifié déjà par tant de Hollandais à la lumière de leurs canaux. Pierre Brueghel l'Ancien de son pas de trappeur glissant sur la neige a ramené sa peau martrée au creux des vallées chaudes où l'on grille des châtaignes sous la cendre à l'abri des distantes parois alpestres.

Le premier pourtant, Friedrich pénètre dans la Nature par l'effraction du rêve. En comparaison de ces monotones promenades dans les mers du Sud conduites par des botanistes exerçant leur myopie sur hommes et plantes, Friedrich communique le frisson. La mer s'était platement assoupie dans le Pacifique comme si elle devait se conformer à son nom : elle se réveille au nord prisonnière des glaces. Paradoxe que le volume d'un liquide nous parvienne sous la forme d'un solide, mais les chimistes, hommes sérieux, ont scruté les métamorphoses de la Nature. Catastrophique est la structure du monde, selon qu'on la contemple, ou égale à elle-même sur la longue durée dans sa conservation. A Königsberg un nouveau Copernic a retourné l'intelligence sur son pivot pour lui faire affronter crânement sa nuit. D'une absence géographique de soleil il fait pour ainsi dire une « lumière morale » par quoi guider magnétiquement nos navigations, telle une étoile Polaire.

S'éteignent désormais les sphères méditerranéennes de Platon, d'Aristote ou du Napolitain Thomas d'Aquin qui n'offriront plus leur lumière naturelle à Dieu pour que, nous éclairant, il s'éclaire. Avec héroïsme, avec sadisme presque, Emmanuel Kant nous entraîne au nord. Il veut que nous frissonnions au spectacle du *sublime* dont se délecte notre imagination (Kant, *Critique de la faculté de juger*, 1790). Cette ouverture maximale des mers nordiques dont la liberté peut être aussi bien enchaînée par les glaces est la meilleure image du risque humain. Désormais nous jouerons à nous faire peur tout en sachant que notre peur peut se prendre à son jeu. Ainsi, comme l'avait si bien saisi Diderot dansant sur son « parquet cosmique » par symétrie avec Bougainville sur sa « planche » marine à l'autre extrémité du globe, nous sommes des créatures de paradoxe — comédiens qu'un metteur en scène suédois réunira autour d'un bol de fraises sauvages le temps d'un court entracte.

Fraises sauvages pour un cinéaste à venir

Non pas Ingmar Bergman notre contemporain mais une Anglaise perdue en Suède à l'été 1795 avec sa toute petite fille d'un an, telles deux princesses d'une comédie de Shakespeare cruellement exilées dans la forêt par le roi. Ayant entr'aperçu des fraises sauvages cachées dans la fente d'un rocher, elles en font un bonheur simple :

> Rappelez-vous, dans Shakespeare, ce sont ces petites fleurs occidentales rougies par les flèches de l'amour que les jeunes filles nomment « amoureuses oisives ». La joie de mon petit bébé fut entière ; sans crainte d'aucun mauvais présage, elle accueillit ces quelques fraises sauvages avec plus de joie que si elles eussent été des fleurs ou des jouets.

Pourquoi la Suède ? Parce que le Nord semble être le refuge de tous les révolutionnaires déçus. Mary Wollstonecraft, la voyageuse (en Suède de juin à octobre 1795), réfute d'un brutal revers de plume toutes les théories qui ont conduit à la Révolution française. Il n'existe pas d'état de nature paradisiaque que nous aurions collectivement perdu. La simplicité, la vertu sont une affaire quasiment solitaire qu'il faut chercher au contact de la nature rude. Certes, elle voyage pour des raisons commerciales mais les lettres qu'elle envoie à Londres ont avant tout le souci d'une nouvelle beauté. On la voit ainsi dans une merveilleuse première page se faire littéralement « naufrager » par le vaisseau qui fait route de Göteborg à Elseneur. Sur sa demande, difficilement acceptée, une chaloupe la conduit au rivage où son étrange expédition aborde non pas tant dans une île réelle que dans un tableau de Friedrich ou de Turner.

> Partout régnait un silence pesant. Je fus frappée par ce miroitement des rayons du soleil à la surface de l'océan que ridait à peine un léger souffle, par contraste avec la masse noire hérissée des rocs interposant leur frontière à la limite de l'espace incréé.

Quoique le goût du malheur pousse inconsciemment cette femme vers d'obscures limites personnelles, n'est-elle pas à sa manière une exploratrice ? Tout à l'heure, à son retour à Londres, elle basculera d'un pont dans la Tamise pour être brièvement sauvée par le philosophe Godwin, avant de mourir en couches, donnant naissance à la future Mary Shelley. Ici elle a délibérément choisi la proximité d'Elseneur pour mettre en scène son propre désastre. D'une aventure individuelle elle fait un manifeste où elle donne une nouvelle interprétation de *Hamlet*. Nous sommes tous des naufragés que la mer a jetés à la côte au milieu d'une nature hostile. Mais le malheur de notre condition est aussi notre seule source de joie puisque la cruauté de la nature est aussi sa beauté.

Une femme seule au bord de la Baltique

Ce qu'il y a d'étonnamment nouveau dans les lettres de Mary Wollstonecraft c'est l'apparition de la mer dans l'infinité de son jeu libre. Quasiment riveraine d'Emmanuel Kant — qui a publié sa *Critique de la faculté de juger* en 1790 —, on dirait qu'elle apprivoise le *sublime* aux lieux mêmes de sa conception. Assurément elle est l'une des toutes premières à lier aussi spontanément le bruit que fait l'océan à l'amplification qu'en donnent les rochers. Accomplir dans la compagnie de marins comme Bougainville ou La Pérouse des milliers de milles jusqu'aux îles du Pacifique était d'une incroyable monotonie ! Pas la moindre lueur d'émeraude d'eau d'une lagune, pas la moindre vision de sable blanc, pas le moindre effleurement d'une vague sur des coraux, rien ! Or ici, écoutez, tendez l'oreille, voici le premier bruit de vague contre les rochers de toute la littérature, grâce à celle que l'on condescend généralement à reconnaître comme la mère du féminisme !

> Les rochers entassés en pile formaient une manière de rempart défensif contre l'océan. Vous n'irez pas plus loin, disaient-ils avec grandiloquence, offrant leurs flancs noirs aux vagues dont ils réverbéraient le bruit berçant du ressac.
>
> Mary Wollstonecraft, *Court Séjour en Suède*, lettre 1.

Sublime est la Nature à quoi l'imagination mêle oisivement son jeu, sans la tension du raisonnement scientifique ni l'obtention du gain moral. Mais il y va plus cette fois que d'une simple « mise en mouvement » harmonieuse de l'esprit selon Kant. Ces rochers qui parlent à la mer sont assis sur une certitude catastrophique : ils ont en eux l'assurance du désastre contre laquelle ils savent n'être d'aucune protection. Ainsi nous ne découvrons plus tellement le monde, dit Mary Wollstonecraft, que nous ne sommes désormais découverts par lui. L'invention du « féminisme » par quoi cette voyageuse romantique est surtout connue n'a donc en la circonstance plus aucune légitimité. Quel droit serait en effet plus fondamentalement à revendiquer que le droit d'universelle faiblesse ?

La présence de cette femme au milieu de la barbarie nordique venue cueillir la palme du martyre comme une sainte Ursule de l'ancien temps n'est donc pas le signe d'une religion officielle. Fragile, parce que femme, Mary n'annonce pas l'évangile de la force mais de la fragilité. Aux antipodes de la luxuriance tropicale où la Révolution française est allée ressourcer les mythes de l'ancien paganisme méditerranéen dans une cure de jouvence, voici le temps de la nudité. Ne sommes-nous pas paradoxalement plus sauvages que les sauvages eux-mêmes dans la conscience que nous avons de notre dénuement ? Ces glaces dans quoi l'expédition humaine a été jetée nous font spontanément sensibles au moindre frisson de la Nature.

La mer mise en coupe géologique

Si, au XVIIIe siècle, les botanistes avaient littéralement recouvert les mers du globe par leur essaimement, l'heure nouvelle est à la géologie. Par un curieux détour ce sont les montagnes qui font revenir la mer au premier plan. A mesure que les alpinistes osent gravir les pentes il semble que se creusent d'autant plus les vagues de l'océan. Des tempêtes partout s'annoncent, génératrices de catastrophes, sans qu'aucune réelle variation climatique ait été signalée.

La prédilection du XIXe siècle va d'emblée au naufrage : maritime, oui, mais procédant d'un naufrage plus gigantesque qui est le naufrage de l'humanité. L'arche de la Bible se retrouve donc au milieu du Déluge. Et quel Déluge ! C'est la Bible elle-même qui se voit chahutée par la montée des vagues de la science. Tout à coup le socle sur quoi reposait notre histoire occidentale s'écroule, les parois chronologiques fuient, l'horloge cosmique s'affole dans la double perspective du passé et du futur. Diderot pourrait-il encore surfer sur sa planche ? On en doute. Des hommes froids, sortes de patriarches en chambre, campent sur leurs statistiques comme sur de nouveaux Ararat.

Prenez le comte de Buffon par exemple ! Ayant commencé lui aussi par la botanique il a pris le poste d'intendant du Jardin du Roi en 1739. Des plantes il passe cependant aux pierres : sur la colline familiale de Montbard en Côte-d'Or où il s'est fait construire une tour au milieu de propriétés patiemment rassemblées, il réfléchit aux époques de la Terre. Trente-six volumes dont la publication s'étage sur quarante années composent sa fameuse *Histoire naturelle*.

Le tome V des *Suppléments* paru en 1779, soit presque en même temps que la *Critique de la raison pure*, contient sa réflexion sur les *Epoques de la Nature*. Buffon divise la création de la Terre en sept époques par quoi il prend prudemment soin du repos du Seigneur. Tout au plus avertit-il son lecteur que les Tables de la Loi redescendues de la montagne par Moïse furent une manière consentie par Dieu d'instruire son peuple par symboles. La science, dit diplomatiquement Buffon, n'a pris le relais que lorsque la foi naturelle est tombée. La troisième époque est la plus importante pour nous : « A la date de trente ou trente-cinq mille ans de la formation des planètes, la Terre se trouvait assez attiédie pour recevoir les eaux sans rejeter les vapeurs. »

Voici pour l'hypothèse encore bien fumeuse, mais l'expérimentation est irréfutable : « On a des preuves évidentes que les mers ont couvert le continent de l'Europe jusqu'à quinze cents toises du niveau de la mer actuel puisqu'on trouve des coquilles et d'autres productions marines dans les Alpes et dans les Pyrénées jusqu'à cette hauteur. » La mer revient ainsi par les montagnes, faisant un pied de nez en passant à Léonard de Vinci qui se faisait fort d'amener l'eau jusqu'aux plus hauts sommets.

Portrait de Buffon trempant sa plume dans le Déluge

Il est donc urgent de réécrire la Bible ! A l'évidence la science et la religion s'accorderont sur ce seul point que c'est par l'épisode du Déluge qu'on doit recommencer. Mais pour ce qui est des concordances on s'arrêtera là. Inutile de reprendre la folklorique histoire du patriarche ivrogne avec sa néolithique cargaison d'animaux dans le Déluge ! Que le vin fût plus léger que l'eau, voilà une science qui pouvait à la rigueur contenter Rabelais. Un peu de sobriété, demande Buffon : la buffonnerie n'est pas la bouffonnerie !

Pour ce qui est de la montagne où l'Arche atterrira il peut y avoir en revanche accord au sommet. On concevra fort bien qu'une mer pétrifiée en champ de glaces, autrement dit un glacier, facilite le débarquement. Par conséquent, tout bien toisé, il ne peut y avoir que la Suisse qui convienne tant il semble qu'inexorablement un même magnétisme nous reconduise vers ce petit canton du mythe et de la pensée. La planche de Diderot sera rendue simplement un peu plus glissante! Pour ce qui est des acteurs et du metteur en scène, Buffon nous laisse libre choix — ce qui est la moindre des exigences pour une démocratie. Nous choisirons donc quelqu'un qui ait l'expérience de la glace.

Mary Wollstonecraft au retour de son expédition suédoise a rencontré puis épousé le philosophe William Godwin (1756-1836 ; *Enquête sur la justice en politique*, 1793) : en quelque sorte l'anarchisme épousant le féminisme! Quelle progéniture pour un tel couple? Une fille, qui reçoit à la naissance le prénom de sa mère qu'elle fait mourir pour toute récompense. Dix-huit ans plus tard Mary bis se sauve à Genève en compagnie d'un jeune poète condamné à l'exil pour athéisme, Percy Bysshe Shelley. Confortée par la présence de leur ami, lord Byron, la nouvelle Sainte Famille distrait ses journées pluvieuses avec des récits de fantômes, de spectres ou les évocations des expériences d'Erasmus Darwin (grand-père du savant barbu). Mary rêve au Déluge, à la mer de Glace, à l'invention d'une créature hybride composée du vieil Adam — tel que les navigations australes en ont rapporté l'image vraisemblable — et des prototypes futurs qu'on voit déjà surgir à l'horizon des expériences scientifiques. Ce chapitre de la Bible s'appellera *Frankenstein*. On ne peut assurer par une sorte de certitude posthume anticipée qu'il aurait convenu au producteur, le comte de Buffon, mais le décor retenu pour ce « naufrage de l'espèce humaine » est bien dans l'esprit des *Epoques de la Nature*.

Des hauteurs bavaroises jusqu'aux Alpes suisses puis, en suivant le sillon de la vallée du Rhin, aux îles Orkneys tout au nord de l'Ecosse avant d'aboutir au Groënland, partout règne la catastrophe « glaciaire » à quoi notre aventure humaine est liée. Le vertigineux contrat passé par le Créateur avec sa créature sur le bord des séracs est comme une parodie alpestre des Tables de Moïse. Au nord, les dix commandements sont gelés.

Des anthropophages au teint jaune

Or au moment où Mary Shelley donnait chair et sang à cette ombre qui la hante — son remords, le fantôme de sa mère ? — voici que la vérification vient du Sud. Dans le mois de juillet 1816, un cortège de quatre vaisseaux navigue en direction des côtes du Sénégal. A bord, une colonie de Français allant reprendre possession de ce coin d'Afrique restitué à la France au Congrès de Vienne. La plupart, gouverneur en tête, sont des émigrés qu'un long exil a tenus à l'écart des mers.

Est-ce cela qui explique l'erreur de navigation ? Soudain, au large des côtes de Mauritanie, l'un des quatre bâtiments talonne un banc de sable dit banc d'Arguin. Délestages inutiles pour renflouer l'épave qu'on abandonne, les passagers sont répartis hiérarchiquement entre les autres vaisseaux. Que fera-t-on de la menue piétaille ? Avec le bois du bord on construit une espèce de radeau où l'on entasse cent cinquante hommes. Une caisse de soixante-cinq livres de biscuits amalgamés par l'eau de mer en une pâte indigeste sera leur nourriture treize jours durant. Treize jours d'anarchie, de meurtres, de liquidation des uns par les autres, d'anthropophagie, d'urine absorbée pour toute boisson : *La Méduse*.

Pourquoi la corde a-t-elle cassé qui les remorquait aux canots ? Ce bateau ivre — il y a du vin à bord — dérivant vers l'Afrique est la plus belle image de naufrage du siècle. Théodore Géricault l'a peinte sur une toile de cinq mètres sur sept, faubourg du Roule, en 1818, au milieu de la puanteur des cadavres qu'on lui apporte de l'hôpital Beaujon. Du cadavre! il réclame du cadavre! Comme en proie lui-même à une folie anthropophage, il cherche du jaune cadavérique jusque sur le visage des jaunisseux! Trois mois durant, dans un silence absolu quoique peignant en public, il grée son propre radeau de trente-cinq mètres carrés d'une pyramide de muscles masculins noués.

Quelle tempête! Plus fort que tout, ce creux de vague en mouvement au ras de nos yeux par quoi il nous bouscule, il nous naufrage! N'accordant pas la moindre chance à ce chiffon qu'un groupe lointain agite, près du mât, notre regard épouse le suspens de l'eau. Sous la ligne d'horizon où nous sommes descendus, tout à coup est physiquement sensible la bascule de l'existence. Protester, c'est remonter avec la vague : faut-il protester? Aux barricades de 1848, Eugène Delacroix, qu'on voit ici faire le mort au premier plan, tête et mains englouties par l'eau, retournera cette pyramide face à nous. La liberté, c'est *La Méduse* de face, c'est la victoire sur la fascination de l'inertie.

Mais aussi quelle volonté terrienne chez ces quinze survivants (ils sont vingt sur le tableau) compagnons de Corréard et Savigny! Dans les naufrages peints par Turner n'y a-t-il pas une plus grande acquiescence à l'eau? Géricault nous semble peindre la rigidité napoléonienne qui ne se rend pas à l'évidence de la défaite.

Un arapède fait du tourisme à Sainte-Hélène

D'ailleurs Napoléon, à la date du *Naufrage de la Méduse*, n'est-il pas lui-même en train de dériver sur un autre radeau au large des côtes africaines? Dans le *Mémorial de Sainte-Hélène* écrit par l'officier de marine Las Cases, l'île apparaît comme une prison géologique. Pluie, brumes et vents fouettent en permanence la maison de Longwood où sombre lentement mais sûrement l'Empereur : « Exposé au vent du sud constamment chargé d'humidité, Longwood est, par sa situation élevée, ou enveloppé de brouillard ou inondé de pluie, pendant la plus grande partie de l'année. Le sol se compose d'une terre argileuse et gluante qui dans les temps humides s'attache aux pieds. »

Pour survivre dans un tel climat le prisonnier s'applique à respecter un emploi du temps militaire entrecoupé de brèves minutes d'émotion humaine — il sifflote un air de vaudeville, prend nouvelle de la santé du fils de Las Cases qui les a suivis dans l'exil, peste en italien contre les conditions que lui font les Anglais : « *Il sole mi brucia il cervello!* » A aucun moment on ne le voit pourtant faire part à ses geôliers — qui le lui refuseraient peut-être — de son désir de contempler la mer sauf pour une courte promenade que Las Cases rapporte vivement :

> 10 novembre 1815 — Aujourd'hui après nos travaux ordinaires, l'Empereur prenant une direction nouvelle est allé sur la route de la ville jusqu'à un point d'où l'on aperçoit la rade et les vaisseaux. Au retour il a été rencontré dans le chemin par Mme Belcombe, la maîtresse de notre maison, et par une Mme Stuart, jeune femme de vingt ans, fort jolie, retournant de Bombay en Angleterre ; l'Empereur a causé avec elle des mœurs, des usages de l'Inde ; des désagréments de la mer, surtout pour les femmes ; de l'Ecosse, patrie de Mme Stuart, beaucoup d'Ossian ; et l'a félicitée de ce que le climat de l'Inde avait respecté son teint d'Ecosse.

La courtoisie de l'exilé semble s'accommoder d'une parfaite indifférence au lieu comme si son romantisme était moins affaire de sensibilité que de convenance. La référence à *Ossian* n'est cependant pas gratuite puisque ce texte constitue, depuis l'Egypte, un livre de chevet pour l'Empereur. Quel paysage plus rigoureusement ossianique — plus océanique — que Sainte-Hélène dans les couleurs de Las Cases ? En vérité on se demande parfois si Napoléon n'aurait pas inventé l'absolutisme littéraire selon quoi une figure de rhétorique vaut bien le naufrage d'une existence entière. Sans doute est-ce la suggestion ironique faite par Turner dans sa fameuse toile de 1842 où l'on voit l'Empereur dialoguer avec un humble arapède. En contrepoint d'un immense rougeoiement où vacille la figure impériale, le coquillage paraît à peine. N'est-ce pas le propre de l'humilité qu'on ne la voie pas ?

De l'importance de réussir son naufrage

Entre le sublime de Kant au Nord et la sublimation de Freud à Vienne se déploie tout un siècle de naufrages. Les tempêtes ragent sur les côtes de l'Atlantique, les vagues piquent de napoléoniennes colères contre les héros de l'humanité. S'avançant très loin dans la mer par sa géographie (Chateaubriand citant Pline : « Péninsule spectatrice de l'Océan ») la Bretagne est particulièrement exposée. Terre que les saints primitifs irlandais ont pourtant évangélisée presque en riant, tirant leur barques à clins sur le sable, elle se retrouve comme un navire en détresse.

Longtemps la Bretagne va fournir inépuisablement à la littérature une pleine cargaison de naufrages. Quoique souvent empreint de cette innocence pélasgienne qu'il communique à la pointe de ses phrases comme une vision de l'au-delà, Chateaubriand, le premier, sacrifie à la tradition. Dans la quiétude du parc de Kensington à Londres où il est venu se ressouvenir des dix tumultueuses années qui ont précédé sa nomination au poste d'ambassadeur, surgit la mémoire de son naufrage au retour d'Amérique en décembre 1791. Modèle des tempêtes où Delacroix fera naviguer la barque de Dante ou Don Juan, ces longues lames en prose composent l'assemblage parfait :

> A la lueur de la lune écornée, qui émergeait des nuages pour s'y replonger aussitôt, on découvrait sur les deux bords du navire, à travers une brume jaune, des côtes hérissées de rochers. La mer boursouflait ses flots comme

des monts dans le canal où nous nous trouvions engouf-
frés ; tantôt ils s'épanouissaient en écumes et en étincelles ;
tantôt ils n'offraient qu'une surface huileuse et vitreuse,
marbrée de taches noires, cuivrées, verdâtres, selon la
couleur des bas-fonds sur lesquels ils mugissaient. Pendant deux ou trois minutes, les vagissements de l'abîme et
ceux du vent étaient confondus ; l'instant d'après, on
distinguait le détaler des courants, le sifflement des récifs,
la voix de la lame lointaine. De la concavité du bâtiment
sortaient des bruits qui faisaient battre le cœur aux plus
intrépides matelots. La proue du navire tranchait la masse
épaisse des vagues avec un froissement affreux, et au
gouvernail des torrents d'eau s'écoulaient en tourbillon-
nant, comme à l'échappée d'une écluse.

Mémoires d'outre-tombe, livre huitième, chapitre 7.

Découverte par la littérature comme étant cela même qui
donne sa plus longue course aux vagues de la prose, la tempête
couche admirablement la phrase dans le sens du récit. Telle
une élongation naturelle de la matière liquide, elle coule, elle
fume et écume à plaisir dans la palette du peintre littéraire.
Peinture, littérature dansent deux à deux dans une constante
proximité. Charles Nodier le doux, s'embarquant à Dieppe
pour l'Ecosse en 1821, obtient lui aussi sa tempête comme un
exaucement : trente-deux heures de traversée ruisselante jusqu'à Brighton !

La tête de Maldoror opérée par la poésie chirurgienne

Sublimement ébranlé par la philosophie et la science, le fond
de l'existence n'en doit pas moins continuer d'être sérieux.
Ebranlé certes, mais sérieux : c'est l'image même de l'océan.
Neptune ne rit pas. Désormais nous savons que nous habitons
le chaos mais n'est pas encore trouvé le pas de danse joyeux de
Nietzsche sur le pont du cosmos.

L'esprit de paradoxe surnage cependant chez quelques
rieurs. Pourquoi ne pas infliger naufrage au naufrage ? *La*

Méduse toute fraîche encore inspire à Byron une délicieuse parodie. Il fait s'embarquer Don Juan, son héros, pour Livourne le 13 décembre 1818. Rappelons-nous, la toile de Géricault — il emploie des huiles qui sèchent vite — est à peine achevée! Transposant la scène dans son Canto II composé en hendéca-syllabes groupés par huit, Byron, à la différence de Géricault, va droit au problème essentiel de l'aventure. Comment parler de l'anthropophagie? Légèrement, résout Byron, qui sacrifie avec son consentement un de ses personnages :

> Comme, pour sa peine, le chirurgien n'avait d'autre
> Salaire, il prit sur lui de se payer en chair
> De premier choix mais une soif urgente l'ayant
> Pris, il choisit de l'étancher à même la veine
> Qui bouillonnait. On fit partage en deux moitiés :
> Une part alla dans l'eau, intestins et cerveau,
> Dont deux requins qui les suivaient se régalèrent,
> Puis les marins finirent le reste de Pedrillo.
>
> *Don Juan,* canto II.

Comment Lautréamont pourra-t-il jamais oser traiter lord Byron de « tête molle » après un tel dépeçage? Dans ce climat de brume anthropophagique diffuse d'où émerge peu à peu l'énigme africaine, Maldoror a, il est vrai, lui-même la dent féroce. Ne prétend-il pas déchiqueter la cervelle d'un jaguar chaque fois qu'il lit Shakespeare? (*Poésies II,* 1870.) Sa cruauté pourtant masque une faiblesse qui la rend presque émouvante. Travaillant vite sur les matériaux dont dispose sa brève exis-tence de collégien, il a tout juste le temps de passer au rémouloir la période — entendez la phrase — romantique. Impossible de trancher les adhérences, les ventouses de poulpe de ce vieil océan qui a porté jusqu'à Paris ce naufragé d'Amé-rique (« Ô poulpe au regard de soie! » *Maldoror,* I, st. 9). On n'arrive jamais complètement casqué de neuf dans la littérature comme si l'on était Pizarre!

Et donc, une fois libérées par ces grands organistes que sont Chateaubriand, Hugo, comment désenfler, comment désenfluer les bouches océanes qui parlent toutes en même temps ? Volonté classique de Lautréamont : cisailler la vague, couper le cordon d'algues placentaires d'avec la matrice féminine. Refus masculin de la mère pour revenir à l'acuité impersonnelle du monde. Nietzsche, non moins, reniera les tempêtes de Wagner.

Boire le naufrage jusqu'à la lisse

Et pourtant quelle ressource que ce continent liquide où la littérature retrouve la voix tout à coup ! Se lasse-t-on jamais de l'eau ? Après un siècle de quasi-sécheresse où le squelette de l'alexandrin gisait à même une plage grecque, rongé par la lumière racinienne, voici qu'il a repris la mer. Qu'il coule, qu'il sombre sous la ruisselante charge des paquets de mer, quoi de plus normal ? Changement d'océan, changement de vague. Moins fréquente, plus lente dans son déroulement que la vague méditerranéenne, la lame de l'océan Atlantique exige un autre gréement.

C'est l'essoufflant travail technique de Hugo dont on se demande s'il ne va pas à Guernesey rien que pour ça. Quel duel ! L'entendre inlassablement tordre, torsader la mer par grands pans de toile verte ferlée à sa bouline rigide est un spectacle aux limites du supportable. Jamais une manœuvre n'est tout à fait parfaite, toujours dépasse un bout de toile, toujours grince une haussière — et d'autres fois, calme plat ! Mais le poème se construit par manœuvres successives corrigées, jouant de bords courts :

> L'abîme ; on ne sait quoi de terrible qui gronde ;
> Le vent ; l'obscurité vaste comme le monde ;
> Partout les flots ; partout où l'œil peut s'enfoncer
> La rafale qu'on voit aller, venir, passer ;
> L'onde, linceul ; le ciel, ouverture de tombe ;
> Les ténèbres sans l'arche et l'eau sans la colombe ;
> Les nuages ayant l'aspect d'une forêt.
>
> *Vingtième Siècle*, juin 1858.

Navigation, la poésie : voilà ce que dit admirablement notre plus grand navigateur. Haï profondément par tous, quelque jour, pour ce qu'il n'aborde jamais, pour ce qu'il évite d'aborder quelque part par tension d'atteindre. Explorant patiemment ce continent approximatif où nous errons encore malgré tous les raccourcissements de voiles prévus par quelques louvoyeurs (Lautréamont, Mallarmé). Lui, dans une inépuisable et vaste liquidité, entasse la mer sur la mer. Parfois pourtant l'insulaire a des dérapages à fleur d'eau nés d'une pure glissade de la ligne. Suavement nous nous baignons :

> Est-ce que, par hasard un flot passerait l'autre ?
> Serait-ce un insensé que le vent qui se vautre
> Dans la nuée et crie aux vagues d'accourir ?
>
> *Les Quatre Vents de l'esprit*, 1881.

C'est vu ! Il fallait seulement que l'angle de la rime se resserre pour que s'aplatisse à l'horizontale le sens, qu'il fuse d'une attaque en biais — au lieu des statiques échos qui si souvent encalminent l'assemblage.

L'alphabétisation de la République par la mer

A l'opposé de cette épissure qui plisse le vers en motif celtique abstrait, il y a les réussites dramatiques. Angoissé, c'est-à-dire littéralement resserré, l'alexandrin de Hugo ne s'en porte que mieux. Si je veux entendre ce Hugo-là, je n'ai qu'à évoquer la voix de ma propre grand-mère l'institutrice.

Née deux ans avant la mort du poète, elle avait grandi dans le culte républicain de *La Légende des siècles*. « Grand-mère, grand-mère, dis-moi, s'il te plaît, "Les Pauvres Gens" ! » Yvonne commençait alors par se moucher dans son grand mouchoir de lin blanc et puis, voix ferme malgré ses quatre-vingt-onze années, disait l'histoire de Jeannie, par cœur, sans une coupure. « Tiens, dit-elle en ouvrant les rideaux, les voilà ! »

Toute une galopade océanique pour en arriver à ce dernier

lever de rideaux! J'entendais Sedan, j'entendais Verdun, j'entendais toutes nos catastrophes républicaines résonner dans la voix émue d'Yvonne. J'entendais surtout comment par le choix d'une modeste famille de pêcheurs — bretons, bien entendu! — Hugo avait marié la mer avec le peuple mieux qu'aucune bénédiction mariale. Rétablissons Latréaumont dans son orthographe! De droit, la voyelle subtilisée par Isidore Ducasse à ce grand héros de la République marine d'Amsterdam appartient à un protecteur du peuple. Or Eugène Sue comme Victor Hugo ont l'oreille du peuple avec eux, d'un peuple qui vient à peine d'être alphabétisé — évangélisation laïque. Le peuple ne demande pas d'anagramme : il veut du suspens, du point, être suspendu à de grands points d'orgue qui lui font entendre la rumeur de l'océan de l'existence :

> Allons! — Et la voilà qui part. L'air matinal
> Ne souffle pas encor. Rien. Pas de ligne blanche
> Dans l'espace où le flot des ténèbres s'épanche.
> Il pleut. Rien n'est plus noir que la pluie au matin.

« Les Pauvres Gens », *La Légende des siècles*, 1854.

Non, Victor Hugo ne laisse pas « échapper l'alexandrin de sa main » comme l'en accusent aujourd'hui les poéticiens! Hugo remet l'alexandrin au peuple avec la complicité active d'Eugène Sue. Là est son crime, là est la dévolution de souveraineté qu'on ne lui pardonnera pas. A la lettre, il l'a dit, remplacer la couronne par un bonnet phrygien. Ce sont les républicains élitaires ou élitistes type Mallarmé qui, au contraire, essaieront de redonner une hypothétique majesté au souverain déchu. Mallarmé pratique une réintronisation du vers officiel avec l'appui d'un catholicisme détourné de ses offices.

Qu'on se le dise! L'alexandrin de Hugo a d'abord servi à alphabétiser les paysans de l'Ancien Régime. Qu'ensuite, comme suggère sévèrement Charles Péguy, on les ait fait marcher au pas du douze hugolien vers d'abominables désastres est une tout autre histoire.

114

Vieil Océan, frère d'ivresse

Travail, peuple, océan — l'usine Hugo qui s'installe à Guernesey en 1854 est un gigantesque laboratoire de production métaphorique. La métaphore est essentiellement fusion. Hugo recherche, certes, la fusion mais sans faire l'économie de l'analyse. D'où l'emploi de la prose, à maint égard tellement plus souple pour lui que le rigide parallélisme du vers.

Hugo travaille la prose avec la mer, travaille la mer avec sa prose dans une œuvre qui constitue un sommet de toute la littérature mondiale, *Les Travailleurs de la mer*. Valéry, Valéry courez à l'onde rejaillissante mais de grâce que ce soient les vagues anglo-normandes de Guernesey! Comment a-t-on pu ne pas s'apercevoir que nous tenions là sept cents pleines cales de *Bateau ivre*? Une explication : la pieuvre a tout sucé! Hugo ne s'est pas aperçu que son monstre aspirait à lui par ses ventouses tout le prodigieux ruissellement d'algues du livre. Lautréamont, le premier, détache de son biotope guernesiais ce « poulpe de soie » qu'Arthur Rimbaud fait évoluer dans une végétation ardennaise sous-marine :

> [...]
> Qui courais, taché de lunules électriques,
> Planche folle, escorté des hippocampes noirs,
> Quand les juillets faisaient crouler à coups de triques
> Les cieux ultramarins aux ardents entonnoirs.

> « Le Bateau ivre »

Sa propension à simplifier par la surface la complexité de son exploration — ainsi Wagner et son leitmotiv — nuit à ce fouilleur de fosses, ce toiseur d'abîmes, ce dénicheur d'anfractuosités. Car dans sa plus grande précision, la phrase de Hugo corrode la mer avec la dent douce du rocher — pulpe plutôt que poulpe. Des pans d'Atlantique entiers devraient faire irruption dans notre texte pour apporter leur démonstration persuasive :

Il semblait que l'eau fût incendiée. Aussi loin que le regard pouvait s'étendre, dans l'écueil et hors de l'écueil, toute la mer flamboyait. Ce flamboiement n'était pas rouge ; il n'avait rien de la grande flamme vivante des cratères et des fournaises. Aucun pétillement, aucune ardeur, aucune pourpre, aucun bruit. Des traînées bleuâtres imitaient sur la vague des plis de suaire. Une large lueur blême frissonnait sur l'eau. Ce n'était pas l'incendie ; c'en était le spectre...

... A cette lumière, les choses perdent leur réalité. Une pénétration spectrale les fait comme transparentes. Les roches ne sont plus que des linéaments. Les câbles des ancres paraissent des barres de fer chauffées à blanc. Les filets des pêcheurs semblent sous l'eau du feu tricoté. Une moitié de l'aviron est d'ébène, l'autre moitié, sous la lame, est d'argent. En retombant de la rame dans le flot, les gouttes d'eau étoilent la mer...

Les Travailleurs de la mer,
deuxième partie, livre II, chap. 10.

L'arithmétique essentielle de la vague

Dieu comme ce naufrage est beau ! Sommet d'abîmes, Les Travailleurs de la mer font d'une catastrophe leur site. Quoique paradoxal, ce n'est pourtant pas là retournement gratuit. Au grand glissement géologique où la science entraîne désormais la planète, Hugo veut amarrer l'humanité : pour l'amarrer, il la démarre. Pensant aux milliards d'hommes que pèse la catastrophe humaine, il adoucit le fond de sa fosse par le coussin de la mer. Le thomiste inconscient qu'il est n'accepte pas en effet que la moindre goutte d'eau manque au compte final. Tâche difficile : c'est l'époque des cargos, des cargaisons, des transports maritimes en gros que l'on assure d'un bout à l'autre du monde. Il y a du fréteur, de l'assureur, de l'armateur victorien chez ce grand visionnaire mais qui toujours s'interroge sur le compte final. Où, combien et pourquoi, demande-t-il ?

En outre il avait autour de lui, à perte de vue, l'immense songe du travail perdu. Voir manœuvrer dans l'insondable et dans l'illimité la diffusion des forces, rien n'est plus troublant. On cherche des buts. L'espace toujours en mouvement, l'eau infatigable, les nuages qu'on dirait affairés, le vaste effort obscur, toute cette convulsion est un problème.

Les Travailleurs de la mer,
deuxième partie, livre I, chap. 10.

Que nous le voulions ou non — et nous semblons ne pas le vouloir — nous ne sommes pas sortis du monde statistique de Hugo. Davantage de finesse aux calculs certes, grâce à l'ordinateur, dans le dénombrement des étoiles et des gènes ! Mais la question posée reste : sommes-nous ici-bas pour la fusion d'une métaphore ? Optimistes — j'aime mieux dire volontaristes —, les surréalistes répondirent que oui. Les conteste l'oracle mallarméen tout en subtilité d'écume ironique, de navigation allusive. *Un coup de dés*, somme toute, est l'histoire d'un naufrage ou plutôt d'un coup de vent où ne chavirerait qu'une insubstantielle voile glissant entre l'air et l'eau. Mallarmé choisit la légèreté rhétorique, nous ne sommes pour lui qu'une figure.

Tout proche, parfois, Hugo persiste cependant à faire confiance à la matière : « La vague est vaine comme le chiffre. Elle a besoin elle aussi d'un coefficient inerte. Elle vaut par l'écueil comme le chiffre par le zéro. » Obstacle impérativement à surmonter par l'héroïsme, le réel demeure un tuteur exigeant. Pour la foule, pour la houle populaire, ce devoir de surpassement prendra forme d'une vague de pierre nommée barricade montant à l'assaut de l'inertie sociale, *degré zéro* de la vérité. Déferler ou carguer, ce sont les deux manœuvres fondamentales de la navigation humaine qui correspondent à des humeurs autant qu'à des nécessités. Pour l'une, la tempête s'est jouée dès le chaos originel : nous y avons sombré. Pour l'autre, le vent de Dieu a encore besoin de nos voiles.

Des bibliothèques au fond de l'eau

La nouvelle encyclopédie de l'exil

> Mon père voulait emporter avec lui une lourde malle, contenant ses manuscrits qui ne le quittent jamais. C'était par conséquent chose grave, par le temps qu'il faisait, de confier à une coquille de noix toute cette bibliothèque inédite qu'une lame malencontreuse pouvait emporter et donner à dévorer au public peu littéraire de l'océan. Mon père seul pouvait risquer une pareille aventure. Jouer vingt ans de travail sur un coup de mer, c'était certes bien hardi. Mon père les joua... J'ai vu un moment où *Les Contemplations* allaient chavirer. Heureusement, il est un Dieu aussi pour les poètes.
>
> François-Victor Hugo,
> *La Normandie inconnue*, 1857.

Assurément, on ne manque pas d'humour chez les Hugo ! Ce 31 octobre 1855, trois ans se sont déjà écoulés depuis que la famille a quitté la France. Seize autres années d'exil sont encore à venir pour Victor Hugo père qui a cinquante-trois ans. Derrière lui, une courte et tumultueuse carrière de député à l'Assemblée nationale, quelques sanglantes batailles littéraires,

119

un monument nommé *Les Misérables*, le bilan n'est certes pas mince. Le quatrième de ses enfants, François-Victor, a vingt-sept ans. Condamné pour attaques contre Napoléon le Petit (*dixit* son père, dans un discours à l'Assemblée nationale), ce journaliste à *L'Evénement* a rallié Jersey au sortir de prison. Il a fort logiquement conseillé l'Angleterre à son père comme exil (« L'Angleterre te recevrait à bras ouverts et pourrait au besoin te défendre »). Quel écrivain, quel homme politique de l'époque n'y trouvera pas un jour refuge? Par compromis cependant Hugo a choisi l'ancienne Caeserea, Jersey d'où il pourra observer les côtes de France. Bref répit! Il faut à nouveau changer d'île :

> C'était le 31 octobre 1855. Il était six heures du matin ; l'aube naissait à peine, et le canon du Fort Elisabeth qui annonce aux habitants de Jersey le lever du jour n'avait pas encore tonné... Après trois ans de résidence nous quittions Jersey, et nous la quittions pour toujours.
>
> *La Normandie inconnue.*

Pour cette nouvelle transplantation de la tribu Hugo on se doute qu'il ne fallait pas moins d'une tempête. Laquelle arrive ponctuellement au rendez-vous sous la plume de François-Victor qui la manœuvre, reconnaissons-le, non moins magistralement que l'eût fait son père. De même qu'un chien, docile, se couche quand on le siffle, ici la vague bondit au sifflet de commande.

> A un moment, un flot plus haut que les autres arriva sur nous, et sa secousse me jeta contre mon père, qui m'embrassa. Je ne sais s'il y avait dans ce baiser autre chose que de la tendresse.
>
> *Ibid.*

La France vue d'un phare en mer

Il faut imaginer Hauteville House où les Hugo emménagent en 1855 comme un laboratoire bourdonnant d'activités expérimentales. Au sommet, debout contre son mur carrelé en vieux

120

Delft, veille le Hollandais scrutant de son regard d'aigle de mer les récifs du large depuis ce qu'il appelle lui-même son *look-out*. Occupant une position apparemment excentrée sur la carte des navigations, ce marin n'a en fait cessé depuis toujours d'élargir son arc d'origine. Ses voyages successifs en Flandres, en Allemagne, dans la vallée du Rhin, l'ont presque tout naturellement infléchi dans le sens de l'océan. Il y a des hommes océans en effet. Plus bas, devant une fenêtre qui donne côté terre, travaille à sa traduction intégrale du théâtre de Shakespeare François-Victor. Comme l'anglais est la langue parlée majoritairement sur l'île, il n'a qu'à ouvrir sa fenêtre pour parfaire les rudiments appris en prison. Méthodique, scientifique même, François-Victor se documente sur place à Londres, à Stratford. Par ses enquêtes érudites il s'imprègne patiemment du passé anglo-normand des îles dont il fait surgir le socle atlantique commun aux deux nations. Quelle moisson que ces racines toutes ruisselantes de poésie maritime ! Comme d'une tardive réparation faite à la langue d'oïl, voici que nous assistons à la naissance de la première poésie française.

> Je di e dirai ke je sui
> Vaice de l'isle de Gersui
> Ki est en mer vers l'Occident
> Al fieu de Normendie apent.
> En l'isle de Gersui fui nez,
> A Caen fui petit portez,
> Illoques fui a letres mis,
> Puis fui langues en France apris.

> *La Normandie inconnue.*

François-Victor s'enthousiasme pour Wace, le poète anglo-normand. Mais le père veut éclipser le fils en hardiesse au point de fondre Wace et le moine corsaire picard Eustache en une seule et même figure. « Eustache, qui est Wace, le dit dans ses vieux vers. » Indubitablement la vague anglo-normande se surpasse elle-même dans cette atmosphère d'émulation familiale ! Sa plus belle inspiration, François-Victor la trouve pourtant dans la compagnie d'une jeune Guernesiaise dont la connaissance de Shakespeare et de l'anglais l'aideront à résoudre toutes les subtilités du texte. Fallait-il que la fin de leur collaboration fût tragiquement conforme à l'original : Emilie de Putron meurt en 1864 d'une tuberculose pulmonaire dans les bras mêmes de celui qu'elle allait épouser. Emilie, Adèle, Léopoldine, il semble que dans la famille Hugo la malédiction privilégie surtout les femmes.

Naissance de l'archipel pollénique

Par-delà les liens d'humour, de tendresse et de curiosité qui assurent la cohésion des exilés — n'oublions pas Charles développant ses plaques photographiques au rez-de-chaussée ni Juliette Drouet, l'épisodique maîtresse, logée à quelques encablures de Hauteville — une réalité frappe plus vivement l'imagination que d'autres. Mes manuscrits à la mer ! croit-on entendre tout à coup crier Hugo au cœur de l'océan déchaîné. Ce qu'omet de dire François-Victor, c'est à quel point le livre, chez son père, aspire de toute ses forces à l'océan. Que la bibliothèque coule au fond de l'humanité océanique, quelle plus belle destination ? Car l'unique forme de salut qui reste à l'homme depuis qu'ont fait naufrage ses théologies imaginaires, ce sont les mots.

Au XIXe siècle, sur les deux rives de la civilisation occidentale, la mer semble être bue comme un buvard par les mots, comme si les méticuleuses herboristeries des botanistes, ou les froides glaciations des géologues avaient suscité des profondeurs abyssales l'émergence de l'espèce philologue. De plus merveilleuse illustration de cela il n'en est sans doute aucune autre que les soixante-dix premières pages consacrées aux îles anglo-normandes par Victor Hugo en ouverture des *Travailleurs de la mer*. Ouverture, certes, comme on dirait d'un prélude où sont exposés thèmes, harmoniques, notes qui vont composer l'orchestration à venir.

> Vous y trouvez des fétuques et des pâturins, plus le cynodon pied-de-poule et la glycérie flottante, plus le brome mollet aux épillets en fuseau, plus le phalaris des Canaries, l'agrostide qui donne une teinture verte, l'ivraie ray-grass, le lupin jaune, la houlque qui a de la laine sur sa tige, la flouve qui sent bon...

Archipel pollénique dont les îles essaiment en microcosmes insulaires jusque dans les moindres recoins de la faune, de la flore ou des mœurs, les îles anglo-normandes deviennent un nouveau paradis brendanien à rendre jalouses les luxuriances les plus exotiques. Car aussi oppressant que puisse paraître au jeune lecteur cet étalage de noms — confessons nos propres bâillements aux messes encyclopédiques de *Notre-Dame* — Hugo croit sincèrement que la Nature ne vit et ne s'accroît que d'être « cultivée ». D'où cette Nouvelle Alliance unissant l'homme à son Savoir par substitution à l'ancien pacte de la Foi : sur les eaux diluviennes de notre ignorance désormais flottera une Arche-Bibliothèque aux couleurs milleflorées !

> Représentez-vous l'incalculable somme de développement intellectuel que contient ce seul mot : tout le monde sait lire ! La multiplication des lecteurs, c'est la multiplication des pains. Le jour où le Christ a entrevu ce symbole, il a entrevu l'imprimerie.
>
> Victor Hugo, *William Shakespeare*, « L'Art et la Science ».

Greffes et greffiers de la langue verte

La langue entretient alors avec la science une équivoque promiscuité. Jusqu'où est-on en droit de lui appliquer la méthode d'investigation scientifique qu'on emploie pour les plantes et les animaux ? La question se pose avec d'autant plus d'incertitude que l'on pense généralement avoir affaire à un « organisme vivant ». Dans ce cas, n'est-ce pas aux écrivains, aux poètes qu'il appartient d'avoir une relation privilégiée au langage ? Ne sont-ils pas les meilleurs expérimentateurs puisque c'est sur eux, en quelque sorte, qu'ils opèrent ? Voyez Victor Hugo faire non seulement œuvre de lexicologue à même le plant guernésiais mais, mieux encore, combattre le tarissement en sève du français par hybridation avec d'anciennes souches. Oui mais la science n'exige-t-elle pas la neutralité du terrain ? Or quel terrain moins neutre que celui du langage ?

Poursuivre plus longtemps le parallèle entre les mots et les plantes risque très vite de déraper dans la métaphore politique : terre et langage se verront alors unis par la _racine_ dans l'ordre de la filiation nationale ! Charles Nodier, dans ses _Notions de linguistique_ parues en 1834 n'éprouve aucun de ces scrupules lorsqu'il réhabilite les patois dans l'héritage français. Opérant une subtile distinction entre liberté de la presse et liberté du langage, il s'en prend à l'éthique centraliste : « Mort aux dialectes ! vraiment c'est une loi de proscription qui atteint plus loin qu'on ne pense, une exécution de barbares qui fait pâlir les torches d'Alexandrie... Détruire le bas-breton dites-vous ? Et de quel droit détruirait-on une langue que Dieu a inspirée comme toutes les langues ? » Bretagne et îles anglo-normandes émergent alors de la brume comme les terres naufragées de notre mauvaise conscience historique. Mais attention, pas de confusion ! Nodier, Hugo voient en ces espaces le lieu d'une déliaison qui, habilement conduite, rapprocherait la France de son modèle rêvé, l'Angleterre.

> BRUIRE, BRUIT. Ces mots _bruire_ et _bruissement_ qu'on a si longtemps et si maladroitement négligés, je ne sais pourquoi, présentent une des plus belles onomatopées de la langue. Ils donnent l'idée d'un _bruit_ vague, sourd, confus, comme celui qui s'élève d'une forêt ébranlée par des vents impétueux, ou qui résulte du fracas des torrents.
>
> Charles Nodier, _Dictionnaire des onomatopées_.

Voilà pourquoi la linguistique éprouvera tant de mal à se détacher des rêveries étymologiques sur les racines qui la conduiront jusqu'aux jeux de Heidegger. On peut même se demander si le langage de l'inconscient ne marquerait pas l'étape intermédiaire de cette renonciation de la science linguistique à la poésie. Du *Dictionnaire des onomatopées* de Charles Nodier aux *Mots anglais* de Stéphane Mallarmé s'approfondit la crise par dissolution qu'en poésie on nomma symbolisme. (Et vous, poètes français, croyez-vous en être sortis ?)

Charles Nodier sur des chardons ardents

En 1821 Charles Nodier s'embarque à Dieppe pour l'Ecosse. Avec une feinte malice, il a pris soin de noter : « Il reste un excellent livre à faire sur l'Ecosse, à moins que ce livre n'ait paru à mon insu. » C'est donc un excellent livre de voyage que rapporte Nodier *à son insu*. Traverser la Manche semble d'abord plus dangereux qu'aller au bout du Pacifique, mais il faut se souvenir que la distance est surtout linguistique. Si l'on en croit Hugo, auquel Nodier fait une traduction improvisée à voix haute du *King John* de William Shakespeare, lors du couronnement de Charles X à Reims en 1825, son ami (et compatriote) bisontin est en bons termes avec l'anglais écrit. Mais c'est de l'Ecosse ossianique qu'il est avant tout question dans ce voyage. Trente-deux heures de tempête donc, entre Dieppe et Brighton ! Cantorbery, Londres, Edimbourg, le Loch Lomond, Glasgow puis Ayr sont les lieux retenus par le visiteur qui fait somme toute une incursion assez timide. Qu'importe ! Premier Français à voir un chef de clan gaël en costume, il éprouve une émotion encore plus intense au contact de la géographie gaélique : « Je ne sais pas si tout le monde éprouverait la même chose, mais je n'ai jamais senti plus profondément la *puissance religieuse* des noms poétiques que sous les sapins de Balva. » (*Promenade de Dieppe aux montagnes d'Ecosse*, 1821.)

Chateaubriand colore très spontanément sa prose lorsqu'il voit à hauteur de sommets « un aréopage de bardes se dissoudre en pluie froide mêlée de grêle ». Si le tropisme français vers l'Angleterre paraît alors insistant, il est peut-être encore plus paradoxal. Le même Nodier n'avait-il pas vaticiné une pompeuse *Prophétie contre Albion* en 1804 : « Sois moins fière de tes rivages/ Et du nombre de tes vaisseaux » ? Mais c'est aussi tout simplement que l'océan, si longtemps tenu en lisière de la sensibilité française, s'est engouffré comme raz de marée dans les brèches de la défaite. Par la mer et sur la mer l'Angleterre a vaincu : Hugo se déporte donc au large jusqu'à elle et au-delà d'elle, comme s'il avait eu vent de la gigantesque baleinière frétée par Herman Melville (*Moby Dick*, 1851) ou des promenades optimistes de son frère barbu de Manhattan, Walt Whitman (*Feuilles d'herbe*, 1855).

Quelle merveilleuse intuition géographique ! Fenêtres grandes ouvertes sur le large avec cette incommensurable envie de faire épouser à sa phrase la vague, l'exilé de Guernesey nous donne enfin cette *Liberté des mers* que nous attendions vainement depuis Grotius. D'ailleurs avons-nous seulement effleuré les richesses contenues dans ce vieux coffre anglo-normand ? Sous son idyllique surface dans le goût plutôt fade de l'époque — dont Jules Verne se fera le représentant de commerce attitré — figure un merveilleux traité de navigation à l'étoile de mer.

Miranda dans les yeux de Jules Michelet

Avec Hugo, l'exil devient la condition moderne de l'écrivain. Certes les émotions conjugales d'un Charles Nodier déplorant de laisser son épouse sur le rivage dieppois prêtent plutôt à sourire — ossianisme de bon ton avant l'Ecosse ! Si brève cependant que puisse paraître une traversée en termes de distance ou de temps, passer la mer au XIXe siècle c'est peu ou prou prendre le chemin de l'exil. Un simple franchissement de la Manche représente rien moins qu'une révolution copernicienne. Avec cette morgue royale avec laquelle elle donne indifféremment asile aux catégories politiques les plus contradictoires l'Angleterre en effet bouleverse les schémas reçus.

Non pas terre d'accueil seulement mais terre d'écueil, elle a fait de l'exil sa seconde nature. Aussi Victor Hugo a-t-il bien compris Shakespeare, tout entier résumé dans la figure du Prospero de *La Tempête*, ce magicien exilé du pouvoir dans une lointaine île des Sargasses pour avoir trop consacré de temps à sa bibliothèque! Se « déporter » vers l'Angleterre c'est donc rugueusement initier la littérature française à l'école de la mer, de l'exil et de la liberté.

Le programme mis au point par l'historien Jules Michelet à la même époque est de la même eau. Pas plus que Hugo, Michelet n'a accepté de prêter serment à Napoléon III. Destitué de ses cours au Collège de France en 1852 il prend donc le chemin de l'exil et de la mer, atterrissant à Nantes avec sa jeune épouse Athénaïs. *Brave new world*! Ebloui par son mariage avec cette jeune fille de vingt-huit ans — il en a quant à lui cinquante-quatre —, l'historien trouve dans son repos forcé une vigueur créatrice nouvelle. S'il ne franchit pas la Manche jusqu'à l'Angleterre, méprisant ce qu'il appelle « l'anglicisme insipide » qu'il associe à « la vulgarité qui se prétend positive », il a longtemps baigné dans le terreau allemand. A la poésie de Rückert il attribue de l'avoir aidé à vaincre une profonde mélancolie engendrée par la disparition d'êtres aimés (sa première épouse Pauline meurt en 1839, son amie Mme Desmoulins en 1842, sa fille Adèle en 1855).

> Je vibrai tout autrement à la lecture de Rückert. Ceci est si allemand que ce n'est plus allemand ; c'est, par-dessus l'Allemagne, la région élevée par où l'Allemagne se lie avec l'Orient : la fleur mourante (Des ailes! Des ailes! Ô mer, ô soleil, ô rose!).

En deux splendides livres, *L'Oiseau* (1856), *La Mer* (1861), Jules Michelet trace le programme de l'éternité retrouvée, ouvrant la voie au plus allemand de nos poètes français, Arthur Rimbaud :

Elle est retrouvée !
Quoi ? l'éternité
C'est la mer mêlée
au soleil.

Depuis l'Ardenne jusqu'à Aden

Dire Rimbaud avec Michelet n'est pas gratuit. Issus du même anonymat du Nord (Ardennes/ Picardie) qui n'a trouvé d'illustration glorieuse que dans les croisades, l'un et l'autre sont de grands assoiffés d'histoire : « Si j'avais des antécédents à un point quelconque de l'histoire de France ! Mais non, rien. Il m'est bien évident que j'ai toujours été de race inférieure... Je me rappelle l'histoire de France fille aînée de l'Eglise. J'aurais fait, manant, le voyage de Terre sainte : j'ai dans la tête des routes dans les plaines souabes, des vues de Byzance, des remparts de Solyme. » (« Mauvais Sang », *Une saison en enfer*.)

Moins patient que Michelet qui a suivi le chemin de la promotion par l'éducation (reçu troisième à la première agrégation de Lettres, en 1821), Rimbaud court à grandes enjambées vers la Science — communard scientifique qui croit à l'utopie égalitaire. Des deux c'est donc Michelet qui aurait dû dire : « Me voici sur la plage armoricaine... On ne part pas. » Car Rimbaud, lui, s'est définitivement embarqué en 1874 vers l'Orient, tandis que Michelet, avec une constance entêtée d'agriculteur, colonise les plages de Pornic jusqu'à la Vendée. Il voit en effet la Bretagne comme socle primitif de la France, laissant à Hugo l'Anglo-Normandie, deuxième friche de nos royaumes imaginaires.

> Au contraire, en Bretagne, sur le sol géologique le plus ancien du globe, sur le granit et le silex, marche la race primitive, un peuple aussi de granit. Race rude, de grande noblesse, d'une finesse de caillou. Autant la Normandie progresse, autant la Bretagne est en décadence. Imaginative et spirituelle, elle n'en aime pas moins l'absurde,

l'impossible, les causes perdues. Mais si elle perd en tant
de choses, une lui reste, la plus rare, c'est le caractère.

La Mer, livre I, chap. 3.

Quoique la République ne l'ait guère écouté dans son esprit
de réconciliation nationale — quelle plus belle pomme de
discorde que la Bretagne jusqu'à hier encore ! —, ce *travailleur
de la mer* est pourtant l'un de nos plus profonds modeleurs
d'imaginaire. Chez lui l'admirable est dans la discrétion avec
laquelle le savoir encyclopédique s'efface dans la simplicité de
la phrase.

Comme Hugo, mais plus statiquement, il pose la mer à
larges brosses, marchant d'anse en anse, de baie en baie, le
long des vagues sur le rivage avec une méthodique concentra-
tion. N'hypothéquant jamais cet équilibre du corps qui pour
Michel Serres (*Jouvences sur Jules Verne*, 1974) différencie nos
mouvements terriens de notre passivité maritime, il dit *La Mer*
avec une sorte d'arrondissement éloquent du bras — le geste
du professeur, en quelque sorte, à la conviction d'autant plus
contagieuse qu'elle s'exprime simplement.

Le gouverneur des coquillages

Mais aussi le poète ! Car Jules Michelet s'essaie à un genre
transitoire inexploré avant lui qui tient de l'histoire naturelle et
de la poésie. Son lieu favori, la plage, est en ce sens son
laboratoire. C'est là qu'aux marges de l'histoire humaine il
vient se fournir en images vivantes.

Comme la mer est pour lui l'image parfaite du grand principe
de transformation qui nous gouverne, il nous fait voir à l'œuvre
tout son travail d'usine par l'intermédiaire des ouvriers du
symbole que sont les oiseaux, les poissons, les cétacés. Son
symbolisme est scientifique là où Baudelaire le concevait ésotérique (« La Nature est un temple... »). Mais pour précis qu'il
soit scientifiquement, il n'en demeure pas moins tenu par
un schème essentiel qui le simplifie et l'exemplifie. Prenons
les goélands qui ouvrent le merveilleux chapitre intitulé

« Le Triomphe de l'aile » dans *L'Oiseau*. « Sont-ils autre chose que l'air, la mer, les éléments qui ont pris aile et volent ? Je n'en sais rien : à voir leur œil gris, terne et froid (qu'on n'imite nullement dans nos musées), on croit voir la mer grise, l'indifférente mer du Nord, dans sa glaciale impersonnalité. »

Ici, très audacieusement, la science n'a pas peur de voler au-delà de ses frontières. Mieux même, elle emprunte à l'incarnation religieuse son principe qu'elle laïcise. Colombes de l'esprit poétique animant le monde, ces goélands sont les nouveaux oiseaux de Dieu. Cependant une méthode scientifique rigoureuse peut à bon droit émettre quelques réserves quant à cette démarche. L'effet rhétorique n'est-il pas devenu plus important que la vérité qu'il présente ? Michelet, en faisant épouser à sa phrase le dessin fluctuant des vagues ou des vols, touche innocemment à bien d'autres mondes : « En effet, au moment du flux, quand la vague monte sur la vague, immense, électrique, il se mêle au roulement orageux des eaux le bruit des coquilles et de mille êtres divers qu'elle apporte avec elle. Le reflux vient-il, un bruissement fait comprendre qu'avec les sables elle remporte ce monde de tribus fidèles, et les recueille en son sein. Que d'autres voix elle a encore ! » (*La Mer*, « La mer vue du rivage ».)

Indéniablement, l'amplitude de la vague s'enroule à la perfection autour du rythme de la phrase comme par mimétisme. Mais les répercussions de la métaphore vont loin, très loin ! Toutes ces « tribus fidèles » de coquillages à qui l'on prête voix ont quelque chose d'une colonie soumise. On constate désormais à quel point la république est devenue aveugle aux ressorts de sa légitimité, mêlant dangereusement la force poétique « brute » au droit scientifique. Michelet, en enchaînant les images, enchaîne aussi les idées : cette grondante foule marine est-elle révolutionnaire ou bien conservatrice au nom du grand principe général ? Laïque et colonialiste, la mer républicaine devient le lieu de l'équivoque.

Un savoir de la couleur du palissandre

Personne ne s'est aperçu que la bibliothèque de Victor Hugo avait finalement glissé au fond de l'eau. Personne ! L'explication simple est qu'il n'y a aucune différence entre le salon du sous-marin *Nautilus* et la première bibliothèque venue d'une maison bourgeoise d'Amiens ou de Nantes. Mêmes « meubles en palissandre noir, incrustés de cuivre, supportant sur de larges rayons un grand nombre de livres uniformément reliés », même odeur mortuaire un peu fade, mêmes journaux jaunis, nous sommes chez un cousin de Des Esseintes (*in* Joris-Karl Huysmans, *A rebours*, 1884). Une bibliothèque au fond de l'eau ! Les surréalistes — d'autres Nantais — tenteront un jour l'expérience inverse de laisser un robinet ouvert dans une bibliothèque pour l'entendre se remplir bruyamment.

Jules Verne, lui, appartient à l'ancienne école des déménageurs silencieux. Personne *(nemo)* n'a entendu se produire quoi que ce soit. Pourtant quand l'âge des passagers de la bibliothèque donne à leur vue ce léger recul presbyte qu'on prend parfois pour de la réflexion, une évidence s'impose. Rien, chez Jules Verne, n'est davantage visible que la transparence depuis qu'en déménageant sa bibliothèque au fond de l'océan il a rendu le savoir soluble à l'eau et l'eau soluble au savoir en une parfaite homogénéité osmotique ! L'archi-provincial Nemo peut bien désormais ne plus ouvrir les livres de sa bibliothèque puisque l'eau est devenue spontanément « lisible ».

De même tous ces petits mouvements d'ondes dont le centre est un « sujet psychologique », dès lors que nous sommes foncièrement transparents, ne sont-ils pas superflus ? Au regard de la lisibilité de *Vingt Mille Lieues sous les mers*, les grandes colères de l'océan hugolien, les dérades rimbaldiennes font vraiment figure d'héroïsme désuet. Quel plus grand matérialiste que Verne, en fait ? Sans nous en apercevoir, nous voici de retour dans un monde préthomiste où Satan, *alias* ce prince indien nommé Dakkar, n'est plus une figure de Faust alchimiste mais un simple révolté. Les conflits moraux, dit Verne, sont sans effet sur la matière profonde qui n'est pas substantiellement mauvaise :

> On connaît la diaphanéité de la mer. On sait que sa limpidité l'emporte sur celle de l'eau de roche. Les substances minérales et organiques, qu'elle tient en suspension accroissent même sa transparence... Mais dans ce milieu fluide que parcourait *le Nautilus*, l'éclat électrique se produisait au sein même des ondes. Ce n'était plus de l'eau lumineuse, mais de la lumière liquide.
>
> *Vingt Mille Lieues sous les mers,*
> première partie, chap. 14.

Même si le desservant de l'église est un démon, il n'attente pas aux principes mêmes sur quoi elle est bâtie.

Sifflement d'oignes au fond de la baie de Somme

Est-on pourtant bien sûr que Jules Verne aimât réellement la mer? Entendez-le aussitôt protester par la bouche de Nemo : « Oui je l'aime! La mer est tout! Elle couvre les sept dixièmes du globe terrestre... La mer n'est que le véhicule d'une surnaturelle et prodigieuse existence; elle n'est que mouvement et amour; c'est l'infini vivant, comme l'a dit un de vos poètes. » Quel poète? Hugo, Baudelaire? Les lacunes de l'encyclopédisme « néminien » font certes partie du personnage, mais elles nous indiquent surtout que la jonction entre science et poésie a eu lieu, conformément aux prophéties d'Arthur Rimbaud :

> Voilà! C'est le Siècle d'enfer!
> Et les poteaux télégraphiques
> Vont orner, — lyre aux chants de fer,
> Tes omoplates magnifiques.
>
> « Ce qu'on dit au poète à propos de fleurs ».

Bien entendu j'imagine qu'un ordinateur caché à bord de l'œuvre aura prévu d'analyser la fréquence du mot « mer » dans *Les Voyages* pour pouvoir répondre par l'affirmative et par avance à ma question : « Jules Verne aime-t-il la mer ? » Déjà sept colonnes et seize pages délicieusement bleu océan ont recensé avec toutes leurs caractéristiques statistiques les 259 bateaux qui servirent au romancier (Pierre Vidal, *La Nouvelle Revue maritime*). A quoi il ne faut pas oublier d'ajouter les trois successifs *Saint-Michel I* (yacht de 8 à 10 tonneaux acheté en 1868), *II* (voilier de 19 tonneaux acheté en 1876) et *III* (yacht de plaisance à voile et à vapeur acheté en 1877, manœuvré par un équipage de dix hommes) à bord desquels comme nul autre écrivain de son époque Verne parcourra les mers du Nord, d'Ecosse, la Baltique, l'Atlantique et la Méditerranée de 1868 à 1886. Comment n'aimerait-on pas la mer quand on est né dans un quartier aussi singulier que celui de l'île Feydeau amarré entre Erdre et Loire avec sa cargaison d'hôtels bâtis sur le sucre des Antilles ?

Pourtant, lorsqu'en 1852 Jules Michelet l'exilé emménage dans une petite maison du quartier Babin, plus en amont, et qu'il se lève de grand matin au réveil des oiseaux, le jeune Verne, lui, est étudiant en droit à Paris. Agé de vingt-quatre ans, il a plus que tout la passion du théâtre et de l'opérette où il essaie de réussir avec la protection d'Alexandre Dumas. Loin de la mer, près d'Offenbach ! Ces années d'amarinement « viennois » déposeront sans doute leur sel un peu gros, un peu cassant dans les réparties de ses livrets. Mais pourquoi diable aller finalement s'ancrer en Picardie ? Proximité de l'Angleterre ? Hivernage dans les glaces ? Je connais bien le petit port de pêche du Crotoy en baie de Somme avec son estacade en planches à proximité de laquelle s'élève, massive, carrée, la demeure saisonnière des Verne. Rencontre d'eau douce et d'eau salée, la rêverie se ferait presque langoureuse sur ces immenses étendues de sable si elles n'étaient impitoyablement balayées par le vent du Nord. Vainement pourtant, chez Verne, j'attends, aux marées d'équinoxe, le sifflement de ces pluviers, chevaliers ou oignes qui font halte sur ces côtes dans leur migration saisonnière de Norvège jusqu'à Nantes !

La maladie de l'ankylose glaciaire

Tout entière annihilée par les glaces, la phrase de Verne hiverne à son rythme de respiration minimal. Atteints en premier, les centres nerveux, parties sensibles de la syntaxe à quoi l'on reconnaît toujours la véritable activité poétique. Programmée à heure fixe pour le lyrisme, celle-ci ponctue désormais l'action verbale très mécaniquement. « Que ne pouvais-je communiquer à Conseil les vives sensations qui me montaient au cerveau, et rivaliser avec lui d'interjections admiratives ! » (*ibid.*, première partie, chap. 16.) Lire Jules Verne c'est toujours marcher sur le fond de la mer en compagnie d'Arronax, de Conseil et de Nemo au milieu d'une quantité de petites bulles interjectives qui font croire à la faculté de respirer. Le moindre gravier, la moindre méduse sont des molécules de savoir qu'un simple appui du pied fait immédiatement effervescer. Ici commence le royaume absolu de l'analyse où le résidu poétique n'opère plus que sous forme de réaction chimique.

A quoi pourraient en effet servir les scaphandres dans un tel univers sinon à bâillonner complètement la possibilité d'un contact poétique entre les êtres humains ? Calculée en dépense d'oxygène dans le masque, la poésie est une activité plus qu'onéreuse : scandaleusement ruineuse, voire suicidaire pour la survie de l'espèce humaine ! Passons-nous de poésie, enjoint la phrase vernienne, sauf à toutes petites doses homéopathiques ou amples impulsions électrico-thématiques intimement liées à la structure de l'Univers. J'admire l'habileté avec laquelle l'officier de marine Michel Serres a su défendre cette écriture « transparente » (*Jouvences sur Jules Verne*).

Du feu ! personnellement je ne vois que « du feu » dans ces lumineuses pages où la moindre goutte d'eau qui clapote est impitoyablement condensée en vapeur thermodynamique. Les malheurs de sophisme ! Lucide lorsqu'il pose le problème de la coupure entre sciences et littérature à l'époque de Verne, on attendrait de Serres qu'il conclût logiquement que son éloignement de la littérature caractérise d'autant mieux l'œuvre de Verne qu'elle traduit mieux la science. « Les sciences exactes parlent, en général, une langue qui a besoin d'un minimum de traduction. Il s'agit même d'une définition de la science : un message maximalement invariant par traduction. Inversement, on appellera littérature tout message maximalement variable par traduction. A la limite est littéraire le message intraduisible. » (*Jouvences sur Jules Verne*).

Or, choisissant de traduire à son tour ce « traducteur » en un superbement compact manifeste de trois cents pages naviguant aux frontières de la poésie, Serres accomplit le tour de force de redonner à Verne un coefficient d'intraductibilité qui, dans les termes mêmes de l'équation évoquée ci-dessus, est la marque des œuvres littéraires.

Cordée de linguistes dévissant d'une paroi de lapsus

Traducteurs, traîtres, court un dicton d'inspiration nettement machiavélienne. Ne peut-il y avoir pourtant de la traduction qui nous tromperait par générosité ? A force de poursuivre son recensement exhaustif par le truchement des botanistes, géologues et autres taxinomistes, la science encyclopédique semble avoir dépouillé l'un par l'autre le langage et le réel. Soudain le langage s'est découvert majoritairement seul en prenant conscience de l'arbitraire qui présidait à sa nature. Des premières explorations géologiques à la science linguistique, voyez brutalement s'accentuer la pente en trois générations : Horace-Bénédict de Saussure, qui accomplit la première ascension officielle du mont Blanc en août 1787 en compagnie du guide chamoniard Balmat, est l'arrière-grand-père de Ferdinand de Saussure, l'auteur du *Cours de linguistique générale* publié à Genève en 1916.

Même cordée, autre paroi : nous n'avons désormais plus d'autre support que les fragiles « points de capiton » de nos signes (Jacques Lacan). Tous nous bivouaquons précairement à l'aplomb d'une grande faille au fond de laquelle la liquidité du monde s'est retirée. Cousinant avec les grands singes africains de Darwin (*Descent of Man*, 1871) par les rameaux, nous avons reconquis bien malgré nous une sauvagerie dont nous aimerions sans doute mieux nous passer. Radicalisé irrémédiablement, le timide énoncé encore trop empreint de psychologisme d'un Charles Nodier avançant dans ses *Notions de linguistique* de 1834 : « Le don de la parole consiste dans la faculté de manifester une pensée intime par des sons convenus et de la communiquer avec toutes ses modifications à ceux qui entendent la parole. » Où est l'intimité au milieu de ce désert relativiste où nous campons? L'eau même dont nous nous servions comme d'un miroir est devenue ambiguë depuis qu'elle nous renvoie l'image de nos projections familiales.

Autre « traducteur » de l'espèce fondée par Charles Darwin — signe distinctif, la barbe neptunienne — Gaston Bachelard (1884-1962) s'intéresse lui aussi considérablement plus au feu qu'à l'eau : dans la casserole domestique où il fait bouillir ses sources il aime à déchiffrer la trace du soufre placentaire. Né sur les plateaux de l'Aube crayeuse, ayant passé sa vie à l'ombre des livres dans la fermeture des terres, il n'aime pas la mer de Hugo, de Verne, de Michelet : « J'avais presque trente ans quand j'ai vu l'Océan pour la première fois. Aussi dans ce livre, je parlerai mal de la mer, j'en parlerai indirectement en écoutant ce qu'en disent les livres des poètes, j'en parlerai en restant sous l'influence des poncifs scolaires relatifs à l'infini. » (*L'Eau et les Rêves.*)

Dans le maelström norvégien où s'engouffre le bateau de *Gordon Pym* (Edgar Allan Poe, 1837), il n'y a plus que le vide, le grand trou de la naissance et de la mort par où nous advenons et disparaissons. Entre ces deux pôles-là, quelques arcs-en-ciel linguistiques aux illusions d'intimité, quelques boréalies en forme d'aubes !

Cabotage et cabotinage dans la traduction

A défaut de préserver la bibliothèque entière, une notion méritait cependant de surnager dans un tel naufrage : comment un siècle aussi fertile en traducteurs n'a-t-il pu mettre au point une théorie de la traduction généralisée ? Apprendre à dériver loin de la langue à laquelle on est soi-même amarré par la naissance — la *natio* — est pourtant la plus élémentaire des propédeutiques. A voir la fréquence avec laquelle le XIXe siècle français traverse sa propre langue pour aller croiser dans les eaux anglaises depuis Chateaubriand, passeur du *Paradis perdu* de Milton jusqu'à François-Victor Hugo, interprète de Shakespeare, on se prend à poursuivre le voyage mentalement.

Il faudrait d'abord ressusciter toute une flottille de petits traducteurs s'embarquant sur les vers de Byron, les romans de Dickens ou Bulwer-Lytton dans une furieuse compétition. Ainsi lorsque Baudelaire se fâche dans les colonnes du *Figaro* du 14 avril 1864 (il lui reste trois ans à vivre) contre le comité chargé de célébrer en France le trois-centième anniversaire de la naissance de Shakespeare est-on surpris de le voir défendre des noms insolites : « J'ignore si le nom de Philarète Chasles, qui a tant contribué à populariser chez nous la littérature anglaise, a été inscrit. » Autres omissions incriminées, celles d'Emile Deschamps, Philoxène Boyer, Auguste Barbier. Mais Baudelaire proteste-t-il au nom d'une philosophie de la traduction ? Non, hélas ! Il trouve seulement à railler la présidence du comité par Hugo : « Shakespeare est socialiste. Il ne s'en est jamais douté mais il n'importe ! »

Qui pourtant mieux que l'auteur de l'immense *William Shakespeare* (1863) aura jeté les plans d'une théorie de la traduction ? Comme d'habitude Hugo avance avec une audace rhétorique irrésistible que tous les grands génies de la littérature sont peu ou prou des *traducteurs*. Puis il ausculte l'esprit de « résistance » inhérent aux langues nationales : « Le premier mouvement est la révolte. Une langue dans laquelle on transvase de la sorte un autre idiome fait ce qu'elle peut pour refuser. Elle en sera fortifiée plus tard, en attendant elle s'indigne. » Donc traduire ce serait mettre en état d'infériorité provisoire sa propre langue pour mieux renforcer ses défenses futures. N'attendons pas de l'Anglo-Guernesiais un cours de navigation en espace linguistique flottant, un manuel libre-échangiste des idiomes : Hugo reste plus que jamais un terrien dont l'exil a aiguisé le sens de l'appartenance territoriale. Paradoxe que le nationalisme soit le point d'ancrage suprême en ce siècle de dérives ! L'imitation de l'Angleterre procède d'un mimétisme tellement hâtif, tellement désireux de s'approprier les clés de la réussite de son modèle qu'on n'hésite pas à tailler Shakespeare — décasyllabe ou pas — deux ou trois pointures au-dessus dans la prose d'accueil, de Letourneur à Gide, *via* François-Victor Hugo, Francisque Michel ou Guizot.

Théorie de la poésie comme engloutissement du savoir

Impossible flottaison des savoirs ! Cinquante ans après l'exil des Hugo à Guernesey, une famille de propriétaires terriens d'ascendance bourguignonne revient des îles Sous-le-Vent. Leur nom, dans la fréquentation des alizés, a pris la finesse d'un tissu qu'il suffit qu'on déploie pour qu'il s'envole : Alexis Saint-Léger Léger. Un fils né en 1887, quatre filles accompagnent leurs parents dans ce qui est une sorte de retraite coloniale puisque les ancêtres ont débarqué sur l'île de Guadeloupe au XVIIIe siècle. Quitter les îles à douze ans (on est en 1899) pour revenir au pied des Pyrénées neigeuses ne peut pas ne pas marquer une sensibilité d'enfant (« A présent laissez-moi, je vais seul/ Je sortirai car j'ai affaire : un insecte m'attend pour traiter », *Eloges*, 1908).

Récapitulation de deux siècles d'histoire occidentale, la poésie d'Alexis Saint-Léger Léger, le Bourguignon né sur la petite île de Saint-Léger-les-Feuilles au large de Pointe-à-Pitre, dira gravement — et quelquefois un peu trop solennellement — la fin de l'âge des explorations. Minutieuses enquêtes linnéennes, cueillette d'échantillons géologiques, insolites excursions lexicales concertées afin de mieux déconcerter, la poésie tente héroïquement de reprendre son bien à la science avec la froideur de l'épopée. Peut-on sauver la bibliothèque paternelle, demande Alexis Saint-Léger Léger ? La réponse est venue au débarquement de la famille à Bordeaux :

> Arrivée de la bibliothèque du père. Neuf grandes caisses doublées de zinc, chargées au port de Pointe-à-Pitre avaient d'abord coulé en rade avec l'allège de transbordement, et la compagnie d'assurance américaine, confiante dans l'emballage, avait cru pouvoir faire repêcher ces caisses pour les réexpédier telles quelles par cargo. A leur arrivée à Pau, dans la cour de la demeure familiale, la puanteur était telle qu'il fallut recourir à l'aide de la police, et les déballeurs ne purent mettre au jour qu'une masse compacte et noire en pleine fermentation. La seule page encore lisible arrachée à cette pâte fut une feuille de titre des *Fleurs du Mal* de Baudelaire, édition Poulet-Malassis. Le fils vit la tristesse muette du père et en garda, à jamais, une étrange aversion pour les livres.
>
> *Biographie*, La Pléiade, Gallimard.

L'histoire est presque trop belle de cette filiation d'un poète des îles à l'autre par le miracle d'une page demeurée intacte ! Trop belle et cependant immensément riche de sens car ce que le XIXe siècle, dans sa furieuse fièvre de vapeur, de flamme, de feu aura décisivement manqué, c'est la relation de son savoir à l'eau : Gilliatt coule sous le poids du vapeur *La Durande*. '

Femmes d'écume pour un panthéon

Vent d'ouest dans les cheveux de Vénus

Ce fut le vent d'ouest qui la saisit quand
elle se leva
de la vague
génitale, et l'accoucha de l'écume
gracile à son île
chez elle

et ces amoureuses
du difficile, les heures
du jour doré la saluèrent, la vêtirent, furent
comme si elles l'avaient faite, furent folles
de porter cette nouvelle chose née
de l'anneau de mer, rose
et nue, cette fille, la portaient
à la face des dieux, violettes
dans sa chevelure

Beauté, et elle
dit non à Zeus, à eux tous, ils n'étaient pas, ou
était-ce elle qui choisit le plus laid
pour coucher avec, ou était-ce comme ça
et pour expier l'essence de la beauté, était-ce?

Sachant les heures, bien sûr,
elle n'est pas restée longtemps, ou le boiteux
n'était qu'un côté des choses, et le superbe
Mars l'a eue. Et l'enfant
eut ce nom, la flèche de
comme le vol, le mouvement de
sa mère qui adorne

de myrtes le dauphin et en mots
ils se lèvent, oui, eux qui
sont nés de pareils
éléments.

Charles Olson, « L'Anneau de », *Archeologist of Morning*,
traduction Michel Deguy, R. Skodnick.

La mariée mise à nu par ses peintres, même

Qui accueille Aphrodite la farouche au sortir de son bain ? Les peintres. Rarement les poètes, comme s'ils étaient impuissants à coucher dans le sens de leurs lignes, de leurs vers celle qui donne la direction absolue. Dans l'image de Sandro Filipepi, dit Botticelli, la voici surgissant de sa coquille après un long sommeil mythologique en 1485. Sept ans de réflexion plus tard, le Génois Colomb apercevra bientôt les premières îles d'Amérique — du nom d'Amerigo Vespucci, l'ami florentin de Sandro.

Quel long pèlerinage pour en arriver à cette image intacte de femme ! Jambes de nacre dans la coquille de saint Jacques elle attend le baptême, sa virginité répudiant l'ombre de l'ancien péché. La prendre en défaut ? Mais puisque ses tresses jaunes serpentent naturellement jusqu'à son ventre, que sa main droite doigts écartés protège son sein, que ses yeux sont pensifs comme le sel, ne désarme-t-elle pas le désir ? « Je suis belle, ô mortels, comme un rêve de pierre. » Ici l'audace du peintre confond les théologies à un degré jamais égalé par l'écriture.

Pourtant ce sont les mots que l'on brûlera, ce sont les livres que l'on jettera au feu. Car, marchant sur les eaux de son allure chrétienne aussi naturellement qu'indienne, Aphrodite outrepasse les évangiles. Nulles les querelles qui ensanglanteront l'Occident pendant deux siècles par conséquent! Nuls les jésuitismes partis à la chasse aux âmes! Par l'avènement de l'image peinte un miracle s'est silencieusement accompli au regard duquel la parole n'est plus que commentaire. On comprend pourquoi les poètes choisiront de dire la beauté « muette »! Les noces botticelliennes de la femme avec la mer inaugurent une nouvelle civilisation libérant paganisme et christianisme l'un de l'autre, l'un par l'autre.

Du vert écaillé de l'eau — les vagues annoncent Matisse — sort la déesse chevelue à laquelle les religions n'ont laissé aucune place. Loin des boucheries d'Adam — côte sanglante et mystique laineuse — tout juste qualifiées pour un âge néolithique, s'annonce le règne de la mer. Qui dit que la Renaissance ne doive pas commencer aujourd'hui? Qui prétend que le déferlement des images soit une menace d'engloutissement? De l'inaccessible Ouranos (le Ciel) que son fils Chronos (le Temps) a châtré est née l'écume vénusienne (*aphros*), le phénix d'eau que la vague ravive mieux que les cendres. Ah! quels explorateurs ces peintres anversois, génois ou florentins du Quattrocento, très loin devant les Gama, les Magellan dans leurs voyages imaginaires! En affirmant la figure de la femme hors de toute référence ils écrivent le manifeste auquel ne faillira pour ainsi dire plus jamais la peinture occidentale. Comparé à cette courtoisie, le reste n'est que grossier ravissement.

Projectiles en nacre pour une pêche au harpon

Ravir la figure d'Aphrodite à sa nacre méditerranéenne pour l'acclimater aux côtes du Massachusetts, tel est l'impossible programme de l'Amérique depuis le commencement. Lisons

William Carlos Williams dans *Paterson ou Au grain d'Amérique* (Bourgois, 1978), pour comprendre cet éternel déficit des cultures guerrières. Assez peu maritime en comparaison des cités grecques ou de Carthage, Rome n'avait-elle pas elle-même choisi de s'annexer le pouvoir de l'écume par promotion d'une obscure divinité locale nommée Vénus? Opération réussie, certes, mais à quel prix! Devenue vénale, voire vénérienne sur le marché romain des cultes orientaux, Vénus sera sauvée par le christianisme qui en fera son Vendredi — jour de chair maigre.

Une sauvage pour Robinson? On sait que les puritains n'eurent pas un goût immodéré pour cette perle des bénitiers romains. Charles Olson, Suédois de Gloucester, Massachusetts (1910-1970), homme de taille considérable tant en hauteur qu'en volume, qui aura voué sa vie au culte de la baleine blanche d'Herman Melville, *Moby Dick*, s'avise donc de faire transiter Aphrodite de Grèce en Amérique. Une véritable déclaration de guerre! Pour lui, écrivant au milieu des années cinquante, il ne fait plus de doute que la civilisation se soit déplacée désormais d'Asie Mineure au Pacifique. Tout juste si Colomb le Génois ne fait pas figure d'imposteur à ses yeux puisque des pêcheurs basques ou gallois, dit-il, ont hanté les rivages américains bien avant la date fatidique de 1492! En quoi Olson pêche dans les mêmes eaux que Walt Whitman, le premier à avoir congédié l'Europe, en 1855, depuis son île-poisson de Paumanok (*Long Island*). « Amour tu perdis Troie! »

Conquête puis féminisation, toujours la culture suit depuis l'aube de l'humanité le même chemin. Il est vrai que la ligne olsonienne attire merveilleusement à elle la déesse grecque que la traduction française a toutes les peines du monde (quel beau travail cependant!) à retenir sur nos rives. Voyez comme au moulinet d'Olson file la ligne dans une succession de heurts, de blocages, de rejets haletants qui en font cette technique originale que lui Olson (voir Marcelin Pleynet dans *Art et Littérature*, 1977) baptisera « projectivisme ». Suspens, suspens! Nous en sommes (aujourd'hui, 1991) demeurés là quant à l'évolution du vers libre. De quel côté de l'océan Aphrodite ira-t-elle ? Quel peuple de marins favorisera-t-elle ? Assurément, dans notre tradition, l'amour ni la poésie ne peuvent longtemps cheminer l'un sans l'autre, aussi bien est-ce sans doute par une nouvelle maîtrise du temps qu'à l'intersection du ciel et de la terre renaîtra tantôt l'écume amoureuse.

Une auscultation des ouïes sexuelles

Naïvement je persiste à me demander pourquoi Sigmund Freud a fondé la psychanalyse sur le mythe d'Œdipe à l'exclusion des autres mythes. On dirait d'une fonctionnarisation symbolique forcée. Un mythe sert, tous les autres sont mis en chômage ! Ainsi d'Aphrodite qu'il laisse émigrer vers les hauteurs de Sunset Boulevard à Hollywood, grecque sans emploi. Que faire en effet d'une beauté néoplatonicienne issue des ateliers florentins de Marsile Ficin ? Ecume sur les écrans, Vénus n'a plus qu'à faire fantasmer les rêveurs de la nuit pelliculaire.

Il reste pourtant que, l'éconduisant, Sigmund Freud se débarrasse un peu facilement d'une rebelle, d'une insoumise congénitale. Née de la « castration » d'un père par son fils, elle contredit précisément la théorie. Est-ce par esprit de légèreté, est-ce pour échapper à l'écrasante tutelle du « père » fondateur que des disciples vont la réintroduire déguisée ? Supportant moi-même très mal les commandements freudiens, j'avoue n'avoir de plaisir qu'à un seul texte du « canon » psychanalytique. Parce qu'il est expérimental, mais plus encore parce qu'il tente de renouer le contrat brisé entre science et poésie, le *Thalassa* de Sandor Ferenczi me passionne. Paru en 1924 accompagné du sous-titre *Psychanalyse des origines de la vie sexuelle*, on y sent, à peine transposée, une aventure biographique qui exulte sobrement sous les rigueurs de la méthode.

Ce juif hongrois, ayant longtemps aimé une femme mariée qu'il finit par épouser après la Première Guerre mondiale, découvre la force de l'amour physique avec l'innocence d'un Michelet. C'est la même révolution qui souterrainement se prolonge, les mêmes échos océaniques que l'on entend chez les deux essayistes à quatre-vingts ans de distance. Apparus symétriquement l'un à l'autre sur les deux versants d'un même massif patriarcal et militaire (les deux conflits franco-prussiens de 1870 et 1914), ils donnent une identique valeur à la sexualité. Mais Ferenczi, dans un effort émouvant de maladresse pour sortir l'espèce humaine du naufrage où la crise des sciences victoriennes l'a précipitée, lie Lamarck (et non Darwin) avec Freud. Décrivant le coït comme une retrouvaille de nos origines marines profondes, il franchit non seulement les tabous avec succès mais atteint une réelle vérité poétique. Voici que, timidement, la bibliothèque dans le Déluge se redresse :

> Les phases du coït doivent être comprises comme des actions symboliques par lesquelles l'individu revit les plaisirs de l'existence intra-utérine, l'angoisse de la naissance et enfin la joie d'avoir échappé sain et sauf au danger. Lorsque l'individu s'identifie à la verge pénisienne entrant dans le vagin et aux cellules spermatiques déversées dans le corps de la femme, il répète sur le mode symbolique également ce danger mortel que ses ancêtres animaux ont victorieusement surmonté lors de la catastrophe géologique de l'assèchement des océans.
>
> *Thalassa.*

Entrée des guerrières danubiennes dans la civilisation

Présence furtive que celle d'Aphrodite dans ce texte ! Nous sommes conscients que le style hérissé de Ferenczi n'assure pas véritablement le confort de la coquille. Pourtant qui sait si ce n'est pas à ce transformationnisme que nous devrons d'atteindre de nouvelles plages ? L'Autrichien de Graz Otto Gross, autre disciple de Freud, a déjà pris dans les années 1910 la défense des valeurs féminines contre les valeurs prussiennes. Freud l'a renié ; son père, un éminent criminologiste, l'a fait enfermer tel Cagliari dans un asile où il mourra en 1920.

Mais pourquoi sommes-nous encore à Vienne à cette époque alors que nous pourrions déjà nous rendre à Nottingham où le jeune romancier, D.H. Lawrence, vient de rencontrer l'ancienne maîtresse de Gross, Frieda von Richtoffen ? Moins marine que tellurienne, Frieda, que l'âge attirera encore plus irrésistiblement vers la terre, a pour l'heure la beauté d'une femme peinte par Klimt. Elle a quelque chose de cette *Nuda Veritas* de 1899 dont l'épaisse chevelure rousse dissimule les seins, et fait ressortir l'émail blanc des dents aiguës. Une loupe à la main, les pieds disparaissant dans la boucle d'un serpent, l'Aphrodite viennoise a gagné en pouvoir de morsure ce que son modèle florentin a perdu en innocence réflexive. Autant qu'elle suscite le désir cette femme sème la crainte dans la masculinité affaiblie. Rude combat des sexes dans l'univers anglo-saxon ! Pendant vingt courtes années, David Herbert (Lawrence) et Frieda vont fréquenter les îles méditerranéennes, Sardaigne et Sicile, à la poursuite d'une orageuse union.

Dans l'île de Majorque, quelques années plus tard, Robert Graves à peine guéri d'une bataille avec Laura Riding, ressuscitera *La Déesse blanche* cependant qu'à Rhodes, le Bostonien Henry Miller ira réveiller Aphrodite en compagnie de Laurence Durrell (*A une Vénus marine*). N'oublions pas non plus la poursuite de Mélusine-Nadja dans laquelle s'envoûte André Breton aux carrefours des allées de la moderne Brocéliande. Comme si s'éclairait à nouveau — d'une lumière plus dure accusant davantage les ombres — le seuil qu'avaient entrevu les peintres de la Renaissance, voici que semble s'offrir une nouvelle chance pour les valeurs féminines de civilisation et de beauté chez ces héritiers des Florentins, les Viennois, qui rayonnent alors sur la place de l'Europe tant en peinture qu'en musique, psychologie ou philosophie.

Ouverture ? Fermeture ? Moins innocentes que les figures

marines de Botticelli qui prétendent avoir résolu les querelles de baptême dans la neutralité symbolique d'une coquille Saint-Jacques — quel démenti bientôt avec les guerres de Religion —, les Viennoises de Klimt portent une lumière agressive dans leur regard. Kundry la guerrière part à la conquête de Parsifal.

Dans l'intimité océanique d'Athénaïs Michelet

Donc pour l'amour les écrivains sont toujours en retard par rapport aux peintres : combien de siècles après Botticelli ou Rembrandt faudra-t-il attendre pour voir déshabiller une femme en littérature ? Voilà une évidence qui crève les yeux malgré toutes les subtilités d'un Jean-Noël Vuarnet lisant entre les lignes du *Joli Temps* de la Régence.

Ne pas tout dire fut ainsi longtemps une philosophie esthétique qui jouait habilement autour de l'interdit. Quelle rudesse chez les Victoriens, en revanche, quand ils se mettent en demeure de tout dire ! Pour peu on les plaindrait, les pauvres, à voir la raideur goutteuse avec laquelle leurs doigts déshabitués des lingeries décotillonnent leurs moitiés. D'abord, il leur faut être en présence de la Nature, de préférence au grand air sur une plage. Le théâtre moderne de l'amour applique en effet les nouvelles règles des unités romantiques.

Ne rions pas trop à voir Jules Michelet, cinquante ans, noter scrupuleusement dans son carnet les étapes d'une défloraison laborieuse. Hygiène iodée et coït océanique sont au programme des nombreux voyages de l'historien au bord de la mer avec sa jeune épouse Athénaïs dans les années 1851. Arcachon, Pornic, Le Havre, Hyères, Granville, Etretat reçoivent ainsi les lents progrès du couple vers l'harmonie physique. Au dire de Roland Barthes, assez mauvaise langue en l'occurrence même si son *Michelet par lui-même* est un petit chef-d'œuvre de drôlerie, Athénaïs aurait donné le change à son époux quant à sa frigidité. Qu'en sait-il au juste ? Et puis là n'est pas l'important. Ce qu'il faut retenir c'est le sérieux avec lequel ce chercheur en sciences de la nature tient un *Journal* lyrique de ses étreintes : « Dès que j'avais pénétré dans sa chaste et sainte personne, quand j'y avais mis mon orage et puisé sa sérénité, je sortais fort et inventif, dans ma lucidité complète. » (*Journal*, 3 juin 1857.)

Dans sa découverte du corps, des menstrues, des vapeurs d'Athénaïs, Michelet se comporte en explorateur découvrant un continent aussi étrange et inconnu que l'Afrique. Mais le savant, qui est aussi l'amant, par l'alchimie propre à l'amour, transforme sa science en cette forme singulière de poésie qu'est le mythe : Jules Michelet mythifie la femme. Successivement il donne les quatre évangiles de sa nouvelle religion dans *L'Amour* (1858), *La Femme* (1859), *La Mer* (1861), *La Sorcière* (1862). Roland Barthes, très ironique dans son travail d'entomologiste de l'œuvre de Michelet — preuve de notre fragilité, voire de notre dépendance vis-à-vis de ces terribles travailleurs victoriens —, y voit une véritable « monarchie de la femme » qu'il appelle encore « matrie ».

Mystiques à l'école du Panthéon

Ne confondons pas les déesses ! Athénaïs, son nom l'indique, n'est pas Aphrodite et ne saurait rivaliser avec la plus insoumise de toutes les femmes pour laquelle il n'est d'ailleurs pas de place dans le panthéon républicain. Non, ce dont la République a besoin ce n'est pas d'une Vierge, sage ou folle, mais d'une figure matriarcale en qui s'incarnent les nouvelles vertus. Jules Michelet, qui n'œuvre pas *in vitro* comme un savant faustien dans son laboratoire, a fait de lui-même et de son pays, de lui-même en tant que citoyen français épousant charnellement les frontières de son pays, l'objet de ses expériences. Bienheureux qu'il préfère les plages de l'Atlantique où s'opère un échange avec l'infini aux mesquines frontières de l'intérieur sur lesquelles vont tantôt s'ouvrir des digues de sang patriotique ! Quoiqu'il soit généreux en ses visions, on ne peut cependant s'empêcher de se demander s'il est bien conscient du danger des mythes qu'il fabrique. Plus encore peut-être que Victor Hugo, il est celui qui façonne la République à l'image d'une femme, d'une « matrie » comme dit Barthes, dont il va célébrer le baptême (les noces) aux portes de l'Océan.

A la Bretagne, en somme, il demande une aspersion de vagues laïquement gratuites comme d'autres font alors bénir par l'Eglise leurs barques de pêche. Car il ne faudrait quand même pas oublier cette furieuse compétition opposant la légitimité catholique à la légitimité républicaine ! Comment rendre aimable ou aimante la Révolution, affaire essentiellement masculine, guère adoucie par les désastreuses campagnes de Napoléon ? En face, rappelons-nous, il y a la Vierge, dont les apparitions sont en recrudescence en ce dernier quart du XIXe siècle. La petite bergère de Lourdes, Bernadette Soubirous, l'a vue au fond d'une grotte en 1858, trente ans avant que Thérèse de l'Enfant Jésus rachète l'incrédulité de Madame Bovary dans son carmel normand.

Or il semble que la Vierge — comme Gaston Bachelard — préfère les sources d'eau douce à l'eau salée. Pourquoi donc la République ne choisirait-elle pas une piscine plus large pour ses baptêmes ? D'autant que le christianisme, lui-même issu d'un apostolat marin, est en passe de se voir reconduit à l'humilité de la vague originelle par la science : « Etes-vous sûrs que la Judée vous ait seule enfantés ? Pourquoi méprisez-vous vos frères inférieurs ? Etes-vous donc si sûrs qu'ils soient inférieurs ? Ne reconnaissez-vous pas dans cette fraternité des traits comme de famille ? Et quoi si remontant plus haut vous découvrez que vos frères sont vos pères ! »

Jules Michelet s'aventurant dans la religion du transformisme scientifique tout en restant attaché à ses petites humeurs humaines (son *Journal* déborde de notations de coliques, d'insomnies, de diarrhées...), c'est nous-mêmes nous voyant sortir, aussi nus qu'aujourd'hui, de la matrice républicaine.

Le scandale par la justesse rythmique

Charles Baudelaire à sa mère : « Tu as reçu *L'Amour* de Michelet, immense succès de femmes ; je ne l'ai pas lu et je crois pouvoir deviner que c'est un livre répugnant. » (*Correspondance*.) N'est-il jamais question des femmes dans *Les Fleurs du mal* ? Justement ! Rien ne dit mieux l'opposition irréconciliable des religions catholique et républicaine que ces trois lignes. Pour nous qui, dans la France de 1991, fréquentons les plages bretonnes, mangeons du poisson, prenons des bains toniques, nous nous accordons spontanément avec les recommandations de l'écologie, de la médecine. Tous, en vacances, à notre insu, nous vivons Michelet. Voilà en somme une littérature positive qui aura agi par dilution jusqu'à devenir l'idéologie reçue.

Quant à savoir qui a réellement lu *La Mer*, c'est une histoire sans beaucoup d'intérêt puisqu'il nous est si facile de feuilleter nous-mêmes la bibliothèque bleue des vagues ! Il peut arriver par contre que, couchés sur le sable d'une plage d'été, nous prenne l'envie subite de retrouver le poème commençant par : « Homme libre, toujours tu chériras la mer ! » Est-ce cela qu'on appelle poésie, cette incoercible envie de saluer ? Est-ce cela qui annexe notre diaphragme tout à coup et nous fait respirer une bouffée de grand large que nous voulons immédiatement convertir en une ligne, une seule ligne, par quoi tout serait résumé ?

Mieux qu'aucun autre — Apollinaire sans doute excepté —, Baudelaire est le poète des premières lignes : « La musique souvent me prend comme une mer ! » D'une étonnante justesse, ses attaques semblent longtemps avoir été méditées au large avant d'accourir sur l'étroite bande de sable où nous sommes afin d'y déferler comme des rouleaux. Comme s'il ne se contentait pas de tendre la toile de ses poumons gigantesquement, ainsi que font Michelet, Hugo, à la résonance des vagues, lui, Baudelaire, sait que la respiration est une chute qui suit l'inspiration. Qu'il y a un détroit, nommez-le vers ou vague, par quoi les mots qui tombent sur le rivage ne peuvent jamais faire entendre qu'un peu du bruit originel. Ainsi la mer, la femme, l'amour se présentent-ils ensemble à nous toujours dans l'angoisse, qu'il faut entendre littéralement comme étant du rétrécissement, de l'exiguïté.

Tout l'antagonisme de Baudelaire et de Michelet tient là. Sexuel ? Qui sait, peut-être... La plongée de Michelet dans le vagin d'Athénaïs relève de l'héroïsme à forcer le passage du Nord-Ouest — la même froideur, eût persiflé Roland Barthes ! Hugo ouvre et ouvre indéfiniment à elle-même la béance de l'abîme sans jamais y trouver de répit. Quant à Baudelaire, lui seul sait nous dire par la balance de sa ligne le flux et le reflux, l'endroit et le revers, en un mot la douloureuse réversibilité de l'existence.

Fraîcheur d'eau aux bois de l'orchestre

Si difficile à aborder, Charles Baudelaire ! Si virginalement artiste ! Comme si par l'excellence de son métier, il atteignait à l'innocence de la peinture et de la musique à laquelle il tend. De sorte que ceux de ses exégètes qui croient devoir l'entraîner sur d'autres terrains que celui du poème se trompent lamentablement. Sartre, par exemple, dans un affligeant *Baudelaire*. Plus paradoxalement Pierre-Jean Jouve, trop désireux de faire ressentir à son modèle « une amère négation de l'amour, et en lui la dégradation de la femme sous l'aspect d'une sorte de mère abjecte ».

Non ! réellement non ! Comment peut-on à ce point dissocier la courbe poétique qu'on appelle « vers » de la géologie qu'elle lève par son tracé ? Comment peut-on ne pas comprendre que le coup d'archet emporte tout dans la musique ? Dans les mains du poète, un instrument, l'alexandrin tombé en désuétude depuis que Racine l'a usé sur les sécheresses de la Grèce. Baudelaire, sans doute parce que le bois désormais résonne dans l'orchestre comme il glisse à la poupe des vaisseaux et que les deux usages vont bientôt se confondre dans la fosse marine de Bayreuth, symphonie et navigation, lui sculpte un profil arrondi. Chaque fois que commence la lecture d'un poème des *Fleurs du mal*, c'est *Le Vaisseau fantôme* qui lève l'ancre. On sait que découvrant Wagner lors de la première représentation de *Tannhäuser* à l'Opéra de Paris le 31 mars 1861, le poète poussera l'enthousiasme jusqu'à recopier le livret de cette œuvre dont il n'a entendu que l'ouverture ce soir-là. « L'ouverture, que nous avons entendue au concert du Théâtre-Italien, est lugubre et profonde comme l'Océan, le vent et les ténèbres. » Mais le fantôme d'un vaisseau sillonne chacune des strophes des *Fleurs du mal* depuis tellement longtemps déjà, depuis l'année 1842 précisément où, jeune homme de vingt ans, Baudelaire est rentré d'un voyage de huit mois dans l'océan Indien sur *L'Alcide*.

Aussi, lorsque dix-sept ans plus tard, homme devenu, on l'entend questionner sa mère sur la maison de Honfleur où, veuve, elle s'est retirée, quelle émotion tout à coup à deviner la persistance du bruit de l'océan au fond de l'incroyable timidité filiale ! « Cependant, pour dire la vérité, j'ai depuis près de deux mois une question au bout de la plume, que je n'ai pas osé formuler : verrai-je la mer de ma chambre ? Si cela n'est pas possible je me résignerai fort sagement. » (vendredi 26 février 1858.) Oui, quelle émotion que d'entendre cette petite voix d'enfant « amoureux de cartes et d'estampes » venir du plus grand, du plus assuré, du plus profondément maritime de nos poètes ! Et voici que se profile à nos yeux, tassée contre la vitre d'un wagon de chemin de fer, la silhouette bien connue d'un voyageur qui à l'issue de sept heures de trajet descendra en gare du Havre avant d'aller prendre au port la correspondance du bateau faisant navette à travers la Seine jusqu'au débarca-dère de Honfleur. Caroline Dufaÿs-Aupick y attend-elle Charles ?

Noces d'images dans le port de Cythère

Jamais imprégnation du poème par la femme n'a été aussi subtilement durable avant Baudelaire. Même au fond des chambres de la poésie courtoise, dites *stanze*, elle ne fut accueillie avec plus de réelle disposition. L'agressivité masculine des *canso* ou des *tenso* ne désarme absolument pas puisque l'amour est une seconde guerre. D'où leur envol allègre d'alouette montant à l'assaut d'une citadelle nommée la femme. Chez Baudelaire par contre, la capture, la prise ont eu lieu — la défaite. Dans l'entracte du désir à rallumer insiste la pesanteur assouvie du corps, immobile comme un Ingres, dos ou profil, presque insoutenable de proximité.

Sans rien faire qu'être nue, qu'attendre qu'on la caresse, la femme prend l'initiative que patiemment lui concède le poète. Naît la courbe par la science sensuelle que mettent en pratique les mains, les yeux. Pliant la sotte rigidité alexandrine au silence des muettes, aux coupes longues comme des soupirs, Baudelaire compose un art poétique de l'ondoiement.

> Je crois que le charme infini et mystérieux qui gît dans la contemplation d'un navire, et surtout d'un navire en mouvement, tient à la multiplication successive et à la génération de toutes les courbes et figures imaginaires opérées dans l'espace par les éléments réels de l'objet.
>
> *Fusées.*

Bien sûr la vulnérabilité de cette poésie tient dans la difficulté à la maintenir docilement dans l'état d'attente amoureuse. L'harmonie métaphorique par quoi ensemble s'épousent la vague, le vaisseau, la sinuosité féminine, finit par se casser. Quand Baudelaire racle le fond, c'est tout de suite la Belgique ! Malencontreux accident dans le parcours des géographies, l'épisode bruxellois n'indique en fait qu'une plate retombée dans la navigation sans gouvernail. D'eau à Bruxelles il n'y a que celle de la maigre Senne mais tellement de tirant sur la Grand-Place, tellement d'Espagne et de Hollande aux apontillages des maisons des Corporations que Hugo, Rodin, Claudel successivement y trouveront respiration ample ! Il est vrai que des squelettes à la James Ensor commençaient déjà de faire saillir leurs os sous les chairs de Jeanne Duval, de Marie Daubrun ou bien d'Apollonie Sabatier (la Présidente), mais précisément la preuve est faite qu'avant son naufrage Baudelaire contenait aussi bien le trait expressionniste de l'art flamand que la ligne abstraite de la musique symboliste. C'est le désassemblement du couple qui fait que le bateau se fend par le fond. Aussi, pourquoi ne pas prendre à la lettre les souhaits d'anticiper, de précipiter la fin du voyage ?

> Ce pays nous ennuie, ô Mort ! Appareillons !
> Si le ciel et la mer sont noirs comme de l'encre,
> Nos cœurs que tu connais sont remplis de rayons !
>
> « Le Voyage », *Les Fleurs du mal.*

Promenade en aphasie marine avec Paul Delvaux

A Bruxelles où nous cheminions un soir de juin dernier dans les alentours de la chaussée de Charleroi avec Marc Rombaut, notre ami, alors qu'au fond de la pente montant vers le bleu froid du ciel arrivait un tramway, nous fûmes frôlés tout à coup par une ombre. Prompt à la happer, Marc me dit : « Sais-tu qu'en 1905, à cette même heure, tu aurais pu croiser le vice-consul de Fou-tchéou errant comme un fou à six mille kilomètres de son ambassade ? » D'une armée d'ombres hagardes sortant des fourrés de la littérature où le peintre Paul Delvaux range ordinairement ses femmes, je reconnus Malcolm Lowry, Marguerite Duras. « Non, pas eux ! protesta Marc. En 1905, le vice-consul de Fou-tchéou était un homme de trente-sept ans qui s'appelait Paul Claudel. »

D'abord nommé aux Etats-Unis au sortir de l'école des Affaires étrangères, ce petit paysan champenois (picard autant que champenois, Marc ! je connais sa maison natale de Villeneuve-sur-Fère entre argile et clochers, j'ai lu très jeune _Connaissance de l'Est_, je sais qu'une étroite affinité lie la grasse terre picarde à la fertilité du lœss chinois), ce petit picardo-champenois, si tu veux, rejoignit le poste de Fou-tchéou en 1899. Là-bas, Claudel rencontre Rose Vetch, l'épouse d'un vague prospecteur minier dont elle a trois enfants. Amour fou du jeune diplomate, la relation suscite le scandale, une enquête du Quai d'Orsay, Rose quitte la colonie, rejoint Anvers où elle disparaît au bras d'un autre homme. Brisé, Claudel obtient un congé pour l'Europe où d'avril à juin 1905, il courra vainement la Belgique et la Hollande à la poursuite de l'ombre aimée.

Entre les deux rangées de façades d'un blanc parfois douteux où nous reconstituions tout en marchant la scène que Marc continuait d'évoquer, je compris d'un coup — au sens d'embrasser qu'il donne à ce mot dans son _Traité de la Co-naissance_ — l'œuvre de Claudel. La lettre demeurée en souffrance entre Don Rodrigue et Dona Prouhèze, tout au long des quatre longues journées du _Soulier de satin,_ ne m'atteignait-elle pas alors que je venais de traduire celles d'un autre consul, Geoffrey Firmin (Malcolm Lowry, _Sous le volcan_)?

Sur la hauteur dominant la ville de Charles Quint se recollaient tout à coup les deux morceaux du message déchiré que l'Europe s'était adressée à elle-même à l'époque de la Contre-Réforme. Là où Charles Baudelaire avait échoué, comme on dit de l'échouage d'un bateau, Claudel forçant son échec amoureux personnel renflouait vigoureusement le navire Europe. S'aventurant plus au sud et à l'ouest dans les directions de l'Afrique et de l'Amérique que ne l'avaient fait avant lui Hugo et Michelet, mieux philosophiquement armé que le fragile poète de Honfleur, il avait composé une grande geste imaginaire à la manière de Corneille et de Shakespeare réunis, accusant les timidités maritimes de la France chrétienne et littéraire.

Prise de pouvoir catholique sur l'île protestante de Prospero

Le théâtre de Claudel s'emboîte parfaitement : au cœur, la trilogie républicaine ; à l'extérieur, le grandiose *Soulier*, fait de tout ce qui ne sont pas les petites mesquineries hexagonales ; entre les deux *L'Echange* et *Le Partage*, double démonstration géométrique. Violemment conflictuel, Claudel a un sens quasi infaillible de l'histoire européenne dont la France s'est abstraite par faiblesse autant qu'esprit de sécession. Mieux que Hugo le Bisontin, qui s'en va en exil à Bruxelles par une espèce d'instinct aveugle, il sait l'intimité des Flandres et de l'Espagne. Dona Prouhèze, son héroïne, qui s'élance vers le mal « d'un pied boiteux », il l'a faite franc-comtoise :

> N'est-ce pas joli, mon petit accent de Franche-Comté ? Ce n'est pas vrai ! mais tous ces gens avaient bien besoin de nous pour apprendre à être Espagnols, ils savent si peu s'y prendre !
>
> *Le Soulier de satin*, première Journée, scène 5.

Comme dans une grande récapitulation des scènes médiévales on voit ainsi coexister les points cardinaux de la sainteté européenne. A l'ouest, Saint-Jacques-de-Compostelle :

> Sur cette rose Atlantique qui à l'extrémité du continent primitif ferme le vase intérieur de l'Europe et chaque soir, suprême vestale, se baigne dans le sang du soleil immolé.
> Et c'est là, sur ce môle à demi englouti, que j'ai dormi quatorze siècles avec le Christ,
> Jusqu'au jour où je me suis remis en marche au-devant de la caravelle de Colomb.
>
> *Ibid.*, deuxième Journée, scène 6.

A l'est, du côté de Prague, saint Nicolas : « Je ne m'entends qu'avec les petits garçons et ma journée n'est pas perdue quand j'ai mis dans leur cœur un peu de joie rude, un bon coup de rire grossier ! » (*Ibid.*, 3e Journée, scène 1.) Quelqu'un au milieu de ce monde fait tourner le globe terrestre avec l'insolence d'un machiniste de Shakespeare : « Le Globe tourne lentement et l'on ne voit plus que l'Océan. » (*ibid.* 3e Journée, scène 7.)

Traduit en un merveilleux film par le Portugais Manuel de Oliveira, je me souviens d'avoir vu ce théâtre d'ombres sur les toiles du cinéma Bonaparte, place Saint-Sulpice à Paris. Seul spectateur à la séance de 5 heures, je sortis avant que la salle ne ferme définitivement. Pourquoi, me demandé-je, les foules qui pleurent à une représentation d'*India Song* de Marguerite Duras désertent-elles Claudel ? Il pourrait pourtant y avoir confusion avec la contrefaçon de cette parole :

> C'est l'Inde qui est devant nous. Ne l'entendez-vous pas, si pleine
> Qu'on entend le bruissement de ce milliard d'yeux qui clignent ?

Partage de midi.

Mais voilà, Paul Claudel a la faiblesse de se montrer trop joyeusement allègre, trop désinvoltement chrétien, alors que nous estimons que l'art convaincant doit plutôt se présenter à nous sur le mode du climat pluvieux. « Et qu'est-ce qu'une Amérique à créer auprès d'une âme qui s'engloutit ? » (*Le Soulier de satin*, première Journée, scène 3.)

Prouhèze sur la marelle de l'Univers

Le proverbe portugais dont Claudel fait précéder *Le Soulier de satin* dit que Dieu écrit droit par des lignes courbes. Pas de meilleure définition de l'art poétique claudélien ! Comme s'il refusait de s'embarquer sur un vaisseau de ligne de l'Océanie française alangui par les alizés, Claudel fait subir un étirement, une élongation au vers de Baudelaire. La noire Jeanne Duval ne peut plus entretenir l'ambiguïté sur ses formes (voyez l'amusante polémique entre Ernest Prarond, l'ami Abbevillois, et Banville sur la taille réelle de ses seins !), les courbes sont promises à souffrir. Car dans la forte étreinte thomiste à laquelle Claudel soumet l'univers entier il n'y a plus de distinc-

tion entre dehors et intimité. Une prise directe unit les personnages au cosmos dont ils ne sont plus que les instruments. De
courbe, donc, il ne peut plus y avoir que celle de la voûte divine
à quoi obéit inflexiblement la volonté des hommes.

Rodrigue, Prouhèze interminablement se poursuivront à la
surface de la terre, de Mogador aux Amériques, sans jamais
pouvoir s'encercler dans les bras l'un de l'autre, sans jamais
pouvoir se rejoindre circulairement avec leurs corps amoureux
comme dans l'oisiveté parfumée d'une chambre de Baudelaire.
Meurt la volupté des sens pour faire place à la consumation
charnelle. La femme n'a plus partie liée avec l'infinité des
éléments liquides mais elle s'ouvre comme une faille sur quoi
l'homme se crucifie.

> Qu'est-ce que la femme, faible créature? ce n'est pas à
> cause d'une femme que la vie perd son goût.
> Ah! si j'étais un homme, ce n'est pas une femme qui me
> ferait renoncer à l'Afrique!
>
> *Le Soulier de satin*, deuxième Journée, scène 4.

Venant de Prouhèze elle-même, cette confession est on ne
peut plus explicite. Il y a donc des rôles distinctement créés par
Dieu pour l'homme et pour la femme qu'unit un même « devoir
d'amour ». Jeu-partie se jouant entre les deux partenaires comme
dans l'ancien théâtre arrageois, l'amour est un devoir partagé.
C'est une nécessité que cela fasse mal car la souffrance à l'endroit
où « ça coupe » est la preuve que Dieu est de la « partie » (du
partage), que les acteurs ne font pas de « théâtre ».

Délicieux retournement du jeu de miroir par quoi réel et
illusion étaient renvoyés dos à dos chez Shakespeare : voici
paraître sur la scène de la Renaissance remontée pour l'occasion un auteur français qui pour apporter la contradiction à
l'Angleterre protestante choisit de se montrer catholique, jésuitique, bref espagnol! Faisant la reconquête de l'Amérique et de
l'eau au nom du catholicisme, le « croisé picard » Claudel
répudie impitoyablement les identifications mythologiques
auxquelles s'essaient les spiritualités laïques. Puisqu'il n'y a de

place ni pour Vénus ni pour Aphrodite dans le nominalisme thomiste, l'eau ne peut être que l'eau du baptême, autrement dit l'eau spirituelle qui sépare et qui unit.

L'esprit comme un baptême de l'eau par l'eau

O credo entier des choses visibles et invisibles, je vous accepte avec un cœur catholique !
Où que je tourne la tête
J'envisage l'immense octave de la Création !
Le monde s'ouvre et, si large qu'en soit l'empan, mon regard le traverse d'un bout à l'autre.
J'ai pesé le soleil ainsi qu'un gros mouton que des hommes forts suspendent à une perche entre les deux épaules.
J'ai recensé l'armée des Cieux et j'en ai dressé état,
Depuis les grandes Figures qui se penchent sur le vieillard Océan
Jusqu'au feu le plus rare englouti dans le plus profond abîme,
Ainsi que le Pacifique bleu sombre où le baleinier épie l'évent d'un souffleur comme un duvet blanc.
Vous êtes pris et d'un bout du monde jusqu'à l'autre autour de Vous,
J'ai tendu l'immense rets de ma connaissance.
Comme la phrase qui prend aux cuivres
Gagne les bois et progressivement envahit les profondeurs de l'orchestre,
Et comme les éruptions du soleil
Se répercutent sur la terre en crises d'eau et en raz de marée,
Ainsi du plus grand Ange qui vous voit jusqu'au caillou de la route et d'un bout de votre création jusqu'à l'autre,
Il ne cesse point continuité, non plus que de l'âme au corps ;
Le mouvement ineffable des Séraphins se propage aux Neuf ordres des Esprits,
Et voici le vent qui se lève à son tour sur la terre, le Semeur, le Moissonneur !
Ainsi l'eau continue l'esprit et le supporte, et l'alimente,
Et entre
Toutes vos créatures jusqu'à vous il y a comme un lien liquide.

Paul Claudel, Cinq Grandes Odes, « L'Esprit et l'Eau ».

La musique saisie par le large

Un piano sous la pluie

La musique est devenue comme une amplification de l'eau tout à coup. Les cuivres s'allient aux cordes dans un grondement feutré des timbales, restituant spontanément une architecture d'amples espaces océaniques. Le nouveau piano à double échappement apparu en 1823 (Erard) soulève le vent dans les salons les plus urbains, distille les pluies des « ciels mouillés » du Nord, fait courir les arpèges chromatiques de l'écume au ras de l'ivoire. Ainsi la ville ne s'enferme-t-elle au fond de son intimité que pour mieux ouvrir ses fenêtres au large.

Un commerce de navigations confortables, dites « correspondances », s'installe dans cette nouvelle spaciosité. Habiter une salle de concert c'est alors se retrouver au cœur du cœur du monde puisque la musique est la forme suprême de l'art. Tout juste la philosophie a-t-elle encore le droit de prendre la parole dans ce mutisme universel où la musique contraint les esprits. Mais désaccord ne signifie nullement dissonance, puisque le plus dionysiaque des philosophes, Nietzsche, tend vers l'évidence harmonique apollinienne.

Quel autre choix pour la poésie, dans ces conditions, que de se faire riveraine d'elle-même ? Se désassemblant de ses anciens modèles aussi solidement menuisés que des nefs, voici qu'elle disparaît à l'horizon du sens auquel elle avait reçu mission séculaire de nous conduire. Diffuse, elle se répand par proximité dans tous les arts qu'elle colonise en désertant ses propres limites, devient mimétisme généralisé d'essence visuelle ou musicale. Ainsi le vers libre, telle une liquéfaction entreprise par influence de la symphonie, tente-t-il une réorganisation par « nœud rythmique » (Mallarmé, *La Musique et les Lettres*, 1894). Menacé d'engloutissement par la musique, le temple littéraire, déjà considérablement grevé par le poids des bibliothèques scientifiques, se devait en effet impérativement de lâcher du lest pour flotter. C'est le souci de Stéphane Mallarmé, désireux d'atteindre un nouveau partage : « Que la Musique et les Lettres sont la face alternative ici élargie vers l'obscur ; scintillante là, avec certitude, d'un phénomène, le seul, je l'appelai, l'Idée. » (*ibid.*)

Subtil travail de ravaudage qui fait que poésie, musique et philosophie se trouvent ensemble suspendues, une précaire seconde, par la grâce d'un fil blanc. Mais qui osera donc affronter la haute mer avec cette poésie du « dé à coudre », de la dentelle qui s'abolit, etc. ? C'est la contradiction vivante du « symbolisme » où nous nous trouvons encore emprisonnés que de prétendre reconstituer les grands espaces du monde, de la forêt, de l'océan dans la seule intimité du langage. Que d'efforts à produire pour faire sortir le poème des plis de cette frileuse domesticité !

Labyrinthe forestier pour une oreille parfaite

Le 10 juin 1865, à Munich, Richard Wagner donne la première représentation de son *Tristan und Isolde*. Six années de fièvre entretenue par sa passion pour Mathilde Wesendonk ont abouti à ce grand poème d'extase lyrique où sont célébrées les noces de la mer et de la femme. A peu près dans le même temps que Jules Michelet découvre la sexualité océanique sur les rivages de Bretagne et que du haut de sa basilique en marbre noir et blanc la statue dorée de Notre-Dame de la Garde incline sa protection sur le port de Marseille, Wagner féminise la sensibilité. Du fond d'un écran de sapins nordiques entre lesquels se devine parfois le bulbe d'une église rose ou blanche, le magicien a décidé d'attirer à lui les vagues de la Méditerranée, les rouleaux de l'Atlantique qu'il magnétise en une sorte de maelström tournoyant. Ce temple aux pignons de brique qu'il édifiera tout à l'heure sur la colline, à Bayreuth, pour accueillir son culte ne sera plus conçu pour l'œil mais pour la spirale de l'oreille.

Plus de beauté externe dans la proportion des bâtiments, plus de lignes équilibrées de symétrie, toute la finesse de l'acoustique tient dans la déception d'un piège. C'est par de banals filtres techniques comme la nudité d'un siège que désormais s'amplifie le charme. Or ce contraste d'échelle entre le matériau employé et l'effet produit bouleverse nécessairement les anciennes lois esthétiques. Aussi la vague, onde liquide et musicale, devient-elle l'organisatrice nouvelle de l'espace. Porteuse de désir sexuel comme de lumière cosmique, de nuit de la conscience comme de particules électriques, elle est le schème premier de l'imagination wagnérienne. Buvant la mer sous toutes ses formes, vagues hugoliennes de Guernesey, fonds lucides de Jules Verne, bruissants coquillages de Michelet, vaisseau des Indes de Baudelaire, Wagner aspire à lui la liquidité du monde jusqu'à l'épuisement avec la jalousie d'un terrien.

Ce n'est plus elle, la mer, qui arrive du grand large devant nous l'attendant sur la plage avec impatience et humilité, mais c'est nous qui revenons à nous-mêmes dans un grondement comme une ombre marine mille fois amplifiée. Comment les autres arts échapperont-ils désormais à cette extraordinaire fascination par amplification ? Comment pourront-ils résister à cette conquête qui, bien malgré elle, en annonce de beaucoup plus redoutables dans le domaine de la politique? Dangereux paradoxe en effet que cet art simplissime soit aussi celui de la nuance et du degré ainsi que Wagner le dit lui-même! « Mon art le plus subtil et le plus profond, je voudrais pouvoir l'appeler maintenant l'art de transition, tout mon œuvre artistique est composé de telles transitions (au sens de "graduations"). »

Des Français près d'un lac suisse avec des cygnes

On ne résiste pas à la mer, on ne résiste pas à Wagner. On résiste d'autant moins à cette musique immense comme la mer (« La musique, parfois, me prend comme une mer », Charles Baudelaire, « La Musique ») que le pouvoir impérial honni défend Offenbach le Viennois. Quelle ironie, l'histoire! Que des Républicains sevrés de République par Napoléon III se reportent vers un art promis à une destinée impériale est une flagrante inconséquence. Mais résiste-t-on seulement à l'art? Wagner lui-même, tout hostile qu'il soit à l'unité politique imposée par la Prusse à l'Allemagne, ne pourra empêcher Bismarck de l'enrôler dans son « germanisme » agressif. Guère étonnant que des artistes français mis en situation d'exil aillent jusqu'au bout de leur démarche, c'est-à-dire se « déportent » littéralement dans le sens de l'étranger. Baudelaire, le premier, avoue son bouleversement à *Tannhäuser*.

Le soir de la représentation, Théophile Gautier sort de l'Opéra avec Judith, sa fille, à son bras. En chemin, le père et la fille croisent Berlioz, « un personnage assez petit, maigre, avec des joues creuses, un nez d'aigle, un grand front et des yeux très vifs », lequel n'a pas de mots assez durs pour la musique qu'ils viennent tous trois d'entendre. Judith quoique en désaccord se tait tout d'abord par respect pour son père, mais comme Berlioz ne cesse pas, l'arrête brutalement d'une réplique cinglante — en digne fille de son père! C'en est fait, une vocation d'une vie entière s'est jouée en quelques secondes ce soir-là! Judith Gautier vouera son existence à traduire, expliquer, défendre l'art de Richard Wagner auprès des Français.

Certes, la musique du compositeur n'était pas totalement inconnue des pianistes pour lesquels existaient des « réductions » de ses opéras. C'est ainsi qu'un jeune collégien de dix-sept ans, Frédéric Nietzsche, avait déchiffré *Tristan* sous la conduite de son professeur. Judith Gautier quant à elle avait eu un jour entre ses mains la partition du *Vaisseau fantôme* : « J'étais une pianiste des plus médiocres ; cela n'empêcha pas que déchiffrant de la façon la plus incomplète, la plus informe, cette partition inconnue, je fus bouleversée. »

Huit ans après la représentation parisienne de *Tannhäuser*, soit à la veille de la guerre franco-prussienne, trois jeunes Français partent en train rencontrer Richard Wagner qui les accueille à la gare de Lucerne. Judith Gautier, Catulle-Mendès son mari, et Villiers de l'Isle-Adam accomplissent le premier pèlerinage wagnérien. Près de ce lac des Quatre-Cantons où il s'est réfugié avec Cosima von Bülow pour échapper aux intrigues de la cour bavaroise, Wagner se sent une attirance immédiate pour Judith. Outre son enthousiasme musical, la fille du poète français possède en effet une rare et solide connaissance des civilisations orientales acquise en son adolescence auprès d'un lettré chinois. Entre Richard et Judith va naître *Parsifal*, synthèse suprême du romantisme.

Premières mesures d'une dissonance nationale

« Mais voici que s'avance majestueusement et se présente, dans le déchaînement des cuivres et des plus nobles sentiments, le Cocu ! M. Wesendonk en personne ! » (Paul Claudel, *Le Poison wagnérien*, 1938.) Nul n'aura fait preuve de plus de surdité aux vagues harmoniques de *Tristan* que Paul Claudel ! Voilà bien une nouvelle ironie. N'a-t-on pas amplement accusé l'ambassadeur d'avoir montré de la complaisance pour l'Allemagne dominatrice, comme s'il y avait quelque écho entre sa démesure et la pompe de Wagner ? Dans ce cas, qu'on se reporte au texte écrit en 1938, intitulé *Le Poison wagnérien* !

Sans doute l'époque incitait-elle alors à des démonstrations patriotiques jusque dans l'art puisqu'on voit le citoyen de Brangues faire un portrait dithyrambique de son « voisin » Hector Berlioz en 1943. Il n'empêche ! Claudel est presque le seul écrivain français moderne à avoir tenté une sortie hors du symbolisme. Certes on fera remarquer qu'il effectue cette rupture au nom d'un catholicisme non moins dominateur. Et il faut reconnaître que son thomisme prétend rendre compte exclusivement de la totalité du réel (*Traité de la Co-naissance*). Mais je suis sûr que Claudel s'en prend surtout à cette esthé-tique de la nuance diffuse qui, paradoxalement, s'accommode fort bien de la simplicité grossière du trait, telle que l'a définie l'essayiste Rémy de Gourmont dans quelques pages de la *Revue blanche* (9 juin 1892) : « On est toujours compliqué pour soi-même, on est toujours obscur pour soi-même, et les simplifica-tions et les clarifications de la conscience sont œuvre de génie. »

Claudel s'en prend à cette esthétique du trait clair posé sur de l'obscurité pour ce que le génie français n'a pas hérité du même fonds nocturne légué par Novalis à l'Allemagne. Au contact de Wagner, au contact de l'itérativité de l'*andante* allemand il y a toujours pour le lyrisme français « qui est l'éloquence, l'enthousiasme » un risque majeur de perversion. Claudel veut à tout prix sortir de l'impasse mallarméenne qu'il sent intuitivement tributaire de Wagner. Mallarmé, en effet, a artificiellement tenté de « rétribuer » notre manque de densité nocturne par de la complexité, par une perversion de la syntaxe.

> Mais, comme le commandant du navire dans son block-haus tout garni d'organes de renseignements et de direc-tion, le suprême Hamlet au sommet de sa tour, succédant à deux générations d'engloutis, tandis que l'inexorable nuit au dehors fait de lui pour toujours un *homme*

d'*intérieur*, s'aperçoit qu'il n'est entouré que d'objets dont
la fonction est de *signifier* qu'il est enfermé dans une prison
de signes.

Paul Claudel, La Catastrophe d'Igitur.

Non suffisamment méditée par les poètes français en ce
siècle, cette *Catastrophe d'Igitur* (1926) dit la stérilité des esthétiques purement imitatives — complexité de Mallarmé s'es-
sayant à l'obscurité mythique de Wagner.

L'automne des corps, hors saison

Les époques peuvent parfois tomber malades comme les
personnes. C'est ainsi qu'à propos de ce dernier quart du
XIXe siècle on a parlé de *décadence*. Mais la décadence n'est pas
une maladie, tout juste un processus naturel. Le wagnérisme,
par contre, est une véritable contagion. Tout le monde est
atteint, personne n'est réellement immune. Chez les plus
résistants, ceux qui spontanément ont mis au point un vaccin
d'autodéfense, la réaction de rejet est proportionnelle à l'intensité de la fièvre. Il y a aussi les malades incurables, comme le
fondateur de la *Revue wagnérienne* Edouard Dujardin, qu'on a
coutume d'associer en d'autres circonstances à James Joyce. Ce
dernier a jadis expliqué qu'il avait emprunté sa technique du
« courant de conscience » (*stream of consciousness*) au roman de
Dujardin *Les lauriers sont coupés* (1905).

Voilà un « courant » qui, bien évidemment, coule droit de la
phrase de Wagner. Sachons seulement que Dujardin, rédacteur
en chef de la *Revue wagnérienne* de 1885 à 1887, prolongera son
pèlerinage jusqu'à Hitler. Qu'en conclure ? Rien, sinon que les
esprits les plus sains ont eux-mêmes de la peine à se protéger
de la maladie. Claudel qui héroïquement résiste à l'invasion
wagnérienne en lui opposant Berlioz, comme jadis Nietzsche
fit avec Bizet, confesse avoir sombré dans un « ouragan de
passion et de sanglots » lors d'une représentation de *Tannhäuser* au Volksoper de Vienne (*Le Cor d'Hernani*, 1952). Brutal

avec lui-même comme un rebouteux de campagne, il estime pourtant que le mal était justement le remède qu'il lui fallait : « Ces rugissements de la chair mêlés à ceux de l'âme qui luttent avec une force égale l'une contre l'autre, c'était moi, c'était cela qu'il me fallait. »

Plus hypocrite, le compositeur Claude Debussy ? Tout d'abord il y a ce diagnostic sévère porté dans le journal *Le Temps* en date du 19 janvier 1903 : « La musique garda longtemps de cette empreinte une sorte de fièvre inguérissable chez tous ceux qui en respectèrent les effluves de marais... Et c'est peut-être les cris poussés par la musique angoissée qui font la force d'emprise exercée par Wagner sur les cerveaux contemporains, tant le besoin secret de satisfaire le goût du crime s'éveille complaisamment dans les consciences les plus notoires. » Et puis il y a ce témoignage contradictoire d'un ami assis aux côtés de Claude Debussy à une représentation de *Tristan* en 1914 : « Il tremblait littéralement d'émotion. »

On dirait en vérité que l'art est alors devenu un véritable combat de reconquête, que l'impératif d'identité nationale sous-tend les harmoniques les plus innocentes. Reprendre à l'Allemagne sa souveraineté esthétique, tel semble être le programme délibéré de Debussy avec son *Pelléas et Mélisande* : « L'auteur a donc voulu réagir contre l'influence de Wagner qu'il juge néfaste et fausse... Son rêve à lui est d'arriver à une formule plus simple basée sur de l'humanité. » (interview, avril 1902.)

Layes en marge de la grande forêt romantique

Change-t-on réellement de contrée avec Debussy ? D'échelle plutôt, car son art respecte l'individualisme de l'émotion là où celui de Wagner se veut collectif et national. Ce n'est pas dire que le symbolisme soit moins présent, mais il se manifeste par une sorte de gratuité très française qui affectionne le geste, le jeu et le dessin. Comme si l'identité française ne pouvait plus se définir à cette époque qu'en relation hostile à la toute-puissance allemande, l'art de Debussy donne l'impression de camper aux lisières, aux marges de la grande forêt romantique dont elle ne peut ni ne veut connaître la nuit.

Si l'on naît à Saint-Germain-en-Laye comme Claude-Achille Debussy (22 août 1862), à deux pas de ce grand parc aux hêtres lumineux entre les troncs desquels, à l'automne, on aperçoit l'horizon bleuté de Paris ; si l'on passe quelques étés à Chenonceaux, cette quintessence de l'Italie de Catherine de Médicis, à rafraîchir les insomnies de la châtelaine (Mme Pelouze, une Ecossaise wagnérienne) aux notes liquides de son clavier ; si l'on se souvient éternellement de la Méditerranée bleue de l'enfance lors des premières vacances à Cannes : « Je me rappelle le chemin de fer passant devant la maison et la mer au fond de l'horizon, ce qui faisait croire, à certains moments, que le chemin de fer sortait de la mer ou y rentrait (à votre choix). Puis aussi la route d'Antibes où il y avait tant de roses que, de ma vie, je n'en ai plus jamais vu autant à la fois — l'odeur de cette route ne manquait pas d'être enivrante... Avec un charpentier norvégien qui chantait du matin au soir — peut-être du Grieg » ; si l'on écrit les premières mesures d'une partition qui deviendra *La Mer* dans la propriété même de Judith Gautier, en Bretagne, on comprend alors qu'il sera difficile, lors de la maturité, de trouver l'équilibre juste entre la clarté méditerranéenne et les grandes vagues de l'Atlantique déferlant à la pointe du Finistère ou aux plages de la Manche ; on comprend plus encore pourquoi l'impalpable qualité française saisie par cette musique comme jamais ne l'auront saisie aucune littérature ni aucune poésie avant elle fait de cette musique, précisément, comme de l'espace national qu'elle restitue si finement, une simple plage de clarté en lisière de la grande forêt de hêtres allemande, une marge de *Jeux* et d'*Images* pour quelque *Après-midi d'un faune* échappé à des fourrés plus denses.

Drame de ces sonorités qui malgré leurs harmoniques faites

de fines dissonances instituent un espace romantique aseptisé, purifié des miasmes du marécage. Quelques mètres encore, quelques pas plus loin dans la direction de « l'onde rejaillissante » (Valéry) et nous verrons naître, régénérés, de blonds athlètes aux yeux bleus ayant la froideur parfaite d'une Grèce germanisée. Impossible alors de lever l'équivoque wagnérienne sur la musique occidentale si l'on ne s'appelle Gustav Mahler !

Le souffle même que fait la clarté de la lumière

La Mer est donnée pour la première fois en concert chez Lamoureux le 15 octobre 1905. Fruit de deux ans de travail, conçue en Bretagne non loin de Saint-Lunaire où le compositeur essuiera, au cours d'une promenade en mer, une tempête des plus sérieuses — « Vous ne savez pas que j'étais promis à une belle carrière de marin et que seuls les hasards de l'existence m'ont fait bifurquer » — l'œuvre se déplace dans l'Yonne à Bichain dans la maison de campagne de sa première épouse — « Vous me direz que l'Océan ne baigne pas précisément les coteaux bourguignons ! » — pour s'achever à Jersey, l'île de Hugo et de Chateaubriand, et à Dieppe où Emma Bardac, sa maîtresse et bientôt la mère de Chouchou sa fille, l'accompagne.

Passion et rupture fournissent leur climat ambiant à la maturation qui ne paraît nullement en porter les traces. Car *La Mer* de Claude Debussy est froide d'un wagnérisme refroidi. Froide d'une évaporation des organismes qui grouillent dans la soupe darwinienne. Froide d'une frigidification de la sexualité océanique à laquelle sacrifient dévotement M. et Mme Jules Michelet. Froide d'un refroidissement de la colère anglo-normande de l'exilé Hugo frappant les vagues tel un second Cuchulain. Corps et biens, cœurs et bien disparue l'émotion dramatique : une plage de sable matériel au grain spiralé s'ouvre devant nous comme un théâtre désert pour le seul dialogue entre eux des éléments.

Tonalité atlantique disions-nous ? Certes, ce liquide est aussi froid qu'un lac d'Ecosse où l'on n'entre jamais plus loin que les chevilles. Et pourtant des blocs musicaux font une symétrie de côte hellène d'un bleu sombre, presque pourpre, où l'imagination navigue avec l'aile coupante de l'oiseau. Si court est tenu l'essor du symbole par la précision mimétique que le paysage prend une consistance minérale. Cela ne veut pas dire pour autant la fin de l'allusivité, bien au contraire. Le symbolisme, avec Debussy, devient classique. C'est-à-dire qu'il s'épure de toute subjectivité pour permettre le libre jeu de l'imagination individuelle au milieu de formes froides.

La Mer est une « ruine » dont les courbes, les arabesques et les lignes sont tracées par l'implacable géométrie de la mort. A nous de leur prêter la chaleur de l'imagination ! « Ces nymphes, je les veux perpétuer » (Mallarmé, *L'après-midi d'un faune*). Gloire au soleil, clament d'un même archet les seize violoncelles saluant la sortie du feu au-dessus des vagues. Et nos mémoires de convoquer une brume diffuse de mythes enveloppant un champ de statues, de frontons de Parthénon, de frises cavalières pour faire cortège à cette source ! Adhésion aux surfaces et aux supports, l'art français musical et poétique, à compter de Mallarmé et Debussy, transporte désormais partout avec lui le scepticisme souriant de ses « frontières ».

Outils poétiques à découper du ciel

Le « rapt » wagnérien dont Debussy voulut délivrer la sensibilité française ne fut cependant pas aussi brutal qu'il nous paraît aujourd'hui. Depuis longtemps la littérature s'était voulue musique tant en prose qu'en poésie. La science n'avait-elle pas rejoint le langage jusque dans sa nature même — philologie et linguistique — affranchissant la pâte sonore de la tyrannie des sens ? Lorsqu'il soumet la phrase de *Salammbô* au laboratoire de l'oralité Flaubert réunit les conditions d'une science et d'une ascèse. C'est cette rigueur qui fait perdurer les lois du symbolisme jusque dans notre Nouveau Roman. Atteindre à la condition de l'objet pur, visuel ou musical, visuel et musical, représente encore aujourd'hui l'ambition essentielle de l'écrivain français.

Théodore de Banville a sans doute le mieux exprimé cela dans son *Petit Traité de poésie* (1844) : « Le vers est la parole humaine rythmée de façon à pouvoir être chantée, et, à proprement parler, il n'y a pas de poésie et de vers en dehors du chant. Tous les vers sont destinés à être chantés et n'existent qu'à cette condition. » On comprend aisément qu'un tel impérialisme musical ait pu ouvrir la voie à Wagner. Bientôt l'excès de musique sur la forme destinée à le recueillir deviendra tel, en effet, qu'il sera nécessaire d'inventer une autre « phrase » que l'alexandrin. Voyez, dit Banville, la dérisoire facilité de l'instrument que nous a légué Hugo : « L'outil que nous avons à notre disposition est si bon qu'un imbécile même, à qui on a appris à s'en servir, peut, en s'appliquant, faire de bons vers. » Lui-même, en ses recherches techniques, ne cessera d'explorer la meilleure façon de modifier le rythme fondamental. Découpage et ralentissement, par exemple :

> Il faut à l'hexamètre, ainsi qu'aux purs arceaux
> Des églises du Nord et des palais arabes,
> Le calme, pour pouvoir dérouler les anneaux
> Saints et mystérieux de ses douze syllabes!
>
> *Carmen.*

Mais l'invention ne concerne jamais la « phrase » seule. Par l'alchimie de plusieurs ingrédients il faut encore susciter le climat inouï qui la verra naître et croître. Banville, paradoxalement, réunit mieux ces conditions dans sa prose. De Nice où il se trouve en 1861 il expédie une série de lettres à sa maîtresse, la belle actrice Marie Daubrun, qu'un engagement théâtral vient d'appeler à Bruxelles après deux ans passés sur le bord de la Méditerranée. Sur cette frontière nouvelle récemment acquise à la France par Napoléon III, le poète flâne dans le souvenir de sa « belle aux cheveux d'or » qu'il a jadis enlevée à

172

son ami Baudelaire. Et voici que la conjonction de la femme aimée, de la mer, de la couleur et de la musique donne une partition éblouissante, *La Mer de Nice*, qui ne sera égalée plus tard que par Giono.

L'invention du bleu niçois

Ici, le climat tiède, le ciel chaud et bleu en décembre, l'hiver vêtu de rayons, la persistance d'une floraison insensée et féerique, la mer surtout, la mer avec son chant de berceuse enamourée, tout vous dit : Endors-toi, rien ne vaut la peine de rien ; laisse-toi mourir, laisse-toi vivre ! Qui dira l'irrésistible séduction de cette Méditerranée à peine plissée par le vent en tout petits plis ondoyants comme la tunique légère d'une nymphe endormie ? Azur et lapis, là, noyée dans le bleu tendre, plus loin foncée et splendide, partout adorablement bleue et mille fois plus que le ciel lui-même, elle ne veut rien savoir de la mélancolie qui vous déchire, elle est partout sereine et implacable comme la joie. Ce qu'elle roule, c'est un firmament liquide où se baigne chaque nuit le troupeau glacé des étoiles...

Théodore de Banville, *La Mer de Nice*, 1861.

Et encore :

Devant moi, autour de moi, au loin, à l'infini toujours ce bleu ineffable dans lequel un gouffre de lumière incendiée s'ouvre quelque part, nappe flamboyante, lac d'or en fusion, noyé dans l'azur qu'il dévore de ses flammes vives...

Et encore :

Elle ne veut rien qui rappelle l'homme ; elle est la mer azurée des dieux, faite pour porter les Vénus et les Amphitrites, dont la main y caresse des guirlandes et des bouquets d'asters ; à peine quelquefois une petite barque, fine, légère, à la voile blanche, vole en rêvant sur la cime des

173

flots paisibles, comme une colombe d'Aphrodite qui s'enfuit aux bosquets de Chypre et tout à l'heure se posera dans les lauriers-roses...

Et enfin :

> Et j'ai beau être dans un pays de citronniers et de lauriers-roses, nulle part je n'ai revu plus distinctement avec les yeux du rêve les ombrages noirs de Watteau, ses nymphes de sculpture penchées sur les fontaines, et ses tapis de verdure où s'égarent dans leur divinité mélancolique les Arlequins à l'habit des deux couleurs et les Colombines aux jupes traînantes. La poésie du Nord m'apparaît dans toute sa grandeur à l'ombre des orangers chargés de fruits de la Villa Sainte-Agathe. Les deux seules choses difficiles à se figurer dans cet éblouissement de fruits d'or, de rosiers fleuris et de violettes, c'est qu'il existe sur terre des petits journaux et un théâtre du Palais-Royal...

Jeûne poétique à Giens

N'est-il pas évident qu'en 1861 la France, qui bientôt vibrera à la première représentation à l'Opéra de *Tannhäuser*, attend Wagner ? Ces harmonies sensuellement orchestrées par Banville pour l'amoureuse Marie que Baudelaire naguère salua d'un vers, « J'aime de vos longs yeux la lumière verdâtre », sont l'annonce d'une littérature exclusivement musicale. N'y manque pas non plus la tentative de marier Nord et Sud, Bruxelles et Nice, la « vieille forêt romantique [tressaillant] sous le souffle de Shakespeare » avec les languissantes orangeraies, « la glace, la neige, les cruels soucis » avec l'infinie paresse de la Grèce.

Mais s'il est émouvant de voir s'imprimer le bleu tout neuf de la Méditerranée sous le tampon de Banville, n'est-il pas terrible

de pressentir les usures et les dégradations que le cachet
« méditerranéen » subira après lui ? Privilège me fut récemment
accordé de visiter la terrasse occupée au soir de son
existence par le poète Saint-John Perse dans la presqu'île de
Giens. Adolescent je fus happé par *L'Anabase* (1924) comme
par aucun autre poème, suivant d'une mine de graphite inquiète,
hésitante, la progression des « chamelles douces sous la
tonte, cousues de mauves cicatrices ». Sans doute pesais-je
moi-même d'une trop grande gravité aux flancs de la phrase. A
l'impatient du sens que j'étais, Saint-John Perse enseigna pour
le moins la diplomatie de la patience. Mais montant l'autre jour
sur la terrasse des Vigneaux d'où s'ouvrait devant moi, tel un
livre entre les aiguilles des pins, l'étendue bleue parfois veinée
de courants plus froids, je sentis tout ce que le symbolisme, tout
ce que l'art moderne emprunte à la technique de la juxta-
position par étagement. D'un coup je compris l'immense
déception qu'une relecture récente d'*Amers* (1957) m'avait
causée.

Confiant de pouvoir tailler et retailler à ma guise sur toute la
longueur d'un chapitre de mon essai ce diamant d'aigue-
marine qui dans mon souvenir s'était encore plus cristallisé, je
tombai, la première page ouverte, sur une transcription pour
harmonium d'un livret de Wagner dont on aurait soigneuse-
ment découpé les parties dramatiques. Quel ronflement le
rouet que n'actionne pas Senta ! Saint-John Perse, en tributaire
inconscient de Banville, a cru pouvoir laisser les images foison-
ner librement sur sa terrasse.

Comme si le symbolisme avait à jamais légitimé le mimétisme de la musique, de la poésie et de la mer, voici que se
bousculent des vagues dont ni l'accumulation ni le chevauche-
ment n'assurent le mouvement d'une houle. Ô le mauvais
cortège pesant de toute sa lourdeur flaubertienne ! Ô le cheptel
d'itérations n'embarquant sur aucune Arche ! Rageusement, à
l'encre, sur la page de garde de l'édition de La Pléiade,
j'inscrivis : « Poésie endimanchée ! »

L'impossible allongement du vers jusqu'à Bayreuth

Au bas du monument biographique qu'il s'est lui-même découpé dans le marbre sur le patron des masques d'un Rémy de Gourmont (autres modèles, T.S. Eliot, Ezra Pound, André Malraux, etc.), le pilote d'*Amers*, comme saisi d'un dernier remords, effectue d'ailleurs une incompréhensible embardée dans la pierre. Nous le pensions acquis à la Méditerranée et aux mers orientales : faux ! proteste-t-il, cependant qu'imprimant un violent coup de barre à sa tartane il la chasse comme un vieux pilote de Conrad loin de la vue de Giens ! « L'hostilité intellectuelle, antirationaliste, de Saint-John Perse [c'est lui-même qui écrit] à l'héritage gréco-latin, et plus particulièrement latin, tient à ses affinités celtiques, qui sont profondes en lui : elles sont d'atavisme ancestral autant que de formation personnelle. Pour Saint-John Perse être un homme d'Atlantique ou Celte semble une même chose. Et d'Atlantique à travers les siècles furent tous ses ascendants, comme lui-même, en liaison directe avec la part la moins latine de France ou d'Espagne. »

Ce sont les civilisations commerçantes du Nord qui ont projeté en Venise l'image de leur propre gloire mercantile. Modèle d'une culture qu'elle eût idéalement voulu reproduire, Venise est devenue pour l'Angleterre victorienne un rêve mêlé de reproche. Comme ils ne peuvent pas, sauf au prix d'une grave transgression, s'éprendre d'amour pour Rome, les Anglais font de la cité des Doges leur centre spirituel. Au cœur de ce culte exclusif rendu à la beauté poétique et picturale (dans le monde immature de Ruskin, la femme n'est belle que sous les traits juvéniles de Béatrice peinte par Carpaccio) figure une sorte de « cathédrale engloutie », dôme double de Saint-Pierre. On croirait que la religion des images n'est accessible à ces protestants que sous sa forme diluée. Aussi peut-on lire l'étrange *Bible d'Amiens* de John Ruskin comme la Bible du symbolisme européen.

Qu'est-ce que le symbolisme en effet ? Une religion de l'image dépouillée de la théologie catholique. Etayant sa thèse d'une étonnante théorie historique, Ruskin procède à la reconstitution d'un « triangle » franc dont les pointes seraient Amiens, Venise et la Franconie : pour lui l'art « gothique » est à plus proprement parler un « art franc » ou « français ». Ne voit-on pas se profiler derrière cette vision géographique, tel un programme tracé par avance pour le musicien, l'ombre d'un ordre wagnérien de l'Europe ? Même ambition, chez Ruskin comme chez Wagner, d'un retour à la société corporatiste médiévale, même apologie des « maîtres chanteurs » chez l'Allemand comme des « peintres préraphaélites » chez l'Anglais, même tentative pour épurer le christianisme aux sources de l'Orient — toute l'Europe romantique vient désormais mourir au rivage de Venise en un soupir musical prolongé, infini comme un soupir de *Parsifal* (voyez aussi Gustav Mahler et Thomas Mann).

Qu'est devenue la Florence de Machiavel dont le classicisme français avait fait son modèle privilégié ? Triomphe absolu des Visconti sur les Médicis ! On aurait pourtant beaucoup de peine, depuis l'époque des croisades, à relever la moindre trace d'une présence vénitienne dans notre sensibilité.

Machiavel dans une île déserte avec une madeleine

Aussi n'est-il pas gratuit, tout au plus ironique, de trouver ces deux sources de notre imaginaire européen ultimement confondues dans le roman le plus « wagnérien » de la littérature française, *A la recherche du temps perdu*. Traducteur du texte de Ruskin publié par le Mercure de France en 1903, Marcel Proust se révèle être aussi son plus fidèle commentateur. Dans une ultime réduction au-delà de laquelle il n'y a plus que le silence, Proust transforme en effet la religion ruskinienne de l'image en symbolisme du nom. Incluant les harmoniques de l'opéra wagnérien, dont sa phrase épouse le mouvement d'*andante*, cristallisant les chatoiements vénitiens de Turner et de Monet avec une patience de doge quêtant l'éblouissante chrysoprase qui fera scintiller sa mosaïque, il se réapproprie, au profit de la littérature, cette gloire dont l'avaient dépouillé ces arts concurrents, peinture et musique.

Une restauration s'opère devant nos yeux sous forme d'une grande fresque récapitulatrice mais qui, comme toute restauration, nous donne le présent sur le mode du passé. Cette poésie de l'ironie qui sous-tend le plus humble accord de *La Recherche*, la nostalgie, indique la direction générale d'un repli stratégique défensif seul susceptible, à l'en croire, de sauvegarder la civilisation européenne. Mieux que la couleur ou le son, le *nom* devient alors une valeur « refuge ». Par une sorte de tassement chronologique la trame du passé nous est transmise concentrée dans la mémoire du nom.

> Ces images étaient fausses pour une autre raison encore ; c'est qu'elles étaient forcément très simplifiées ; sans doute ce à quoi aspirait mon imagination et que mes sens ne percevaient qu'incomplètement et sans plaisir dans le présent, je l'avais enfermé dans le refuge des noms ; sans doute parce que j'y avais accumulé du rêve, ils aimantaient maintenant mes désirs ; mais les noms ne sont pas très vastes ; c'est tout au plus si je pouvais y faire entrer deux ou trois « curiosités » principales de la ville et elles s'y juxtaposaient sans intermédiaires ; dans le nom de Balbec, comme dans le verre grossissant de ces porte-plume qu'on achète aux bains de mer, j'apercevais des vagues soulevées autour d'une église de style persan... Quand mon père eut décidé, une année, que nous irions passer les vacances de Pâques à Florence et à Venise, n'ayant pas la place de faire entrer dans le nom de Florence les éléments qui composent d'habitude les villes, je fus contraint à faire sortir une cité surnaturelle de la fécondation, par certains parfums printaniers, de ce que je croyais être, en son essence, le génie de Giotto.

Ainsi les noms proustiens ont-ils acquis la solidité d'une

armature symbolique capable, par permutation et combinaison, de déclencher des opérations imaginaires que l'on dira — par image — chimiques.

Évasion jusqu'à la Chine par la route des noms

Le nom, voilà la pierre philosophale vers quoi l'irruption de la gigantesque vague wagnérienne a fait refluer la littérature. S'extrayant de la fascination de la musique, s'arrachant à la pulsation solaire des images, les écrivains s'appliquent, presque primitivement, tels des naufragés d'un déluge, à polir et lisser quelques noms. Mais le symbolisme des noms n'est-il pas la forme la plus chimiquement pure du symbolisme?

Lorsque le marcheur Victor Segalen se porte aux routes les plus argileuses de la Chine, sans doute croit-il légitimement échapper au romantisme de *Parsifal*. Il a trente-six ans (et seulement cinq années à vivre) à son retour en Europe par Saigon et Singapour en septembre 1914, à la veille même du premier grand cataclysme mondial. A bord du *Paul Lecat*, il a commencé le manuscrit d'*Equipée* dans lequel il fait le récit de son voyage au pays millénaire. Partageant d'une démarcation précise réel et imaginaire plutôt que de les saisir pêle-mêle confondus dans une grande étreinte thomiste comme fait Claudel ou la componction rhétorique de Saint-John Perse, Segalen pétrit l'humilité du sol de ses sandales de marcheur, à des milliers et des milliers d'autres semblables.

Il est le pèlerin qui prend sa place dans le cortège de l'humanité sans autre foi que celle de la route poursuivie avec abnégation. Rien d'étonnant par conséquent à ce qu'il se sente plus proche du fleuve que de la mer. « Ceci dit, il faut reconnaître que le fleuve, bien plus que la mer, est un lieu poétique par excellence... Le fleuve est plus moral que la mer... C'est un des points où le Réel et l'Imaginaire ne s'opposent pas, véritablement, mais s'accordent. » (*Equipée*, 1929.)

Poète de la pointe sèche (« la plume sèche du poète terrien »), Segalen repose infiniment plus le lecteur que Wagner, Claudel ou Proust parce qu'il a moins qu'eux la volonté de l'enchaînement, plus qu'eux le sens du souffle corporel juste et suffisant à faire l'ascension d'une pente. Et pourtant, pour lui non moins que pour eux, le « graal » vers lequel l'artiste doit tendre sa quête flaubertienne, c'est le mot, symbole suprême. « Seul existe le Mot pour lui-même : le contour du style, la forme enfin. Tout "document" livresque disparaît ; et surtout l'anecdote. » Comprendra-t-on mieux Zurich ? Comprendra-t-on mieux les dadaïstes ? Comprendra-t-on mieux ce grand déminage de mots et symboles au Cabaret Voltaire, ce cabaret de Zurich où est né en 1916 le mouvement Dada ?

Toujours je m'étonnerai de voir Georges Clemenceau au premier rang des défenseurs de Monet. Amitié de jeunesse, je sais. Un tigre a le droit d'aimer *Les Nymphéas*. N'empêche que l'assistance du stratège au peintre a quelque chose d'ambigu, comme si les batteries de chevalet à fonctionnement simultané pointées par Monet sur les champs de coquelicots (quel symbole !) dépassaient leur cible picturale. Car, non moins sérielles que les vagues du symbolisme, des vagues humaines tout à l'heure écraseront leur course, leurs assauts en de sanglantes moissons de pavots.

Blockhaus contre un océan irradié

New York à l'adresse du Havre

En haut des marches du Musée d'art de la Ville à New York on voit la France. Quelle surprise ! Frais encore de l'avion qui volait depuis dix bonnes minutes au ras des lagunes de Long Island pour nous faire comprendre que New York est la Venise moderne, on pense s'être fourvoyé. Aurait-on fait demi-tour en route ? Devant nous voici l'océan, vert outremer, sur quoi flotte le drapeau tricolore claquant au bout d'un mât. Il y a du vent, c'est sûr. Au fond de l'horizon, un, deux, quatre, dix vapeurs dont la fumée noire de charbon s'effiloche dans le sens indiqué par le tissu font une active flotte. Derrière, comme aspirée dans leur sillage, caracole une armada de petits voiliers de pêche. A quoi voit-on que c'est la France ? Aux trois fatidiques couleurs certes, mais plus encore à une espèce d'allégresse jardinière qui fait proliférer glaïeuls, roses et pétunias jusqu'à empiéter sur une bonne moitié de l'océan.

Chez Claude Monet à Sainte-Adresse, en 1867, c'est déjà la République, quoique la mode des robes féminines reste encore dans l'Empire. Mais les noces du jardinage et de l'océan, de l'horticulture et du commerce, affichent clairement leurs bans.

Le peintre havrais, par l'illusion d'un tableau — *La Terrasse de Sainte-Adresse*, 1867, Metropolitan Museum of Art — pressent alors l'extraordinaire vent de prospérité portuaire qui soufflera sur sa ville. Il y a même de la naïveté dans cette peinture, un peu comme chez ce grand colonial dompteur de jungles, le Douanier Rousseau. Sous la vigilance des armateurs protestants havrais (les Siegfried par exemple), toute la Normandie maritime se porte onctueusement au large.

Bientôt les vapeurs américains vont accoster aux quais, échangeant leurs riches touristes, leurs écrivains, leurs soldats contre les flots de pauvres émigrants. Jusqu'à Etretat, Varengeville et Dieppe à main droite, Deauville, Trouville et Cabourg à main gauche, l'argent gicle comme fait la pâte aux tubes des peintres. Un long ruban bleu, jaune cadmium, piqueté de pointes de vermillon, commence par s'étirer dans le sens d'une plage d'Eugène Boudin, où le vent effleure à peine la toilette compliquée des femmes, avant que l'huile épaississe en émulsion à geler la façade des cathédrales.

Ah! comme la peinture de Claude Monet dit bien l'enrichissement de la République par sa « porte océane »! En attendant que Georges Braque repose dans le cimetière de Varengeville très haut sur la falaise, comme une espèce de franciscain des vagues qu'accompagnerait en son ultime vol une aile d'oiseau, mille villas, manoirs, terrasses ou casinos inventeront l'art de la villégiature maritime. Après la musique, c'est donc par les arts du regard — peinture et architecture — que se colonise la mer.

Rafales de vent sur une ville d'angles

Le Havre, samedi 22 septembre 1990. Il y a des préjugés que l'on voit soi-même disparaître avec une mauvaise grâce. Ainsi du Havre, avais-je, je ne sais pour quelle raison, l'image d'une ville doublement détruite, une première fois par la guerre, une seconde fois par la reconstruction.

Est-ce le phare sans lumière érigé en Picardie à Amiens par l'architecte Perret (la tour Perret) pour guider des piétons sur une absence de mer qui m'avait détourné d'une navigation jusqu'à l'embouchure de la Seine ? Même béton rose, mêmes plaques de ciment coulées sur des parallélépipèdes en guise de toit, mêmes clochers en armature de fer : quarante ans après l'accumulation des ruines, Le Havre porte encore les stigmates de la guerre dans le plan que lui a dessiné Auguste Perret.

Avec une petite nuance importante cependant. A la différence de la ville picarde enfermée dans son marécage au point que le sommet de la tour atteint tout juste la cote des plateaux avoisinants, ici la proximité de l'embouchure, l'enfoncement des bassins au cœur de la ville, ont conduit Perret à parier large plutôt que haut. Aussi mon anticipation d'une architecture que son modèle amiénois me faisait qualifier par avance de « stalinienne » fut, je dois le reconnaître, singulièrement déçue. A l'échelle d'un port comme Le Havre où le vent prend du tranchant à l'angle droit des avenues et de l'ampleur à l'évasement des places, l'architecture monumentale en béton atteint en effet toute sa grandeur, tristesse et beauté s'y combinant en un étrange mariage.

Mais où sont donc passées les noces du commerce et de la République célébrées par Monet sur la terrasse de Sainte-Adresse ? Elles sont à New York, pardi ! Depuis l'origine de la civilisation occidentale, l'eau et l'argent se reflètent en une familiarité intime, vénitienne pour ainsi dire. Tandis qu'au Havre, si l'eau est toujours là, en est absent l'argent qui a fui de l'autre côté de l'Atlantique ou beaucoup plus loin encore. Si bien que lorsqu'on monte aux escaliers de la ville haute, entre des vieux murs normands de silex bleu d'où s'échappent des sureaux à baies noires d'une surité d'automne, on aperçoit, en se retournant, l'estuaire où s'engouffrent les vagues venues du large à la conquête de l'eau douce comme une lointaine invasion viking, au regard de quoi la ville donne une image dolente et soumise dans le quadrillage de sa géométrie.

Passant au pied de la villa de Jules Siegfried, on se souvient d'André son fils dont les subtils essais sur l'Angleterre et les Etats-Unis rivalisèrent longtemps avec ceux d'un autre Normand, André Maurois. Puis revenant à terre, c'est-à-dire en bas, sur la plage aux cabines gondolant sur les galets, dans l'intervalle desquelles fusent les véliplanchistes en combinaisons de goudron noir, on entre dans la cité du sable.

L'art brut de la guerre

Comme tant d'autres villes de la Manche ou de l'Atlantique anéanties par les bombes de 1939-1945, Le Havre s'est relevé dans la couleur de la poussière. Les structures de l'imagination humaine avaient été si profondément ébranlées par la nouveauté inouïe de la guerre qu'elles en intégrèrent la désintégration même dans leurs produits.

Evaluée d'un œil optimiste ou moqueur, l'architecture de l'après-guerre n'est par conséquent qu'un immense musée d'*art brut*. Quelle forme d'art plus minimalement pauvre que la fabrication du béton ? Ces bouches de pieuvre qu'un ouvrier nourrissait de pelletées d'une mixture de sable et de galets concassés par une mâchoire pivotante figuraient alors une nouvelle espèce monstrueuse. Gilliatt 1950 est un manœuvre maghrébin venu transformer en mirage de pierre toutes les sablières de l'Europe. Travestissement généralisé ! La guerre en camouflage khâki léguera à la paix ses couleurs indélébiles. Si peu de différence entre l'architecture employée à la reconstruction des villes détruites et l'architecture militaire utilisée pour leur destruction !

La plus parfaite œuvre d'art brut que le musée de l'époque puisse nous montrer est en ce sens le blockhaus. Exemple de technologie industrielle avancée mise au service d'une conception des plus mentalement régressives, le blockhaus est une sorte de tombeau fortifié allant affronter l'éphémère sur son terrain même. Contre l'infini illimité de l'océan qui ouvre à la mort par engloutissement ou par dissolution, le blockhaus offre une affirmation étroitement terrienne. Construit en sable, sur des fondations plantées dans l'instabilité du sable, il représente une espèce de défi métaphysique. Ou historique pour le moins puisque, grâce à sa ligne disgracieuse, Vauban revit soudainement sur nos côtes, Albert Speer se montrant son digne héritier.

Si prégnante sera la Seconde Guerre mondiale en forces mimétiques — la guerre est à bien des égards le mimétisme porté à son degré le plus aigu — qu'elle imprimera plus profondément qu'aucune autre son empreinte. Couleur de sable, odeur de sable et goût de sable, comment ne pas voir qu'elle aura créé par choix un ciment durable de toutes les vanités ? Au propre comme au figuré nous voici désormais « sur le sable ». Lorsque, par exemple, au large de Bayeux, je contemple cette portion de mer où l'on a immobilisé quelques barges du débarquement en ordre muséographique, je me sens tout à coup vulnérablement nu de toute poésie.

« Homme libre, toujours tu chériras la mer. » Certes, la liberté vint-elle jamais plus triomphalement de la mer qu'en 1944 sur ces plages ? Mais cependant une liberté de forme humaine restrictive, donc restreinte, contrastant définitivement avec la forme infiniment ouverte de Charles Baudelaire.

Chevaux de frise sur l'océan immobile

En octobre 1941, au moment où l'ingénieur Fritz Todt supervise pour quelques mois encore les domaines de la construction et de l'armement pour Hitler, avant que sa mort laisse le champ libre à l'architecte bâtisseur de blockhaus Albert Speer, paraît clandestinement un court texte d'une cinquantaine de pages *Le Silence de la mer*. Son auteur, Jean Bruller, qui plus tard choisira le pseudonyme de Vercors, raconte dans une langue silencieuse à force de modestie l'étrange dialogue d'un officier allemand et d'un couple français sous l'Occupation.

Dans une maison de province brutalement réquisitionnée par la Wehrmacht vivent un oncle et sa nièce qui, tout le temps que durera leur cohabitation forcée avec l'officier, observent un silence absolu. Un silence de mer, doit-on comprendre, quoique nulle part la mer ne soit audible ni visible, hors cette seule image :

> Le silence tomba une fois de plus. Une fois de plus mais, cette fois, combien plus obscur et tendu ! Certes, sous les silences d'antan, — comme, sous la calme surface des eaux, la mêlée des bêtes dans la mer, — je sentais bien grouiller la vie sous-marine des sentiments cachés, des désirs et des pensées qui se nient et qui luttent. Mais sous celui-ci, ah ! rien qu'une affreuse oppression...

Il arrive que des titres se détachent des textes qu'ils ont tâche d'annoncer pour aller étiqueter la période où le livre a paru ou, mieux encore, qu'ils acquièrent une liberté de jeu toute gratuite, poétique en quelque sorte. Marqués par l'évidence de gratuité qui est la frappe poétique absolue, ils valent alors un vers — ainsi *Le Silence de la mer*. Loin de cette France où les vagues vertes allemandes ont déferlé comme une mer à l'envers, la mer réelle a reflué au large où la parole se tient à l'image d'une marée qui, par une contre-force lunaire — comme on dit de quelqu'un qu'il est mal luné — différerait son flux.

Par décret poétique, Vercors transforme la France soumise en un désert provisoire, un jardin de fertilité suspendue. Car tout au fond de l'humaniste qu'il est demeure une inébranlable confiance dans le mouvement naturel des océans qui lui fait croire au retour des marées. Si inconscient pourtant est le travail de sape maritime auquel la parole romantique soumet la phrase de Vercors qu'à son insu des spectres wagnériens reviennent. La nièce à sa couture n'est-elle pas comme un double de Senta dont la nuque blonde, cette fois, ne céderait pas sous le regard du *Flying Dutchman* :

> Il se dirigea vers la porte, il dit d'une voix retenue, comme pour lui-même :

— Mais pour cela il faut l'amour.

Il tint un moment la porte ouverte ; le visage tourné sur l'épaule, il regardait la nuque de ma nièce penchée sur son ouvrage, la nuque frêle et pâle d'où les cheveux s'élevaient en torsades de sombre acajou. Il ajouta sur un ton de calme résolution :

— Un amour partagé.

Vercors, *Le Silence de la mer.*

Une inquiétante familiarité avec le sable

Certain qu'on atteint la dignité par la culture, Vercors nous refait le coup de *La Grande Illusion*. On se demandera pourtant s'il ne se serait pas trompé de guerre. Ou, pour employer ses propres tables de références poétiques, si l'on peut continuer de parier sur l'intégrité des archétypes marins. Est-ce que le retrait au large à quoi est entraînée depuis toujours l'imagination romantique, contemplant l'incessant mouvement des vagues, ne se serait pas lui-même évaporé dans les sables ?

Reconnaissons pour être juste que Vercors écrit en 1941, à une époque où l'on peut encore croire à une forme idéale d'affrontement chevaleresque. Speer ne prend ses fonctions qu'en 1942, s'appuyant aussitôt sur l'organisation Fritz Todt pour jalonner les côtes de la Manche et de l'Atlantique de ses bunkers. Croisements hybrides des lointains *kraks* syriens avec les petites huttes de la baie de Somme aux guignettes desquelles les chasseurs épient le canard sauvage descendant de Norvège aux premiers froids, ils ont aussi la netteté d'architecture d'une construction du *Bauhaus*.

Bénéficiant d'un recul de huit ans, Julien Gracq me semble pourtant avoir mieux compris la véritable répercussion de ce conflit dans l'imaginaire occidental. Les lecteurs qui, en 1952, découvrirent *Le Rivage des Syrtes* où figure la forteresse de l'Amirauté située à une journée d'auto au sud de la vieille cité marchande d'Orsenna, durent éprouver un sentiment d'« inquiétante familiarité ». Aucun repère géographique précis, pas de noms de lieux réellement reconnaissables, une climatologie ambiguë juxtaposant l'herbe laiteuse au sable le plus aride — Gracq semblait s'ingénier paradoxalement à brouiller les pistes pour nous mettre sur le chemin. On imaginerait fort bien que cette fiction fût née quelque part au milieu des bancs de sable de la Loire en pays de *romance*. Cette contrée désertée par la sensibilité française depuis l'époque angevine — et très logiquement colonisée par les Plantagenêts pour le profit de l'Angleterre — est en effet pays de guerres rêveuses et lentes dont les enjeux touchent très loin aux racines de l'arbre humain.

D'avoir été exclus de cette terre d'aristocratie par l'émergence d'un pouvoir monarchique fortement centralisateur semble nous avoir prédestinés, nous Français, aux luttes du machiavélisme urbain. A-t-on jamais mesuré l'effet de perversion que la présence des deux types de valeurs aura continué de produire jusqu'en 1939 en Europe ? La percée des troupes de la Wehrmacht fonçant en direction des plages de l'Atlantique et de la Manche, à quoi succède, en 1940, une période d'engourdissement dans le sable, rencontre ainsi de manière subtilement déplacée son écho dans *le Rivage des Syrtes* (comme dans *Un balcon en forêt*).

Kafka dans le piège angevin

Orsenna, Aldo, Marino, etc., s'il est avéré qu'ils soient exclusivement italiens, de tels noms se rencontrent surtout dans les comédies de Shakespeare. Quant à l'Amirauté, forteresse dominant de sa masse solitaire une mer déserte, quoique située au sud, elle évoque immanquablement l'Elseneur de *Hamlet* : « La masse de la forteresse se dressait devant moi à travers la lande, plus impressionnante encore dans le noir presque opaque de l'illusion qu'elle me donnait, même au milieu de l'obscurité, de jeter de l'ombre. »

Le paysage environnant le fort, obsédant jusqu'à l'envoûtement, est illocalisable autrement qu'à l'échelle du symbole. Sous sa forme stérile, sèche, ou de décomposition vaseuse, partout règne le sable. Une espèce d'instabilité généralisée compose un espace flou où la virtuosité de l'auteur joue parfois avec son propre anéantissement. Du cœur de l'océan des joncs (« La mer de joncs venait border des vasières et des lagunes vides ») jaillit ainsi la parabole gratuite d'un oiseau (« De temps en temps un oiseau gris jaillissait des joncs en flèche et se perdait très haut dans le ciel, tressaillant comme la balle sur le jet d'eau à la cime même de son cri monotone ») qui dit que cette contrée des changements événementiels ne peut subir aucune altération profonde. Le vide est en effet consubstantiel à un inéluctable affaissement du temps sur l'espace que nul sillage actif, automobile ou navire, ne peut plus redresser.

Moins radical que Kafka, sans doute, mais avec un désespoir d'autant plus pernicieux qu'il se pare encore de poésie, Gracq décrit une civilisation de l'attente. Nous ne savons plus rien qu'attendre mais, au fait, attendre quoi : un messie ? Il semble que non ! Seuls demeurent les vieux tracés apostoliques reliant les républiques mercantiles à leurs comptoirs, leurs colonies. Aldo n'est pas Arthur Rimbaud, tout juste le jeune enfant de Baudelaire (ou de Conrad) entré dans la chambre des cartes pour rêver : « Debout, penché sur la table, les deux mains appuyées à plat sur la carte, je demeurais là parfois des heures, englué dans une immobilité hypnotique d'où ne me tirait pas même le fourmillement de mes paumes. Un bruissement léger semblait s'élever de cette carte, peupler la chambre close et son silence d'embuscade. »

La géographie, affirme implicitement Gracq en une équation développée par son texte à l'infini, *est* la guerre. De sorte que lorsque le temps tout entier s'est condensé en espace géographique, l'attente des hommes n'est plus que l'attente de la guerre, du seul événement susceptible de modifier les frontières sur la carte (« Parallèlement à la côte courait à quelque distance, sur la mer, une ligne pointillée noire : la limite de la zone des patrouilles. Plus loin encore, une ligne continue d'un rouge vif : c'était celle qu'on avait depuis longtemps acceptée d'un accord tacite pour ligne frontière. »)

Retour à l'ordre testamentaire

Gracq prophétise en fait l'imminence des guerres coloniales. Difficile de ne pas voir dans cette décomposition d'une métropole indifférente à ses possessions du Sud les prémices du conflit algérien ! Après tout, il existe bien une mer des Syrtes en Tunisie, pourquoi diable penser uniquement à Venise dès que le mot lagune est prononcé ? Cette imprécision précise qui donne au *Rivage des Syrtes* son ton de préciosité presque insoutenable est l'héritage d'une double tradition. Flaubert avec *Salammbô*, Conrad avec *Cœur des ténèbres* sont nommés et gommés l'un par l'autre chez Gracq. On décide en quelque sorte de ne faire aucune allusion à l'Histoire réelle mais plutôt à ses archétypes (côté Conrad) tout en s'appliquant à ne pas détruire l'exotisme dans l'écriture (côté *Salammbô*).

Cela explique que le roman n'apparaîtra pas radical — et encore moins anticolonial ! Car si *Le Rivage des Syrtes* est un roman de la quête déçue parce que décevante, il n'en demeure pas moins que la « recherche du mot » dont Victor Segalen, en bon symboliste, faisait le but de son *Equipée* se trouve ici prolongée, voire magnifiée. Ecrire, confesse malgré lui Julien Gracq, c'est certainement ce que l'on peut faire de mieux en attendant la guerre. Singulière complicité (ou entente passive) qu'il n'est pas sûr que Flaubert — stylite du style ! — eût si aisément acceptée. Son saint Antoine (*Le Retable de saint Antoine*) vit d'impossibles cauchemars dans le désert où Aldo introduit en contrebande une suavité ligérienne.

Que l'étrangeté pourtant n'ait rien à voir avec l'exotisme, l'anthropologie a commencé à le dire. Il faut laisser parler celui d'en face, l'adversaire, l'autre. D'Algérie, Albert Camus a produit *L'Etranger* en 1942. Fin de l'idéalisme à la Vercors, fin des langoureuses rêveries gracquiennes postcoloniales, Camus écrit sec comme le sable sur lequel son héros Meursault affronte l'ennemi. L'autre, celui d'en face, c'est l'Algérien que le Français ne peut que tuer. Avec cette lucidité de lecture qu'aiguise l'interprétation « existentialiste », Camus, dès 1942, annonce le conflit qui ne s'achèvera qu'une vingtaine d'années plus tard. Arène tragique parée d'un minimum de décor — le sable, le soleil, la mer —, la Méditerranée est redevenue le lieu d'une impudique, d'une inguérissable blessure. « Sur le sable, la mer haletait de toute la respiration rapide et étouffée de ses petites vagues. »

Ici plus d'attente, plus d'élongation du temps à l'échelle de l'espace, le temps politique de la décision nécessairement hâtive, donc injuste, nous reconduit à l'ordre de l'Ancien Testament. Ce n'est plus tout à fait l'Apocalypse — quoique Hiroshima reste à venir —, c'est à nouveau le face-à-face entre Abel et Caïn.

Deux versions d'un même ensablement

Quel pouvoir pour la littérature au fond d'une telle impasse ? L'humanisme sisyphien a répondu qu'il fallait continuer de rouler sa pierre jusqu'au faîte de la montagne. Une petite goutte d'espoir se serait en effet miraculeusement conservée au fond du plus vieux puits de la Méditerranée, le puits aux mythes grecs. Voire ! Dans la lumière décapante de l'anthropologie — revue et corrigée par Sigmund Freud —, Camus semble plutôt avoir mis ses pas dans les pas d'Œdipe. Sa fidélité à l'univers algérien de sa naissance, amoureusement proclamée dès la parution de *Noces* (1939) ne baissera jamais d'intensité filiale mais se dénudera en une sorte de progression de plus en plus douloureuse, de plus en plus abstraite vers l'ascèse du désert (*L'Exil et le Royaume*, 1957).

C'est le propre de la littérature en effet de ne pouvoir jamais se retourner complètement contre les conditions mêmes de sa naissance. D'où, chez l'un comme chez l'autre, Gracq et Camus (voyez l'affinité entre *La Peste*, 1947, et *Le Rivage des Syrtes*), l'emploi généralisé de la parabole pour dire que, par-delà les frontières narcissiques qu'il ne peut dépasser, l'écrivain vise à l'universalité. Inversement, il n'est pas moins ironique de constater qu'un tropisme impénitent semble, à la même époque, reconduire les anthropologues vers les voies de la confession personnelle — donc littéraire — que la rigueur scientifique exigerait pourtant qu'ils délaissent. Que seraient par exemple *Tristes Tropiques* de Claude Lévi-Strauss (1955) sans les aveux de cet « éternel inconsolable de Jean-Jacques Rousseau qu'est l'ethnologue » ?

Le partage qui éloigne alors l'une de l'autre juridictions ethnographiques et littéraires aura cependant trouvé un bref moment d'équilibre dans le *Voyage au Congo* d'André Gide, paru en 1927. Dénonciateur lucide de la brutalité colonialiste européenne en Afrique, Gide, tout en instruisant pièce à pièce un dossier accablant, parvient à ne pas dévier d'un pouce de la littérature. D'une part son *Voyage* reproduit initiatiquement celui de Marlow dans *Cœur des ténèbres* (Joseph Conrad, 1902), de l'autre il reconstitue une réserve des « fictions » — comme on dit une réserve d'animaux ou d'Indiens — intacte de la réalité.

A Fort-Lamy, purifié en son temps par le mysticisme du Père Charles de Foucauld, l'anticolonialiste Gide a troqué son lin blanc et sa probité occidentale pour revêtir une djellabah digne des *Mille et Une Nuits*. C'est le paradoxe de la culture française en effet de n'avoir jamais eu de véritable littérature coloniale, comme l'anglaise ou l'américaine. Ni *Moby Dick* (Melville, 1851) pour la mauvaise conscience, ni *Lord Jim* (Conrad, 1900) pour les ambiguïtés, ni même *Le Livre de la jungle* (Rudyard Kipling, 1894) pour le mythe — tout juste quelques tartarinades ou pagnolades autour de la mare phocéenne. De là que notre meilleure littérature coloniale soit l'ethnographie...

Jonas dans le ventre d'une raie rose

Je me faisais ces réflexions à moi-même il y a quelque temps, face au Vieux Port de Marseille, à l'ombre d'un parasol dont les baleines avaient dû rester tendues toute la nuit par foi dans le climat local. Coupole bleue contre le ciel bleu, mon parasol me coiffait très bas sur ma chaise identiquement coussinée de bleu. Or, tout en mastiquant la pâte d'un croissant, j'éprouvais un sentiment de malaise comme si, commençant le jour pour ainsi dire par la fin, je dusse rester assis pour l'éternité à la même place, à contempler l'entrecroisement des antennes inertes des yachts, figés par numéros et par couloirs dans le bassin.

Tournant le dos à la Canebière, tout à l'heure j'irais escalader la majestueuse échelle de coupée en marbre du musée des Archives tel un jeune marin de Conrad, rejoignant le pont d'un colloque appareillant vers les années marseillaises (1874-1878) du futur romancier. Ainsi, d'en face de moi s'étaient embarqués presque en même temps — et pourquoi pas à bord du même voilier? — pour Sumatra, Bornéo ou Aden le jeune exilé polonais Joseph Conrad et le communard déçu de Charleville Arthur Rimbaud. Au sud, toujours plus au sud!

Quelle étrange position dans notre histoire, Marseille, pensai-je, avec ces forteresses en grès rose cadenassant l'entrée du port contre l'ennemi héréditaire — dites l'Anglais — et cette splendide Notre-Dame de la Garde bénissant la mer d'en haut de sa colline comme aucune autre église au monde d'une ample et sensuelle prière féminine. Mélange sans partage de domesticité mesquine et de tendresse altière, de grandeur et de petitesse, de sardines mythiques se faisant aussi grosses que des raies roses pour nager de conserve (de conserverie?) avec Moby Dick soi-même.

N'est-il pas d'ailleurs étonnant que ce soit le plus provençal — le plus sudiste — de nos romanciers, Giono, qui ait salué le plus nordiste des Américains maritimes, Melville (*Pour saluer Melville*, 1941)? Depuis l'inconfortable fort Saint-Nicolas où il est enfermé en 1941, voyez ce citoyen de Manosque apaiser les vagues de la mer par des hectares d'huile vierge. « Ainsi, au moment même où souvent j'abordais ces grandes solitudes ondulées comme la mer mais immobiles, il me suffisait de m'asseoir, le dos contre le tronc d'un pin, de sortir de ma poche ce livre qui déjà clapotait pour sentir se gonfler sous moi et autour la vie multiple des mers. »

Vingt ans plus tard, dans *Noé*, Giono refera le voyage du souvenir jusqu'à Marseille avec la même poétique faculté de tout ensemble familiariser le monstrueux et grandir le mesquin qui en fait un des rares écrivains français de *romance*. Mais comment quelqu'un peut-il encore sincèrement romancer au Sud en 1961 ? Comment peut-on prolonger plus longtemps l'illusion vichyssoise d'une France découpée en « zone libre » et « zone occupée » ?

Le Sud comme retard de lumière

Tandis que l'ethnographie appliquée à revenir des horreurs du *Cœur des ténèbres* où l'a conduite Joseph Conrad, quelque cinquante ans plus tôt, n'en finit plus de remonter du Sud par toutes les anciennes pistes coloniales (voyez Leiris, Balandier, Berque ou Duvignaud), l'image de notre Sud national survit miraculeusement. Comment préserver cette précieuse réserve d'images — couleurs, sons, parfums — qui en fait le paysage symboliste absolu ? s'inquiète la France. Car en se fixant à même ses térébinthes sur les toiles de Cézanne, Van Gogh, Matisse, Renoir et Bonnard, le Sud a acquis l'épaisseur mythique la plus légitimement éblouissante depuis la Renaissance florentine, le néopaganisme triomphant comme à l'époque des Médicis dans des compositions qui tendent hardiment vers le primitivisme, confiantes d'atteindre à la synthèse des cultures.

A l'évidence, la littérature, devant le défi de telles images et sauf à être iconoclaste, ne peut plus guère que s'essayer à reproduire le geste erratiquement fluide du peintre, ainsi que le tente Giono :

J'avais ralenti mon pas, sans me soucier du reste de Marseille qui me frôlait et bousculait même un peu, en costume de Brummel des Antilles, et j'essayais de répondre à l'odeur. Elle s'adressait manifestement à des endroits de moi-même où, sous des voûtes retentissantes, sont entreposés de grands entrepôts de poudre à canon. Elle était comme un sauvage qui essaie d'expliquer l'approche d'un grand événement naturel ; mais il n'a pour s'exprimer qu'un dialecte de plages désertes, un *biche la mar* connu seulement de sa tribu. Et il appelle d'autres sauvages ; il lui semble qu'en étant plusieurs à répéter la même chose on finira peut-être par comprendre qu'il ne faut pas se fier à la soi-disant solidité de l'instant... Car contrairement à ce qui aurait été logique, ce n'était pas l'odeur des coquillages qui évoquait la mer, c'était l'odeur des narcisses. L'odeur des narcisses lui donnait son étendue, ses jeux de lumière, ses fraîcheurs, ses écumes, ses mouettes, ses embruns, ses halètements, ses replis, sa violence de rapt, d'enlèvement et de départ, sa *romance*.

Noé, 1948.

On ne peut pas rêver plus belle condensation du mythe sudiste dans notre littérature. Tout à la fois poète des correspondances baudelairiennes, romancier proustien (c'est-à-dire vénitien), mais aussi cultivateur de l'étagement comme Cézanne, Giono porte ici l'art symboliste à son plus haut degré. Cinquante ans plus tôt pourtant, presque en même temps que Conrad, un peintre impatient de nos hypocrisies primitivistes était allé souligner sur place, aux Marquises, nos rêveries d'un cerne noir.

La liberté des mers pour quoi faire ?

Appliquant jusqu'à son terme le programme de l'anamnèse romantique, Paul Gauguin a fait choix en 1897 — il a alors quarante-neuf ans — de remonter à sa propre enfance péruvienne laquelle, par ascendance, se confond avec l'enfance conquérante du Siècle d'Or (n'eut-il pas pour ancêtre un noble aragonais à la solde du Pérou?).

Peintre anthropologue (après Courbet), il parvient à donner tout ensemble la couleur de l'exotisme et son ombre, assombrissant dramatiquement les bleus, les violets marins par une immobilité mortuaire. Sur des grèves vertes où s'accroupissent ses modèles maoris en position soumise, il délimite la frontière méridienne inférieure absolue. On ne descendra pas plus bas que cette ligne, dit-il, fonçant le rouge des paréos d'une touche de deuil. Je suis allé au plus loin que puisse aller le rêve humain sur cette terre et regardez, déjà ce n'est plus le matin mais la nuit.

Gauguin, qui pressent l'avènement des Kurtz (héros du *Cœur des ténèbres* de Conrad, 1902), choisit pourtant de côtoyer les « divinités inférieures » (Apollinaire), confiant à l'écriture d'émouvantes leçons d'ethnographie. « Le soir au lit, nous avons de grands entretiens, longs et souvent très sérieux. Je cherche dans cette âme d'enfant les traces d'un passé lointain, bien mort socialement, et toutes mes questions ne restent pas sans réponse. Peut-être les hommes, séduits ou asservis à notre civilisation et à notre conquête, ont-ils oublié. Les dieux d'autrefois se sont gardé un asile dans la mémoire des femmes. » *(Noa-Noa.)*

Au petit jour, comme dégrisé de mythes, on ne peut plus désormais que revenir vers la Méditerranée — ersatz de Sud profond. Ô le voyage à contrecœur! Voyez cette troupe de poètes naviguant à bord des Compagnies maritimes de la Nostalgie.

Le Marseillais Louis Brauquier est de ceux-là qui, de 1930 à 1933, à bord d'un petit vapeur de 52 mètres, *Le Saint-André*, fait en dix-neuf jours la desserte régulière des îles de l'archipel des Nouvelles-Hébrides. Se souvient-il encore (lui ou cet autre sudiste nocturne, Reverdy) que c'est un juriste hollandais qui lui a légué le titre de son plus beau recueil : *La Liberté des mers* (1926)? Qu'importe! Il ne croit plus au charme des houles du Pacifique.

Longue houle pacifique
Roule des débris de plages,
Roule des restes d'épaves
Avec des noms effacés.

L'ironique Henry J. M. Levey, moins lame de fond que lame de pont se desséchant sous le soleil de la mer Rouge, revient de tout aussi loin mais à doses homéopathiques. Jalousement collectionnées par ses compatriotes Larbaud et Léon-Paul Fargue, ses *Cartes Postales* sont un joyau de désillusion quintessenciée. On sait d'entrée de jeu qu'on rentre (« Les bureaux ferment à quatre heures à Calcutta », *British India*), repli qui, très logiquement, s'accomplit dans le Sud ébloui de Théodore de Banville à présent contaminé par la maladie. (« Novembre, tribunal suprême des phtisiques/ M'exile sur les bords de la méditerranée », *Côte d'Azur, Nice*).

Au cœur des ténèbres, Joseph Conrad

Nommé à bord de l'aviso *La Durance*, le jeune médecin brestois Victor Segalen est débarqué à Tahiti en 1903. Il a d'abord pris un bateau de ligne au Havre pour New York — où il ne pausera qu'une semaine — avant de traverser les Etats-Unis en train jusqu'à San Francisco où une brutale attaque de fièvre typhoïde l'a contraint à deux mois d'attente. Quelle force d'âme pour triompher de la solitude californienne ! Mais l'époque est aux départs : voyez, l'ambassadeur Claudel sur la route de Fou-tchéou à peu près en même temps. Très vite, presque à son insu, Segalen est entré dans la trame d'un roman de Conrad. « Je n'ai point connu Gauguin vivant ; et pourtant nous avons été contemporains en Polynésie. Mais entre Gauguin et moi il y avait plus de quatre cents milles marins ; aucune relation directe ; aucun écho à travers les "blancs" de Tahiti. L'un me disait : — Gauguin ? Un fou. Il peint des chevaux roses ! » (*Gauguin dans son dernier décor.*)

Même climat mythique opacifié par la distance, mêmes

calomnies approximatives, même médiocrité de la société blanche coloniale — *Lord Jim* en Océanie! La mystérieuse coïncidence qui a mis le jeune médecin navigateur sur la piste du peintre va en effet, comme chez Conrad, prendre la forme d'une connivence sans cesse amplifiée par une suite de relais au nombre desquels le poète Saint-Pol Roux demeuré en Bretagne. Segalen retrouvant la case de Gauguin aux îles Marquises, n'est-ce pas un peu Marlow se recueillant sur la tombe de Jim? « Elle avait tenu bon sous le grand vent du cyclone — mais vidée par les liquidateurs officiels comme un bulbe de cocotier par les crabes de terre... Aucun vestige, sinon d'arrachement. » Il n'y a cependant plus rien à voir que « l'absence du nom » dont l'écho voyagera au-dessus des océans pour accoster un certain jour de 1919 aux chênes d'Huelgoat où, au milieu d'un vide symétrique, Segalen sera lui-même terrassé.

Adieu aux poètes, adieu à la poésie! La porte de l'Océanie se clôt sur le grincement d'un roman sépulcral, *Le Passage* de Jean Reverzy, en 1954. L'éditeur Maurice Nadeau, il y a peu, au terme d'une carrière entièrement vouée à la littérature, a consacré un chapitre de ses souvenirs (*Grâces leur soient rendues!*) à l'émouvante figure de ce médecin lyonnais, mort jeune comme Segalen. Sans doute *Le Passage* est-il la traduction française la plus désespérément juste du *Cœur des ténèbres*. Deux cent cinquante pages d'une longue agonie prolongée ramènent son héros Palabaud de Tahiti à Lyon. Le diagnostic est implacable : cancer généralisé! Mais la maladie n'affecte pas seulement Palabaud, les mots, les images eux aussi sont irrémédiablement contaminés. Irradiés, pourrait-on dire, puisque tout à l'heure la France éclairera l'Océanie de ses soleils nucléaires. Ce qui meurt si douloureusement en Palabaud, c'est le matin de la mer étouffé par les cendres.

L'irradiation du Pacifique

« Il lui sera beaucoup pardonné parce qu'il a beaucoup aimé la mer. » L'ultime phrase du roman de Reverzy résonne comme une épitaphe dont l'effet se réverbère douloureusement sur notre civilisation.

Prophétiser qu'il nous sera beaucoup pardonné, c'est reconnaître que nous sommes beaucoup coupables. Coupables de quoi? Coupables d'avoir aimé la mer jusqu'à la maladie, coupables d'avoir aimé la mer comme une maladie. Quelle étrange transmutation de la formule baudelairienne! Pourtant cette formule n'était-elle pas déjà elle-même porteuse de mal, sournoisement? Les visions spectrales de « L'Embarquement pour Cythère », les injonctions terminales du « Voyage » n'étaient-elles pas des poussées de fièvre inquiétantes? Et puis l'infection avait déjà tellement épanoui ses gourmes métaphoriques à la surface de l'océan de Samuel Taylor Coleridge (*La Ballade du Vieux Marin*) que c'était hypocrisie pure que de prétendre la mer innocente : pour un terrien qui la voit du bord peut-être, mais demandez un peu à des navigateurs si le mal de mer leur donne le temps propre à la poésie! Le scorbut, la dysenterie, la fièvre jaune, mille autres maladies tropicales, voilà la réalité des explorations océaniques. Il faut donc prendre à la lettre le diagnostic du médecin lyonnais. La mer fut et demeure — pour combien de temps encore? — notre faiblesse, notre maladie.

D'ailleurs les historiens, de leur côté, nous rappellent ironiquement à quel point plages et bords de mer ne commencèrent d'attirer les foules que lorsqu'on se fut avisé de leurs vertus thérapeutiques. Nous ne sommes pas si anciens que cela en matière de fréquentation marine, tout au plus deux petits siècles. Et encore, quelles lenteurs à nous apprivoiser! C'est l'Anglais Russell en qui l'on s'accorde généralement à reconnaître le promoteur de la mer comme thérapie. Dans son ouvrage écrit en latin en 1750, traduit en anglais sous le titre

A Dissertation on the Use of Seawater in the Diseases of the Glands, particularly the Scurvy, Jaundice, King's Evil, Leprosy and the Glandular Consumption, il expose que le sel de la mer accomplit les desseins du Créateur contre la corruption.

A partir de là, on ne compte plus les querelles d'école sur la qualité comparative des plages du Sussex. (Alain Corbin les recense très exhaustivement dans son *Territoire du Vide* paru chez Aubier en 1988.) Mais cette mémoire médicale des plages, que telle eau irlandaise ou bretonne particulièrement chargée d'iode réveille parfois — on dirait d'une plaie qui se rouvre — dans nos poumons s'est progressivement effacée pour céder place à un sentiment d'accoutumance appelé Nature. Et nous voici, depuis, nous vautrant à plat ventre sur les plages en idolâtres du soleil, convaincus d'avoir réussi une véritable mutation génétique qui n'est en fait que l'amnésie où nous sommes de notre ancienne hospitalisation.

L'exil sans le royaume

Cancérigène pour l'homme toute exposition trop passive à la bombe nucléaire dite soleil. Vous le disiez à votre façon, Pères de l'Eglise qu'on imagine enveloppés dans vos robes — toi, le Syriaque Denys, inspirateur des mystiques médiévaux —, vous le disiez déjà que la mort est au cœur de la lumière.

Etrangement nous, de ce côté-ci du Rhin, si longtemps illuminés par nos mythiques Lumières, n'aurons fait l'expérience de la nuit romantique d'un Novalis qu'à retardement. Reconduits à l'aridité des sables par la conjonction apparente de trois astres noirs — l'Holocauste, la décolonisation, la dévastation nucléaire —, nous aurons découvert au milieu de nous et en nous, sous la conduite de guides rigoureux, le désert. Rien que le sable désormais, à l'exclusion de l'eau ! Car il n'y a plus à proprement parler de sentiment géographique — hormis, je te l'accorde cher Michel Chaillou, sous forme d'une projection au sol de ce jeu de piste qu'est un livre. Non, il ne peut plus y avoir d'amour exclusif de la localité puisque chaque point du paysage a la mémoire d'une guerre. Petit enfant marchant sur les longues avenues sableuses des plages de la Manche, j'allais à la cueillette des couteaux au milieu d'un champ de mines. J'exagère à peine! Nos journaux étaient pleins d'explosions de grenades déchiquetant leurs ennemis — enfants, femmes, journaliers — avec le retardement d'excuses tardives. Au jardin où, faute de pommes de terre, l'on commençait d'acclimater la plante topinambour (ah! les ethnologues en herbe au milieu de ces hautes tiges), comment distinguer qu'étaient vénéneuses les « asperges de Rommel » ?

Il y avait cette vision aussi de la rouille d'une vieille barge militaire drossée par le flux contre les galets de Cayeux sous la visée des casemates éteintes. Malades, plus que jamais malades de la mer. Les bains, par conséquent, ne pouvaient plus qu'être fantomatiques. « Thomas s'assit et regarda la mer. Pendant quelque temps il resta immobile, comme s'il était venu là pour suivre les mouvements des autres nageurs et, bien que la brume l'empêchât de voir très loin, il demeura, avec obstination, les yeux fixés sur ces corps qui flottaient difficilement. » (Maurice Blanchot, *Thomas l'Obscur.*)

Je devais avoir onze ans lorsque parut ce court texte de Maurice Blanchot plein à ras bord de philosophie allemande dissoute dans la langue de Descartes. Comme dans certaines histoires absurdes, il me faudrait de patientes leçons de natation avant de rejoindre cette baignade asilaire très au large de nos villas traditionnelles. Marcher sur l'eau n'était plus dorénavant miracle mais bien marcher dans le sable, avec l'ascèse de la parole nomade et nue d'Edmond Jabès.

> Ils avaient vécu dans une île, une petite île. Autour, il n'y avait pas la mer, il n'y avait pas l'océan. Autour, il n'y avait pas d'eau ; mais juste assez d'air pour respirer.

Une île à eux pour leurs corps enlacés, pour leur âme
insoumise.
Ni jardin, ni maison, ni chambre.
Ni étoiles, ni arbres, ni soleil, ni torrent ;
mais des murs
si hauts, si hauts
que la nuit du dedans,
dressée contre toute nuit,
était ignorée de l'univers.

Le Désert, 1978.

Des îles vues d'en haut

La mer comme une faïence ancienne

Aujourd'hui que nous jouons aux cartographes rien qu'à prendre la passerelle d'un avion nous emportant vingt mille pieds au-dessus de l'Atlantique Nord, voir la mer d'en haut, comme d'une falaise inaccessible, est devenu notre souveraineté. L'Islande à peine quittée, voici déjà les côtes du Groënland qu'Eric le Rouge mit toute une saga d'exilé à atteindre. Calés au fond de nos coussins bleu outremer à l'abri des hublots, un simple plissement de l'œil nous fait cueillir trois villages de pêcheurs terre-neuviens dans trois anses différentes.

Cette pêche cartographique sans effort n'a pourtant rien de miraculeux. Sur toutes les lignes aériennes du globe, à chaque minute, des milliers de Colomb anonymes rassemblent la terre autour de son axe pour une simple vérification. Il faut reconnaître que, progressivement, la mer perd le pouvoir d'effroi qu'elle possédait au sol. Une démesure s'est creusée entre ses contorsions d'hydre de la Genèse qu'elle continue à dérouler sur les grèves, comme une menace pour chacun d'entre nous, et son impassibilité lointaine de vase aux formes sphériques, à l'émail bleu un peu désuet.

Comme nous allons devoir, de plus en plus sans doute, habiter la grande salle de l'Univers, il est à craindre que ce bibelot ne retombe dans une espèce d'oubli domestique. La mer existera-t-elle longtemps encore? Dans nos souvenirs peut-être. Car le danger, pour la mer, est que notre déménagement nous ayant fait passer à une dimension d'habitat supérieur se traduise cette fois moins par une métamorphose nouvelle que par un congé définitif. Peut-on congédier ce qui, inlassablement, depuis que le monde est monde, revient nous dire notre origine, dans un mouvement de flux et de reflux? Peut-on se passer de cette parole mythique qui accorde mystérieusement la traction légère de la Lune sur la surface des eaux à la pompe marine drainant le sang au fond de nos cœurs? Peut-on déserter froidement les tentacules reptiliens de la vague qui nous tire en arrière vers nos ancêtres poissons?

Au siècle dernier, médecine, génétique et anthropologie s'étaient alliées pour faire de la plage leur terrain de réconciliation privilégié. L'acclimatation progressive à l'iode et à l'eau à quoi nous avions soumis nos corps — et nos modes vestimentaires — pour blanchir nos poumons avait du même coup permis d'apprivoiser notre « africanité » originelle, scientifiquement démontrée par Darwin. Quoique nageant régressivement comme des tritons vers les Galapagos nous parvenions cependant à ne pas tout à fait tourner le dos à la Grèce, pays des métamorphoses homériques. Mais depuis que nous avons commencé nous-mêmes de refluer au large de la mer, nous voici tout à la fois sur le point de changer d'espace et d'histoire.

Des oies de Suède dans les spartines

Il est donc naturel que me rapprochant de l'isthme exigu par quoi notre génération tient au temps je me tourne vers mes propres souvenirs maritimes. A ce stade, en effet, manque le recul suffisant pour pouvoir plastiquement recomposer le partage de terre et d'eau qui est notre héritage national.

Dans les années de l'immédiat après-guerre auxquelles j'appartiens par ce fragile cap perdu dans l'océan qu'on appelle l'enfance, la mer était encore une proche voisine. Quarante kilomètres tout au plus séparant mon village des côtes de la Manche, le peu de ressources financières de mes parents s'accommodait fort bien, pour les vacances, de cette proximité. Jamais à l'étroit pour l'imagination eux, cependant, avaient repéré une minuscule villa bâtie au fond d'un jardin potager, cachée par de hauts murs en brique, à laquelle on accédait par un vertigineux escalier en planches brunes — je les entends encore qui craquent. Ainsi le rez-de-chaussée était-il de plain-pied avec les allées du jardin, massif d'oseille dont on faisait la soupe acide, tendres artichauts couleur de sable vert, pois s'enroulant autour des rames tandis que l'étage se haussait à égalité des toits de tuile voisins pour entr'apercevoir la mer. Du plus matin qu'on ouvrait la fenêtre celle-ci apparaissait d'en haut, tel un second jardin empruntant au premier ses couleurs à peine transposées, spartine aux feuilles charnues, salicorne grêle poussant à même le sable des bas-champs, ramification du chenal en branches d'eau.

Longtemps j'ai vécu dans cette mitoyenneté à elle-même de la nature si particulière, je crois, à la baie de Somme où, en outre, l'Histoire majuscule est demeurée un domaine exclusif du Moyen Age. Cela donne aux ruelles de la haute ville ce profil de murailles dont saillent des galets bleus jadis coupants mais qui polis une première fois par la mer, une seconde fois par les pluies, sont devenus inoffensifs. Fugitives, elles courent vers l'horizon entre de longues propriétés où se côtoient noix et figues, aboutissant toujours à l'abrupt de la falaise d'où l'on regarde très loin vers le nord. En mars ou en avril, selon qu'est la saison, il faut avoir vu, ne serait-ce qu'une fois, surgir au bout de ces allées à même le ciel ces lents triangles d'oies montant pâquer vers la Norvège ou vers l'Islande.

Ainsi, dès l'origine, me suis-je attaché à la mer pour ainsi dire d'en haut. Une image me retient entre toutes d'un talus semé de bourrache sauvage où bourdonnent des abeilles au pied duquel je me suis arrêté, à l'ombre de l'immobile traction Citroën noire — un luxe! — et tout à coup je ne sais plus qui de l'été, de la mer ou des fleurs est d'un bleu absolu. Lointain et proximité ont échangé une fois pour toutes leurs distances et cette opération poétique par excellence se fait avec la bénédiction du saint breton qui légua à la ville son nom : Saint-Valery.

Régresser dans le temps à bord d'une maquette de La Méduse

Le soir, revenant de la plage de La Ferté à quoi nous faisait accéder un bac conduit à la godille par un passeur pittoresque, lui-même hâlé par l'alcool, et qui, sans doute pour plus de sûreté, se guidait à un câble métallique toutes les fois que le flux remontant s'engouffrait violemment dans la Somme, je m'adonnais à la lecture. Point d'autre distraction alors, quand il n'y avait pas « nuit de hutte », c'est-à-dire quand mon père n'avait pas décidé de m'emmener passer une nuit entière à l'affût du gibier d'eau.

Insensiblement d'ailleurs, la lande marine de la baie blanchie par le sel des marées, entrecoupée de courants semblables à un petit Colorado en miniature au fond desquels chevauchaient, toutes pinces dehors, des crabes, dans un bruissement galactique de coquillages, modelait mes lectures. Je découvrais l'immense dans le petit mais cela même qui a toujours été une découverte propre à l'enfance coïncidait pour la première fois dans l'histoire de l'humanité avec ses nouvelles dimensions.

On me mit un jour entre les mains un récit d'aventures encore toute chaudes des mers du Sud. J'y avais certes déjà plongé plusieurs fois par la procuration des récits de Jack London traduits dans la Bibliothèque Verte de chez Hachette mais, indéniablement, le livre qu'on me donnait avait l'avantage de l'authenticité. Mon père et moi avions déjà suivi à la radio la progression haletante de cet équipage norvégien se laissant dériver, à bord d'un radeau en balsa rudimentairement ficelé, sur toute la distance qui va du Pérou aux îles Tuamotu. Ai-je parlé de la fin de l'Océanie au chapitre précédent? Alors il faut rouvrir le dossier pour le compléter!

Thor Heyerdhal, en 1951, venait en effet d'accomplir le premier voyage régressif de toute l'histoire de la navigation. Tel l'archéologue reconstituant dans son laboratoire un vase à partir d'une fragmentation de tessères, lui le navigateur avait décidé de reconstituer une route hypothétiquement suivie par les Incas des Andes qui eussent essaimé vers la Polynésie. Expérience pour le moins controversée! L'inouï pourtant était que pour la première fois on convoquât l'archéologie, donc l'Histoire, dans un espace dont l'imaginaire occidental avait toujours prétendu préserver la « virginité ».

Huit poutres de balsa ligaturées de papyrus des hauts lacs furent ainsi lancées à la mer pour prouver la théorie, laquelle faillit effectivement prendre l'eau à tous les sens de l'expression — figuratif et littéral. En haut de mon échelle de coupée valéricaine je ne devais vraisemblablement pas comprendre toutes les implications de l'expérience. Mais sur le calque de ma baie j'ajustai sans la moindre appréhension aucune la distance parcourue dans les mers du Sud par Thor Heyerdhal.

Le naufrage comme une forme de réussite

Incontestablement le *Kon-Tiki* ouvrit une brèche dans le climat de « guerre froide » qui prévalait alors. Eux-mêmes originaires du froid, ces Norvégiens venus se frotter aux mers chaudes de la manière la plus démunie qui soit — voile et rame — faisaient fondre la glace des héroïsmes figés. Non seulement infléchissaient-ils par altruisme ethnologique la route de leurs sagas nationales mais, plus encore, démontraient que la sagesse peut parfois consister à aller dans le sens où souffle le vent. Au sud, les alizés soufflaient est-ouest, contrairement au noroît des latitudes nord. Merveilleuse rose des vents où tous les compas politiques étaient d'un coup désorientés! Mais il y avait mieux : le *Kon-Tiki* inaugura l'ère du petit.

Il était clair que nous rapetissions depuis quelque temps déjà. Par un effet de relativisme swiftien, à mesure que l'avion nous faisait toucher aux limites de la Terre, écourtant les distances, notre place dans l'Univers s'amoindrissait. Retombée l'exaltation qui avait accompagné le lancement de la première capsule spatiale *Spoutnik*, en 1957, nous prîmes la mesure microcosmique de cet habitacle. Dans la nuit de l'Univers que fouillaient de plus en plus loin les télescopes géants, il fallait nous rendre à l'évidence que nous habitions nous-mêmes un *spoutnik*. Aussi, à défaut de pouvoir tous nous transporter miraculeusement en orbite d'un coup au large de notre propre môle planétaire, nous décidâmes que le véhicule le plus apte, à terre, à faire le point de notre situation cosmique serait le radeau.

C'est à peu près à cette époque que je croisai inopinément, place de la Gare à Amiens, un petit homme frais issu d'un retentissant exploit maritime. Jambe nerveuse dans un drap de marine, sourire illuminant la barbe noire, il donnait l'impression de marcher sur sa propre auréole. Regagnait-il par train la base de Toulon d'où il s'était embarqué, en 1952, à bord d'un banal canot pneumatique gonflable, comme l'industrie du caoutchouc commençait d'en diffuser? Seul, se nourrissant de plancton, de jus de poisson cru et d'eau de mer dessalée par un filtre, ce « naufragé volontaire » avait dérivé soixante-cinq jours durant depuis la Méditerranée jusqu'à la Barbade!

Comme Heyerdhal, Alain Bombard améliorait les conditions de l'expérience originelle de Christophe Colomb. Le progrès, montrait-il, ne suit pas nécessairement une trajectoire balistique tendue vers un maximum de vitesse ou d'efficacité. Il peut aussi bien aller dans la direction d'une humilité éléate — « Achille immobile à grands pas ». Nous vîmes alors la mer se couvrir de voiliers ayant à leur barre des navigateurs nommés Swift ou Voltaire. Nous entrions dans le monde de la survie individuelle, chacun sur sa propre *Méduse* en quelque sorte, mais bien décidé à ne plus reproduire les scènes de cannibalisme du siècle précédent.

La branche humaine remontée sur son tronc aquatique

Pour la mer elle-même, n'était-ce pas la seule manière légitime de se survivre? Habilement, comme elle savait ne plus beaucoup nous convaincre sous la forme du sublime baudelairien, elle essaima apostoliquement sous le (sous la) voile. L'érémitisme installa ses cellules comme au temps des navigations celtes à même les flots.

Derechef la Bretagne fut à l'honneur par ses coques de noix océanes, dont la plus célèbre de toutes, celle d'Eric Tabarly, nous restitua la clé de la féerie. Est-ce vraiment une coïncidence si, dans le même temps, un couple de dessinateurs dépêchèrent le petit légat breton Astérix avertir Rome que la fin de la geste impériale avait sonné? Par contrecoup l'homogénéité nationale française qui depuis la Révolution s'était, dans le symbole de ses monuments tout au moins, voulue romaine se fractura.

Nous cognant contre le granit têtu des minorités locales, et plus particulièrement le gaélique, nous nous émiettâmes dans la foultitude de patois locaux qu'avait unis le parler impérial. La terre qui, dans notre imaginaire, avait toujours gagné sur la mer massivement le céda progressivement à la houle dont nous ne sommes pas sortis.

Pourquoi désirer qu'elle cesse d'ailleurs? L'espèce de mal de terre qui insensiblement nous a pris indique que pour la première fois de notre histoire humaine nous sommes conscients de n'être pas fixes mais de bouger dans l'Univers. Directement soumis à la gravité, par conséquent, au lieu que ce soit seulement par la procuration rêveuse de l'océan comme au temps des grandes catastrophes maritimes, nous ne croyons plus à la mer géographiquement restreinte : nous croyons à la mer universelle. Car, pour ce qui est du mystère des fosses abyssales, la science océanographique qui tour à tour a arraché à sa nuit le cœlacanthe et envoyé le bathyscaphe illuminer la végétation sous-marine l'aurait plutôt dissipé.

Quoi qu'ait pu prétendre le commandant Jacques Cousteau, nous ne découvrîmes *Le Monde du silence* en 1956 (rappelons-nous que Louis Malle réalisa ici son premier film) que pour le perdre aussitôt! Par la grâce d'un mérou cabotin nommé Jojo — affreux Jojo! — se dissolvait définitivement le monde vampirique où s'était longtemps dissimulée la triste araignée de bibliothèque sous-marine, Nemo. La mer devenait transparente et surtout non moins bruyante que, pour le compositeur John Cage, le silence.

Vulgairement exploitable, débitable, c'était une réserve à poissons dont les bateaux sophistiqués repéraient désormais les bancs au radar, ainsi que, plus originalement, une mémoire des dépôts carbonifères ou pétroliers de la planète. Souillée par le mazout s'étalant en nappes à sa surface, elle nous inspira bientôt moins de pitié que de dégoût. Nous nous détournâmes de son corps hérissé de sondes d'analyses mycologiques : à la mer nous avions enfin inoculé notre maladie.

Veilles virgiliennes dans les Anciennes Hébrides

Dans mon univers valéricain, je m'étais inconsciemment préparé à ce nouveau partage des eaux. L'estuaire du fleuve Somme qui divise les sables du Marquenterre (« mer qui est en terre », « marche de la mer sur la terre ») des champs de galets arrachés aux falaises normandes compose un paysage de Genèse douce comme semblent les avoir aimés les moines bretons.

J'ai retrouvé beaucoup plus tard à Clonmacnoise, sur les bords du Shannon, les mêmes tapis en spartine vert olive, les mêmes taches violettes des statices à l'automne qui ont le don de pacifier les lointains. L'Irlande étant une île, je compris que j'avais dû toujours, moi-même, habiter une île. La fréquentation assidue de la littérature anglo-saxonne m'en convainquit définitivement. Parce que les océans du Nord ont cette réputation d'être moins hospitaliers — d'avoir, voulons-nous dire, moins de patience pour nos maladies —, tout voyage à leur surface prend une résonance métaphysique. Le temps s'y étage spatialement selon des marches géologiques comme telle Chaussée de Géants, telle poussière d'îles impossibles à dénombrer.

J'appris surtout à aimer les îles de l'Ecosse qui accompagnent à même la pierre la poussée volcanique qui fit basculer la Calédonie il y a quelques millions d'années. Là-bas une troupe immobile de phoques aperçus se séchant parmi les cormorans au large de la verte Jura compose à elle seule une espèce de calendrier cosmique pour la lecture duquel nous n'avons besoin que des yeux. De ces parages il n'est jamais, avec un peu d'imagination, trop compliqué de passer dans l'autre monde qui nous attend demain.

Sur une colline de Skye que frappait un soleil de six heures du soir après la pluie, j'affirme avoir vu s'inscrire *Les Géorgiques* de Virgile. Il est vrai que le plus grand poète gaélique avait pris la précaution d'habiter depuis longtemps déjà au pied de l'arc-en-ciel pour que la légende ne puisse pas mentir ce jour-là. Et pourtant dans l'éducation française, reconnaissonsle, rien ne prédispose l'enfance à l'amour des îles, comme étant cet espace qu'un contour précis met en contact avec les forces indéfinies de l'eau — images, elles-mêmes, de nos petites raisons entourées par le gigantesque océan des mythes.

A l'Angleterre j'empruntai donc ce sixième sens du septième jour, qui est le sens du septième jour, qui est le sens du repos liquide de la Création. Se concevant elle-même idéalement comme une assemblée idéale d'îles, ce pays en effet laisse toujours sa part à l'eau, à la fluctuation de l'eau. Ce qui s'exprime par un goût prononcé pour la labilité dans la navigation quotidienne avec, pour notre édification de terriens continentaux, mille petites interruptions catastrophiques nommées « humour » qui sont autant de répétitions générales pour l'heure du prochain Déluge. Chez Shakespeare, chez Conrad, Donne et Defoe je m'enseignai par conséquent à naviguer entre les îles.

Robinsons en serres chaudes

Promis à l'isolement dans l'espace français, j'aménageai patiemment mes accès à la mer. Aussi bien est-ce moins par nostalgie de l'enfance que par anticipation du futur que je fréquentai mes anciens rivages. Valéricain par choix lucide, dans un monde de *peregrinatio*, je m'installai à deux heures à peine de Douvres. Pourtant commençait alors de se fomenter un lent mouvement tectonique de notre sensibilité nationale. Qu'il ne semble pas avoir atteint son terme, rien de surprenant puisqu'il n'est pas dit qu'il doive se circonscrire à nos frontières. Car si celles-ci bougent au gré des humeurs politiques, çà et là dans le monde, peut-être est-ce la notion elle-même de limite incluant une certaine quantité de terre qui se voit ébranlée.

Toute souillée qu'elle soit, la mer garde intact son souffle de poumon naturel prenant inspiration aux astres — d'où sa longueur d'avance sur la terre dans le grand stade galactique. Préoccupés par la santé de nos imaginations, des écrivains, timidement, nous renflouèrent du sable où nous avions échoué pour nous faire reprendre le large. Manœuvre ô combien délicate, tant l'échouage paraissait légitime ! Mais n'était-ce pas par manque de tirant — et non certes de tyran ! — que nous nous étions échoués ?

Reprenant aux Anglais le canevas de leur mythe national, Michel Tournier réécrivit, par exemple, le roman de Defoe dans son *Vendredi ou les Limbes du Pacifique*. De toute évidence son Robinson avait entre-temps amélioré ses connaissances en ethnologie grâce à Boas, Malinowski ou Lévi-Strauss. Comme d'autre part la longévité d'un mythe tient à sa plasticité, quel mythe plus insubmersible que celui de l'île sauvage ? L'Anglais Golding avait eu beau pessimistement faire s'entre-détruire sa jeune colonie anthropophage aux Antilles (*Lord of the Flies, Le Seigneur des mouches*, 1954), Robinson reparaissait côté français, sur le versant optimiste de 68. Inversant ironiquement les rôles, Tournier réapprenait à Robinson une sorte de dionysisme cultivé qui plut bien aux Indiens ayant fréquenté les bancs de la Sorbonne. A peine descendus de leurs barricades, ceux-ci partirent aussitôt coloniser l'Ardèche ou la Lozère dans des perspectives d'infinis moutonnements.

Eussent-ils évité leurs futures désillusions s'ils avaient préalablement eu, comme les Anglais, une solide culture de l'insularité ? Quelle surprise en effet à la lecture d'une comédie de Shakespeare comme *As you like it* (*Comme il vous plaira*) d'entendre un clown et un philosophe argumenter avant la lettre le débat sur la vie écologique opposée à la vie urbaine ! Il y a bien longtemps — sans doute depuis Cromwell — que les Anglais ont cessé de confondre limites insulaires et *utopie*. Il nous faudra donc, quant à nous, remonter bien en deçà du XIXe siècle, et bien au large de Jersey, pour épouser notre nouvelle sensibilité de l'île.

Rupture de câble à haute tension sur fonds abyssins

Je ne m'étonne pas que nous ne connaissions pas nos écrivains insulaires. Telle qu'elle est concentrée sur elle-même, notre vie littéraire ne pardonne pas en effet qu'on ose se tenir au large. Paradoxalement, d'ailleurs, c'est cela même qui la définit elle-même comme insulaire, donc toujours en danger d'excentrement. A cet égard je crois que nous sommes sans doute décisivement entrés dans une période de graves malentendus. Lorsque par exemple le bannissement pour cause d'insularité porte le visage de Malcolm de Chazal, il faut que l'île mère soit devenue singulièrement chagrine.

Voyez un peu ce Mauricien reconnu par Breton, Reverdy et

tant d'autres oser non seulement rompre avec le surréalisme mais, crime plus grave, prétendre parler d'égal à égal avec nos grands maîtres. De son île, Chazal envoie successivement une *Lettre à André Gide* en 1947, suivie d'une *Lettre à Jean-Paul Sartre* en 1948. Aucune réponse de l'un ou de l'autre, trop peu attentifs au boomerang du mépris! Imaginez un peu que William Blake ait écrit à Coleridge — non, mauvais exemple, il aurait répondu. A la place posthume où est maintenant Sartre en tout cas, je ne serais pas fier, je tremblerais même tant ce silence est gros d'une irrémédiable *insensibilité* poétique.

N'est-ce pas un signe prémonitoire que cet ingénieur sucrier éduqué en Louisiane à l'université de Bâton-Rouge ait d'ailleurs choisi de vivre toute son existence d'insulaire dans le métissage des langues et des cultures? L'un des plus grands écrivains en français de ce siècle, pourtant. Son île hollandaise des mers Australes, voyez comme il la traîne, comme il la trempe dans les soleils de l'Apocalypse pour nous contraindre à l'exotisme le plus exigeant — celui qui concerne nos âmes.

Avec Chazal, plus de salut à l'horizon du symbolisme du mot mais ce frottement amoureux, angoissé, entre elles des frontières qui séparent et unissent la matière et l'esprit. Quelle anthologie cueillir au milieu de cette lumineuse luxuriance?

> Il est midi maintenant en moi. Midi : l'heure du feu — Voici à l'horizon un paysage qui flamboie. C'est dans la direction sud-est de l'île idéale. Je prends mon élan, et je me jette en esprit dans cette flamme, comme une brindelle dans un grand feu. Dans une crique-vallée au bord de la mer, je tombe. La mer est à ma droite et le feu de l'esprit à gauche. Je passerai du feu à l'eau et de l'eau dans le feu, à mesure que je me sentirai brûler ou que la froideur de l'esprit me ramènera à la chaleur des perceptions. Ici est un peuple de total amour, là vit la vérité, l'eau est à droite, et l'amour est dans la région du cœur.
>
> « L'Idéale Ile Maurice » in *Petrusmok*.

Une seconde nucléaire dans l'éternité de l'île

Pour le poète mauricien, une île — toute île — est la pointe émergée d'un continent englouti. Aussi l'isolement de ses habitants n'est-il qu'un effet de surface qui ne peut en aucun cas masquer une solidarité abyssale. Le privilège de l'insulaire est justement là. Couronnée de tous côtés par l'eau dont elle dépasse à peine comme une tête de nageur, l'île adhère d'un seul tenant par son corps au magma profond. Montagne elle est, par conséquent, mais pic d'humilité en quelque sorte dont les eaux de la mer s'ingénient à refroidir l'orgueil mieux que la neige.

Ainsi sous l'île Maurice se serait écroulé le socle du Gond-wana, faisant des rescapés de la surface les derniers Lémuriens vivants :

> ... Aussitôt que je pris pied au bas de la montagne, je vis qu'une troupe d'hommes y vivait. Leur couleur était rouge. Rouge grenat et vert étaient leurs cheveux. Leurs dents jaunes avaient l'éclat de l'iris comme cette fleur en pleine lumière qui nous donne une sensation de jaune. Et ces hommes étaient trapus et en même temps grands. La lumière faisait que quand ils parlaient, ils grandissaient à vue d'œil. Je trouvais cela étrange...
>
> « L'Idéale Ile Maurice », *ibid.*

Voici qu'un montagnard des îles — il faudrait trouver un nouveau nom comme *alpinîliste* par exemple — parvient sans effort à gravir la paroi des relativités tout en ne laissant pas une seconde échapper de sa main la corde poétique. Le plus miraculeux, cette fois, est que l'ascension n'ait pas la raideur de l'étouffant cratère d'Aden où Rimbaud s'embrase dans ses *Illuminations* mais qu'il faille si peu s'écarter du paysage réel pour atteindre l'autre versant.

Par le siphon de l'île Maurice, Chazal nous donne une leçon de géographie moderne où les dimensions du cosmos désormais inversées s'équivalent. Plonger c'est en même temps voler sur cette boule des rotations où nous sommes, en sorte que la réalité cosmique la plus expérimentale redonne sa verdeur à cette vieille analogie que le symbolisme avait rendue vaporeuse, voire complètement fumeuse. Désormais, oui, c'est au ciel et non plus sur terre qu'il faut avoir les pieds ! « Viendra un jour où la télévision nucléaire nous y mènera [New York] en un millième de seconde. Nous marchons rapidement vers la vitesse du temps instantané, jusqu'à atteindre la vitesse même de l'espace... Tu veux dépasser le temps instantané ? Sois sur le plan de l'âme. » (*Sens magique.*)

Et le Mauricien insolemment de faire rebondir vers sa source, comme un miroir réverbérerait une onde, cette grande agitation exploratrice des mers du Globe qu'initia l'Europe à la Renaissance. Cette fois la boucle est véritablement bouclée : « Vous voyagez dans le monde ; moi, je reste fixe et appelle le monde à moi, et je cherche à être le Visiteur de l'Infini dans ma propre âme. » (*Lettre ouverte à Jean-Paul Sartre*, 1948.)

La pigmentation réelle du rêve africain

Léopold Sedar Senghor crut reconnaître en Malcolm de Chazal un poète africain. Quelle loi empêcherait en effet qu'il y eût des Africains blancs ? Intuition juste d'ailleurs — Africain, Chazal le fut plus tôt que quiconque par son sens de nos profondes solidarités. Car hormis ce petit releveur de compteurs téléphoniques des antipodes — l'occupation effective de Chazal —, quel poète avait retenu les leçons génétiques de Charles Darwin ? Le grand savant barbu nous avait pourtant asséné dans sa *Descendance de l'Homme* — en pleine crise coloniale — que nous étions issus du même berceau humain. Africain, Chazal l'est peut-être même plus encore, tout au moins plus profondément que les grands poètes surgis aux Antilles lors de l'insurrection post-coloniale. Effets de surface, ces insurrections ! C'est une chose que de crier, c'en est une autre que la langue dans quoi on crie.

Commençant sa postface aux *Cahiers d'un retour au pays*

216

natal d'Aimé Césaire — écrite à New York en 1943 —, André Breton raconte être tombé sur le livre de Césaire dans une mercerie où il était entré avec sa fille pour l'achat d'un ruban. Beau fil d'Ariane qui nous ramène magiquement à la Bretagne surréaliste. Cassons, cassons le cordon ombilical! Oui mais — et c'est là le dilemme des Antilles — le pouvons-nous? Qui dit en effet que l'indépendance serait le fin fond de la question? Lorsque je lis Aimé Césaire ce que j'admire surtout c'est l'élan du cri qui parvient à se frayer un chemin de lave à travers les moraines du surréalisme. Oui, confisquée par le surréalisme, cette langue, pour qui la protestation anticoloniale du poète — lisez la fin de la postface de Breton — serait le couronnement floral le plus exotiquement flamboyant imaginable.

Iles miettes
Iles informes

Iles mauvais papier déchiré sur les eaux
Iles tronçons côte à côte fichés sur l'épée flambée du soleil
Iles annelées, unique carène belle
Et je te caresse de mes mains d'océan — Et je te vire
de mes paroles alizées. Et je te lèche de mes langues d'algues
Et je te cingle hors-flibuste

Ô mort ton palud pâteux!
Naufrage ton enfer de débris! j'accepte!

                  Aimé Césaire, *Cahier d'un retour au pays natal.*

Je ne suis pas sûr qu'il n'y ait pas de l'étouffement dans cette « parole belle comme l'oxygène naissant ». Pourquoi l'oppression en effet s'arrêterait-elle aux frontières de la langue?

Savoir cultiver ses Indes

Prétendre marier l'insurrection à la beauté sans coucher dans le lit de l'*amour fou* relève nécessairement de la performance impossible. Autant se conduire comme le Haïtien René Depestre, c'est-à-dire essayer de réintégrer le Jardin côté femme.

Jamais tu n'es revenu les sens aux abois
de cette extase d'ouvrir l'espace charnel
ton automne a une éponge à ses vertiges
qui absorbe et purifie le temps féminin.

René Depestre, « L'Eponge enchantée », *En état de poésie*.

Sinon il se produit que la beauté insulaire plissée par les civilisations de l'impatience ressemblera vite à une attente insoutenable. Voyez comme, sur sa rive, Edouard Glissant est le décalque exact du masque de Reverzy.

L'après-midi s'est voilé
De lianes d'emphase et fureur
Glacée, de volcans amenés
Par la main à côté des sables

Le soir à son tour germera
Dans le pays de la douleur
Une main qui frise le soir
A son tour doucement tombera

Edouard Glissant, « Un champ d'îles », *Les Indes*.

Plus qu'à Breton d'ailleurs, il doit surtout être difficile aux Antillais d'échapper à la luxuriance natale — donc légitime — de Saint-John Perse. Comment se démarquer en noir sur tant de couleur sinon en allant vers le nord, vers le blanc ? C'est un privilège qui ne me semble pourtant avoir été accordé qu'aux bilingues, qu'aux navigateurs interlopes des deux grandes littératures, la française et l'anglaise — un Le Clézio, par exemple, autre Mauricien, dont le plus beau texte est aussi le plus court, ce *Voyage vers les icebergs* accompli dans le sillage de Michaux : « La voix traverse la mer, elle avance vite, au ras de l'eau, entre les blocs de glace étincelants. Mais personne ne l'entend, personne ne lui répond. Ici est le pays du langage pour soi seul, de la parole sans limites. L'horizon a fermé son cercle, il n'y a plus d'ouverture. La lumière est fixe et belle. Le froid est puissant. »

Autisme de l'île ? Nulle part, dans aucune religion, il n'est écrit que le passage vers les dieux doive impérativement être boréal. Méfions-nous de ne pas trop prolonger les alpinismes romantiques sous couvert de neige et de silence. L'île, ne l'oublions pas, parce qu'elle est la forme terrestre parfaite de l'imperfection, promène partout son ombre antipodale avec elle-même.

La baleine de Benedeit au large de l'Hudson

C'est pourquoi il n'existe sans doute pas d'autre lieu qui ait su cristalliser autant de rêves humains sur une aussi petite surface, à notre siècle, que New York. Mouillant au fond d'une rade profonde dont plusieurs îlots en quinconce masquent l'accès, ce navire à l'ancre ou ce rugueux assemblage en granit a appelé sur lui, comme une foudre, toutes les métamorphoses. N'allons pas croire, traduisant à la lettre le mythe de Robinson, qu'une île doive longtemps rester virginale. Walt Whitman a merveilleusement répondu à Defoe sur ce point : île-poisson Manhattan, certes, mais poisson exsudant la sagesse au fond du chaudron irlandais où il rissole. La charge mythique d'une ville-île comme New York, héritière de Venise et d'Amsterdam, est en effet décuplée, centuplée par la foule d'yeux qui en abritent, chaque paire, une part étincelante. Le Québécois Victor-Lévy Beaulieu (auteur d'un magnifique *Monsieur Melville* en trois parties paru en 1978) écume rétrospectivement de jalousie de n'avoir pas été là aux premiers rangs de la poursuite de *Moby Dick*. Car quel Français aura jamais su parler avec l'intensité de Melville de cette épidémie marine qui saisit les insulaires de Manhattan ?

> Regardez ! voyez-moi un peu ces milliers de bipèdes se dirigeant vers l'eau tête la première comme pour plonger. Etrange, non ? Car c'est le rebord extrême du quai qu'ils recherchent, pas autre chose ; flâner dans la demi-pénombre des entrepôts ne leur dit rien. Absolument pas !

Ce qu'ils veulent, eux, c'est s'approcher de l'extrémité du bord du bord de l'eau, quasiment à tomber. Et puis rester là, debout, sur des kilomètres et des kilomètres, parfois même des lieues, terriens sortis du fin fond de leurs rues et leurs ruelles, des avenues du nord, du sud, de l'est, de l'ouest, et venus s'unir là. Qu'est-ce qui, à votre avis, peut bien les attirer comme ça, serait-ce donc l'aimant de l'aiguille des boussoles à bord des bateaux ?

Jean Giono, peut-être, ce pâtre virgilien des hautes pentes de la Provence à qui il est parfois arrivé de se laisser glisser jusqu'à l'eau bleu calanque, par toutes les gradations de l'olivier ? Dans *Noé*, nous l'avons vu accomplir cette subtile descente mais c'est dans *Fragments d'un Paradis* (1974), intitulé « poème », que le traducteur de *Moby Dick* suscite un monstre marin équivalent — magnifique raie rose géante :

> La bête avait l'air de planer lentement à la surface de la mer à la façon des aigles. Par une simple flexion de ses énormes ailes de cartilage, elle amassait sous elle des remous qui faisaient émerger sa tête. A chaque mouvement, sur cette peau que le claquement du jet retombé avait fait reconnaître pour le cuir le plus épais, il y avait les innombrables couleurs et clartés qui jouent dans les plumes d'un oiseau en plein vent.

L'argent cathartique de nos peurs

Le plus fascinant dans New York c'est d'y sentir partout à l'œuvre cette monstrueuse métamorphose qui nous rend à nous-même notre imagination habitable, vertigineusement habitable, jusqu'aux limites même de l'expropriation. Quelle plus belle fable, par exemple, que ces dinosaures contemporains des années de « dépression » — les gratte-ciel — profilant leurs ombres dans la forêt blanche et noire des pellicules ? Ainsi l'île réelle où débarquent les aventuriers de *King-Kong*, en 1933, n'est pas tant une lointaine île de la Sonde que Manhattan elle-même déformée par des injections de ciment en créature du crétacé.

Ce n'est que de la fréquentation de la grande baleine blanche Moby Dick que pouvait naître ce monstre architectural. A New York en effet l'homme moderne maîtrise au présent son futur et son passé dans un couple fantastique en évolution constante. D'où ce contresens habituel sur l'argent dont on ne perçoit pas que sa stérilité serait précisément de ne pas extérioriser nos craintes les plus profondes. En s'échangeant ici à New York, — comme hier à Anvers, Amsterdam ou Venise — avec lui-même à proximité immédiate de l'eau, l'argent concrétise la plasticité de notre imagination, liquidité contre liquidités.

Par ailleurs l'île, à la différence de la terre ferme, lorsqu'en outre elle abrite un port, a constamment le contrôle de ses microbes, de ses maladies. C'est ainsi que des suppurements nationaux européens, Manhattan aura, par le filtre d'Ellis Island, fait le socle de sa Liberté. Moi-même je me revois ironiquement émerger d'une vague matinale sur le rivage de Long Island, il y a deux ans à peine, tel un Whitman régénéré, pour acheter à un kiosque un journal dont le grand titre étalait la découverte d'un lot de seringues usagées repêchées à la mer à cet endroit précis de la plage où je venais de me baigner! Voilà pourquoi l'insulaire d'occasion débarquant pour la première fois à l'aéroport John-Fitzgerald-Kennedy ne sentira que l'allégresse du mythe sans comprendre le mystérieux et profond travail d'épuration qui est celui de l'île.

Exemple d'insulaire pressé, Paul Morand qui, en 1929 — oui, précisément! — avale de sa cavalante écriture, légère et vorace tout à la fois, New York, comme il ne fera qu'une bouchée de Londres quatre ans plus tard. Jazz, cinéma, comédie musicale composent alors une espèce de fondante viennoiserie dans laquelle l'Europe, par la dent affamée de Charlot, croit croquer ses anciennes sucreries infantiles. Il faut d'ailleurs reconnaître que l'île se prête parfois complaisamment à de tels effets de surface, se dissimulant à elle-même son appartenance au sol imaginaire commun. Ne serait-ce pas, en ce sens, la monstruosité ultime de New York que de ne pas tolérer d'autre image d'elle-même qu'en rose ou noir d'opérette?

Une petite Antille tout au nord sous les citrons verts

Fraîchement débarqué à Manhattan mais encore inconscient des distances j'avais, par un torride après-midi du mois d'août 1980, choisi de quitter *Time Square* à pied dans la direction du *Village* pour aller rendre visite au romancier Eugène Nicole. Au bout d'une bonne heure de progression dans la torpeur de la Sixième Avenue — dite *Avenue of the Americas* —, je commençai de sentir ma peau se fendiller en cuir de momie égyptienne marchant au milieu d'un musée de vivants. Avec tout juste assez d'oasis en moi pour gagner *Bleecker Street*, je réussis à m'élever par un puits de vingt étages jusqu'à l'appartement de mon ami. M'ouvrant la porte, lui reconnut instantanément en moi le hiéroglyphe de la sécheresse. Deux verres successifs, de citron vert ou lime antillais modérément glacé, me redonnèrent la voix. Je la lui rends aujourd'hui, par pure réciprocité samaritaine, mais aussi parce que mon long périple maritime ne pouvait pas mieux finir que par lui.

Cet originaire de Saint-Pierre-et-Miquelon qui habite à la pointe extrême de Manhattan dont, vues la nuit depuis la fenêtre de son appartement, les lumières font une espèce de grand arbre de Noël permanent, a entrepris d'écrire la légende de sa petite île à l'abri de la grande. Dois-je dire que cet emboîtement des mythes me fascine? La manière dont mon ami romancier fait coulisser les tiroirs de Joseph Conrad dans sa narration, amenant la voile de Cartier en transparence du vol de Lindbergh sous le regard d'une Miquelonnaise qui, par hasard, levait les yeux au ciel au même moment, m'enchante.

Le relief géologique que font entre eux le temps et l'espace ne pouvait sans doute pas trouver de meilleure plate-forme que ce fantomatique archipel du bout des brumes aux confins des cultures anglaise et française. D'en haut, désormais, ai-je dit en commençant, la perspective ! Car je veux croire qu'en cette après-midi de température saharienne, où la rue fumait par ses plaques d'égout, je n'avais traversé New York que pour rejoindre l'altitude de *L'Œuvre des mers* :

> A Langlade, il n'était donc question que de regards *internes*, limités au domaine de l'estival séjour. Entre la Dune, le retournement des mornes de Mirande et les falaises, s'étendait une masse d'eau en forme de coquille. Son volume était incalculable mais perceptible dans la surface même qui le dissimulait. Cézanne en ce lieu, déjà. Et d'ailleurs il aurait été plus juste de parler peinture pour qualifier, dans ses déboîtantes perspectives, le spectacle fixe et instantané que l'on contemplait de la maison. C'étaient, fuyant jusqu'à l'horizon, les rochers antédiluviens, éblouissants, couverts d'écume, les ravines et les criques aux pulsations aquatiques, l'immuable séjour du flot sur les chaussées de porphyre et les rivages plus paisibles mais toujours encombrés de bois mort rejeté par la dernière tempête.

Envoi

Les îles et les estuaires. Je n'ai pas pu parler des estuaires. Il faudrait que je recommence tout ce livre au commencement. Suivant une autre route. Il faudrait, pour bien faire, que je revienne à une source zéro, sur les plateaux de l'Ardèche, par exemple, entre des châtaigniers que j'imagine roux de bogues fendues, marrons roulant sur le goudron des routes, où je recommencerais avec l'innocence de la Loire en son premier bassin. Cette longue, longue chevauchée ligérienne de l'eau s'agrégeant à l'eau et se désagrégeant aux sables du côté de Tours avant de devenir méditative à Angers puis de passer, algues à l'épaule, devant les casernements surréalistes. Loire négrière — connaissant la longueur de la Loire, depuis sa source, calculez la surface d'herbage des Sargasses.

Ah ! je n'ai pas tenu compte de la Loire. Pas plus que ma favorite, l'affluente de mon nom Maas la Meuse, je ne serai allé l'attendre à la sortie des classes domrémiennes où, voyez, cette chipie tourne le dos à Jeanne la France, avant de faire la nique à Rimbaud Arthur, qui lui tendait pourtant, comme un petit CM2, son ardoise d'Ardennes toute gribouillée de chiffres arabes !

Comment, oui comment, crénom de crénom d'aphasique namurois, ai-je pu ne pas avoir la patience d'aller jusqu'à Rotterdam avec mon copain d'estaminet Cendrars — ou même descendre rien qu'un bout d'Escaut, avec lui, jusqu'aux diamanteries d'Anvers, conformément à ce qui est écrit dans sa bible Bourlinguer *! Et cependant, si j'avais pris mon élan en Ardèche ou du côté de Langres où les hivers sont plus raides que les pentes, qui me dit que j'aurais réellement eu le temps d'atteindre la mer ? Car l'histoire de la mer, côté estuaire, côté terre, est une tout autre histoire que l'histoire de la mer, au large de la terre, dans sa largeur de mer.*

Ainsi quand, par ces ouvertures qui sont nos estuaires à nous, nos bouches, afflue le fleuve principal phrase avec tout son cortège de conjonctives ou de subordonnées, il se produit souvent qu'à l'approche du large, du grand large salé de la mer, se précipite tout à coup cette réaction chimique de solubilité qu'on appelle poésie. *Voilà, moi aussi j'ai conduit ce fleuve à son propre estuaire, laissez-moi maintenant m'évaporer !*

tu entres dans l'eau
l'horizon se dissout
l'œil se ferme
l'oreille s'ouvre à l'écoute des rumeurs
l'oreille s'affine
l'oreille affine le sel des bruits
le ciel se goûte bruyant
l'arche de l'univers cogne contre le tympan
le corps est une cathédrale engloutie
nous nageons dans une nef.

Jacques Darras, *La Maye*, 1988.

INDEX

BIBLIOGRAPHIE

Glacier succinct des ouvrages consultés, le corps de l'iceberg se trouvant à la Bibliothèque nationale.

Il faut qu'une voile soit noire ou blanche

D'Arbois de Jubainville, *Cours de littérature celtique*, 8 vol., E. Thorin, 1883-1899.

Olivier Loyer, *Les Chrétientés celtiques*, PUF, 1965.

Gilbert H. Doble, *The Saints of Cornwall*, I, II, III, IV, Holywell Press, Oxford, 1965.

Michael Richter, *Medieval Ireland*, Gill and Macmillan, Dublin, 1988.

Dillon, Chadwick, Guyonvarc'h, *Les Royaumes celtiques*, Fayard, 1974.

Georges de Plinval, *Pélage*, Payot, Lausanne, 1943.

Anne Dominique Kapferer, *Le Bruit de l'eau*, Trois Cailloux, Maison de la culture d'Amiens, 1991.

Kuno Meyer, *Selections from Ancient Irish Poetry*, Londres, 1913.

Benedeit, *Le Voyage de saint Brandan*, Union générale d'éditions, 1984.

Tristan et Iseut, Les Poèmes français, La Saga norroise, Le Livre de Poche, 1989.

Jacques de Voragine, *La Légende dorée*, 2 vol., Garnier-Flammarion, 1967.

Charles Albert Cingria, *La Civilisation de Saint-Gall*, Payot, Lausanne, 1929.

Denis de Rougemont. *L'Amour et l'Occident*, Gallimard, 1938.

Jacques Darras *et alii, La Forêt invisible,* Anthologie de la littérature du nord de la France depuis le Moyen Age, Trois Cailloux, Maison de la culture d'Amiens, 1985.

Philippe de Mezières, *Le Songe du vieil pèlerin,* Cambridge, 1969.

La France dans une goutte d'eau

Léonard de Vinci, *Carnets,* Gallimard, 1987.

Serge Bramly, *Léonard de Vinci,* France Loisirs, 1989.

Jean Jacquart, *François Ier,* Fayard, 1981.

Peter Lahnstein, *Dans les pas de Charles Quint,* La Table Ronde, 1983.

Fernand Braudel, *La Méditerranée et le monde méditerranéen à l'époque de Philippe II,* Armand Colin, 1961.

Jacques Cartier, *Voyage au Canada,* Avec les relations des voyages en Amérique de Gonneville, Verrazzano et Roberval, La Découverte, 1989.

Eugène Guénin, *Ango et ses pilotes,* 1901.

Jean Parmentier, *Description nouvelle des merveilles de ce monde et de la dignité de l'homme...,* Paris, 1531.

André Breton, *Nadja,* Folio Gallimard, 1972 ; *Arcane 17,* Le Livre de Poche, 1989.

Gaston Miron, *L'Homme rapaillé,* Presses Université de Montréal, 1970.

Marguerite de Navarre, *L'Heptaméron,* 1559 ; Slatkine, Genève, 1969 ; *La Navire,* 1547.

Sebastian Brant, *Das Narrenschiff,* Reclam, Stuttgart, 1964.

Erasme, *Eloge de la folie,* Garnier-Flammarion, 1964.

François Rabelais, *Le Quart Livre,* in *Œuvres complètes,* La Pléiade, Gallimard, 1987.

Lucien Febvre et Henri-Jean Martin, *L'Apparition du livre,* Albin Michel, 1958 et 1971.

L'alexandrin avait-il le pied marin ?

Vauban, *Les Oisivetés,* Berger-Levrault, 2 vol., 1910.

Hugo de Groot (Grotius), *Mare Liberum,* 1609, Elzevier ; traduction Paris Imprimerie royale, 1845.

Etienne Jodelle, *Cléopâtre captive,* José Feijoo, Mugron, 1990.

Jean Lemaire de Belges, *La Concorde des deux langages,* Droz, 1947.

Jacques Roubaud, *La Vieillesse d'Alexandre,* Ramsay, 1988.

Maria Luiza Spaziani, *Storia dell'Alessandrino*, Università di Messina, 1974.

Georges Doutrepont, *Les Mises en prose des épopées et des romans chevaleresques du XIVᵉ au XVIᵉ siècle*, Slatkine, Genève, 1969.

Samuel de Champlain, *Les Voyages de Samuel Champlain*, PUF, 1951.

Ernest Lavisse, *Louis XIV*, Bouquins, Robert Laffont, 1989.

Corneille, *Œuvres complètes*, La Pléiade, Gallimard, 1980.

Racine, *Œuvres complètes*, La Pléiade, Gallimard, 1982.

Jean de La Fontaine, *Œuvres complètes*, La Pléiade, Gallimard, 1983.

Paul Morand, *Fouquet ou le Soleil offusqué*, Folio Gallimard, 1961.

Paul Zumthor, *La Vie quotidienne en Hollande au temps de Rembrandt*, Hachette, 1959.

Bernard Pingaud, *La Hollande*, Petite Planète, Seuil.

Michel Chaillou, *Vadé et le langage poissard*, Revue Po&sie nº 25, Belin, 1983.

Bougainville plus Cook avec Diderot en supplément

Robert Marteau, *Mont-Royal*, Gallimard, 1981 ; *Fleuve sans fin*, Gallimard, 1986.

William Carlos Williams, *Au grain d'Amérique*, Bourgois, 1980.

Joseph Martray, *La Destruction de la marine française par la Révolution*, France-Empire, 1988.

Barère de Vieuzac, *La Liberté des mers*, Sorlot, 1942 ; Nouvelles éditions latines.

Antoine Galland, *Journal de Constantinople, 1672-1673*, E. Leroux, 1881 ; *De l'origine et du progrès du café*, Caen, 1699 ; *Les Mille et Une Nuits*, Lattès, 1987.

Paul Butel, *Histoire du thé*, Desjonquères, 1989.

Encyclopédie ou dictionnaire raisonné des sciences, des arts et des métiers, 1775.

Michèle Duchet, *Anthropologie et histoire au siècle des Lumières*, Flammarion, 1977.

Charles des Brosses, *Histoire des navigations aux terres australes*, Durand, 1756.

Louis-Antoine de Bougainville, *Voyage autour du monde*, La Découverte, 1989.

James Cook, *Relations de voyages autour du monde*, La Découverte, 1989.

Bernardin de Saint-Pierre, *Voyage à l'Ille de France*, La Découverte, 1989.

Daniel Vaxelaire, *Les Chasseurs d'épices*, Jean-Claude Lattès, 1990.

Denis Diderot, *Supplément au voyage de Bougainville*, Garnier-Flammarion, 1972.

Réécrire l'histoire du Déluge

Mary Wollstonecraft, *A Short Residence in Sweden, Norway and Denmark*, Penguin Classics, 1987.

Buffon, *Des époques de la Nature* in *Œuvres complètes*, 25 vol., 1774-1778.

Las Cases, *Le Mémorial de Sainte-Hélène*, 8 vol., 1823.

François René de Chateaubriand, *Mémoires d'outre-tombe*, La Pléiade, Gallimard, 1983.

Lautréamont, *Les Chants de Maldoror, Œuvres complètes*, José Corti, 1984.

Byron, *Don Juan.*

Victor Hugo, *Œuvre poétique*, La Pléiade, Gallimard, 1984.

Arthur Rimbaud, *Œuvres complètes*, La Pléiade, Gallimard, 1983.

Victor Hugo, *Les Travailleurs de la mer*, Gallimard, 1965.

Stéphane Mallarmé, *Œuvres complètes*, La Pléiade, Gallimard, 1984.

Des bibliothèques au fond de l'eau

François-Victor Hugo, *La Normandie inconnue*, Pagnerre, 1857.

Frances Vernor Guille, *Victor Hugo et son œuvre*, Nizet, 1950.

Charles Nodier, *Dictionnaire raisonné des onomatopées françaises*, 1828 ; *Promenade de Dieppe aux montagnes d'Ecosse*, 1821.

Jules Michelet, *Journal*, Gallimard, 1959 ; *La Mer*, L'Age d'homme, 1980.

Jules Verne, *Vingt Mille Lieues sous les mers*, 1869 ; Hachette, 1980.

Bernard Frank, *Jules Verne et ses voyages.* Flammarion, 1941.

Michel Serre, *Jouvences sur Jules Verne*, Minuit, 1974.

Gaston Bachelard, *L'Eau et les rêves*, José Corti, 1989.

Victor Hugo, *William Shakespeare*, Flammarion, 1973.

Femmes d'écume pour un panthéon

Thomas Ferenczi, *Thalassa, Psychanalyse des origines de la vie sexuelle*, Payot, 1977.

Jean Rudhardt, *Le Rôle d'Eros et d'Aphrodite dans les cosmogonies grecques*, PUF, 1968.

Roland Barthes, *Michelet par lui-même*, Seuil, 1969.

Charles Baudelaire, *Œuvre complète*, La Pléiade, Gallimard — *Correspondance*, Gallimard, 1973 ; *Dernières Lettres inédites à sa mère*, Jacques Crépet, Excelsior, 1926.

Pierre-Jean Jouve, *Tombeau de Baudelaire*, Seuil, 1958.

Claude Pichois, *Baudelaire, études et témoignages*, La Baconnière, Neuchâtel, 1967.

Albert Feuillerat, *Baudelaire et la belle aux cheveux d'or*, José Corti, 1941.

Théodore de Banville, *La Mer de Nice*, Poulet-Malassis, 1861 — *Poésies*, Poulet-Malassis, 1857 ; *Petit Traité de poésie française*, Lemerre, 1891.

Paul Claudel, *Œuvre théâtrale*, La Pléiade, Gallimard ; *Œuvre poétique*, La Pléiade, Gallimard.

La musique saisie par le large

Léon Guichard, *La Musique et les Lettres au temps du romantisme*, PUF, 1955.

Judith Gautier, *Auprès de Richard Wagner*, 1861-1882, Mercure de France, 1943.

Elwood Hartman, *French Literary Wagnerism*, Garland, New York, London, 1988.

M. Gregor-Dellin, *Wagner au jour le jour*, Idées, Gallimard, 1972.

Thomas Mann, *Wagner et notre temps*, Le Livre de Poche, 1978.

Paul Claudel, *Œuvre en prose*, La Pléiade, Gallimard.

Claude Debussy, *Monsieur Croche*, Gallimard, 1971.

Vladimir Jankélévitch, « Debussy et le mystère de l'instant », in *De la musique au silence*, Plon, 1976.

Edward Lockspeiser, *Debussy : sa vie et sa pensée*, Fayard, 1980.

Saint-John Perse, *Œuvre poétique*, La Pléiade, Gallimard.

John Ruskin, *La Bible d'Amiens*, 10/18 Bourgois 1986. *La Revue Blanche*, 10/18 Bourgois 1989.

Marcel Proust, *A la recherche du temps perdu*, La Pléiade, Gallimard.

Victor Segalen, *Equipée*, L'Imaginaire, Gallimard, 1983.

Blockhaus contre un océan irradié

Paul Virilio, *Bunker Archéologie*, Centre Georges-Pompidou, 1975.

Georges Clemenceau, *Claude Monet, les Nymphéas*, Le Terrain vague, 1990.

Vercors, *Le Silence de la mer*, Albin Michel, 1986.

Julien Gracq, *Le Rivage des Syrtes*, José Corti, 1952.

Albert Camus, *L'Etranger*, Gallimard, 1942 ; *La Peste*, Gallimard, 1947 ; *L'Exil et le royaume*, Gallimard, 1957 ; *Œuvres complètes*, La Pléiade, Gallimard.

Jean Giono, *Œuvres romanesques complètes*, tome III, La Pléiade, Gallimard, 1974.

Paul Gauguin, *Noa-Noa*, Complexe, Bruxelles, 1989.

Victor Segalen, *Gauguin dans son dernier décor*, Fata Morgana, 1975.

Jean Reverzy, *Le Passage*, Flammarion, 1977.

Alain Corbin, *Le Territoire du vide*, Aubier-Montaigne, 1988.

Maurice Blanchot, *Thomas l'Obscur*, Gallimard, 1971.

Edmond Jabès, *Le Soupçon le désert*, Gallimard, 1978.

Des îles vues d'en haut

Thor Heyerdahl, *L'Expédition du Kon-Tiki*, Albin Michel, 1951.

Alain Bombard, *Naufragé volontaire*, Ed. de Paris, 1953.

Michel Tournier, *Robinson ou les Limbes du Pacifique*, Gallimard, 1967 ; *Robinson ou la vie sauvage*, Gallimard, 1977.

Malcolm de Chazal, *La Vie derrière les choses*, La Différence, 1985.

Aimé Césaire, *Cahier d'un retour au pays natal*, Bordas, 1947.

Edouard Glissant, *Les Indes*, Seuil, 1965 ; *Pays rêvé, pays réel*, Seuil, 1985.

René Depestre, *En état de poésie*, EFR, 1980.

Paul Morand, *New York*, Flammarion, 1988 ; *Londres*, Plon, 1990 ; *Bains de mer*, Arléa, 1990.

Blaise Cendrars, *Bourlinguer*, Denoël, 1948.

Jean-Marie Le Clézio, *Vers les icebergs*, Fata Morgana, 1978.

Eugène Nicole, *L'Œuvre des mers*, Folio Bourin, 1988.

TABLE DES ILLUSTRATIONS

XIII. Antoine Watteau (1684-1721)
L'Embarquement pour Cythère
Berlin, Schlösser und Gärten,
château de Charlottenbourg
Photo archives L'Hopitault, Paris

XIV. Léon Spilliaert (1881-1946)
*Plage au clair de lune, marine avec
lumière*, 1908
Collection particulière
© ADAGP, Paris, 1991
Photo Lauros-Giraudon, Paris

XIV. Gustave Doré (1832-1883)
Illustration pour *le Dit du Vieux
Marin* de Samuel Coleridge, 1876
Gravé par Jonnard
Paris, Bibliothèque nationale
Photo BN, Paris

XV. Odilon Redon (1840-1916)
Voiliers dans une baie
Collection particulière
Photo Bridgeman-Giraudon, Paris

XVI-XVII. Nicolas de Staël
(1914-1955)
Chenal à Gravelines, 1954
Collection particulière
© ADAGP, Paris, 1991
Photo archives L'Hopitault, Paris

XVIII-XIX. Joseph Mallord William
Turner (1775-1851)
*La Plage de Calais à marée basse,
poissards ramassant des appâts*
Bury, Public Library and Art
Gallery
Photo Giraudon, Paris

XX. Eugène Delacroix (1798-1863)
La Mer vue des hauteurs de Dieppe,
1852 ?
Paris, musée du Louvre
Photo RMN, Paris

XXI. Edouard Manet (1832-1883)
Bateaux en mer. Soleil couchant,
1872-1873
Le Havre, musée des beaux-arts
André Malraux
Photo archives L'Hopitault, Paris

XXI. Georges Seurat (1859-1891)
La Grève du Bas-Butin, dit aussi
la Falaise
Tournai, musée des Beaux-Arts
Photo Giraudon, Paris

XXII. Georges Braque (1882-1963)
Les Falaises, 1960-1961
Paris, musée national d'Art
moderne - Centre
Georges-Pompidou
© ADAGP, Paris, 1991
Photo MNAM, Paris

XXII. Gustave Courbet
(1819-1877)
La Falaise d'Etretat après l'orage,
1870
Paris, musée d'Orsay
Photo RMN, Paris

XXIII. Claude Monet (1840-1926)
Terrasse à Sainte-Adresse,
vers 1866-1867
New York, The Metropolitan
Museum of Art
Photo Artephot / André Held,
Paris

XXIV. Edgar Degas (1834-1917)
Falaises au bord de la mer, 1869
Pastel sur papier gris
Paris, musée du Louvre,
cabinet des Arts graphiques
Photo RMN, Paris

XXV. Edgar Degas (1834-1917)
Maisons au bord de la mer,
vers 1869
Pastel sur papier chamois
Paris, musée du Louvre,
cabinet des Arts graphiques
Photo RMN, Paris

XXVI. Eugène Boudin (1824-1898)
Voiles sur la mer
Huile sur papier
Paris, musée du Louvre,
cabinet des Arts graphiques
Photo RMN, Paris

XL. Odilon Redon (1840-1916)
Vision sous-marine
Pastel sur papier gris
Paris, musée du Louvre,
cabinet des Arts graphiques
Photo RMN, Paris

XLI. Lucien Lévy-Dhurmer
(1865-1953)
La Calanque, vers 1936
Pastel sur papier et châssis entoilé
Paris, musée du Louvre,
cabinet des Arts graphiques
© Droits réservés
Photo RMN, Paris

XLII. Henri Matisse (1869-1954)
Le Luxe I, 1907
Paris, musée national d'Art
moderne - Centre
Georges-Pompidou
© Succession Henri Matisse,
Paris, 1991
Photo MNAM, Paris

XLIII. Georges Braque
(1882-1963)
Le Golfe des Lecques, 1907
Paris, musée national d'Art
moderne - Centre
Georges-Pompidou
© ADAGP, Paris, 1991
Photo MNAM, Paris

XLIV-XLV-XLVI. Henri Matisse
(1869-1954)
La Vague, 1952
Gouache découpée
Nice, musée Matisse
© Succession Matisse, Paris, 1991
Photo du musée

XLVII. Joan Miró (1893-1983)
Baigneuse, 1924
Paris, musée national d'Art
moderne - Centre
Georges-Pompidou
© ADAGP, Paris, 1991
Photo MNAM, Paris

XLVIII. Yves Klein (1928-1962)
*Monochrome bleu, sans titre
(IKB 42)*, 1960
Houston, The Menil Collection
© ADAGP, Paris, 1991
Photo archives L'Hopitault, Paris

XLIX. Pablo Picasso (1881-1973)
La Pisseuse, 16 avril 1965
Paris, musée national d'Art
moderne - Centre
Georges-Pompidou
© SPADEM, Paris, 1991
Photo MNAM, Paris

L-LI. Pierre Bonnard (1867-1947)
Nu dans le bain, 1936
Paris, musée du Petit Palais
© ADAGP, Paris, 1991
Photo Bulloz, Paris

LII. Paul Gauguin (1848-1903)
Cavaliers sur la plage, 1902
Collection particulière
Photo Hubert Josse, Paris

LIII. Pablo Picasso (1881-1973)
La Flûte de Pan, été 1923
Paris, musée Picasso
© SPADEM, Paris, 1991
Photo RMN, Paris

LIV. Paul Cézanne (1839-1906)
Femme piquant une tête dans l'eau,
vers 1867-1870
Crayon, aquarelle et gouache sur
papier
Cardiff, National Museum of
Wales
Photo du musée

© Droits réservés : malgré nos
efforts, il nous a été
impossible de joindre certains
artistes ou leurs ayants droit
pour solliciter l'autorisation de
reproduction, mais nous avons
naturellement réservé en notre
comptabilité les droits usuels.

TABLE DES MATIÈRES

DU MÊME AUTEUR

Poésie

Sommières, P.J. Oswald, 1974.
Grèves, P.J. Oswald, 1977.
La Maye 1, In'hui, 1980.
La Maye 3, Christine au parc du Marquenterre, In'hui, 1983.
La Maye 6, Usages de la forêt, In'hui, 1986.
La Maye 7, Jean Scot Erigène à Laon, Timée du Nord, In'hui, 1987.
La Maye, 1-7, In'hui, Trois Cailloux, Maison de la culture d'Amiens, 1988.
Autobiographie de l'espèce humaine, In'hui, Trois Cailloux, 1991.

Essais

La Forêt invisible, Anthologie de la littérature du nord de la France du Moyen Age à nos jours, Trois Cailloux, Maison de la culture d'Amiens, 1985.
Arpentage de la poésie contemporaine, Trois Cailloux, Maison de la culture d'Amiens, 1986.
Le Génie du Nord, Rivières lentes vers le Nord, Grasset, 1988.
Joseph Conrad, Marval, 1991.

En anglais

Conrad and the West, Macmillan, 1985.
Beyond the Tunnel of History, The Reith Lectures 1989 ; avec Daniel Snowman, Macmillan, 1990 ; University of Michigan, 1990.

Traductions

Lawrence Ferlinghetti, *Tyrannus Nix*, P.J. Oswald, 1977.
William Carlos Williams, *Au grain d'Amérique*, Bourgois, 1978.
Ezra Pound, *Les Cantos*, trad. collective, Flammarion, 1986.
Basil Bunting, *Briggflatts*, In'hui, 1986.
Malcolm Lowry, *Sous le volcan*, Grasset, 1986.
David Jones, *Anathemata*, In'hui, 1987.
Geoffrey Hill, *Les Hymnes de Mercie*, In'hui, 1988.
Walt Whitman, *Feuilles d'herbe*, Grasset, 1989.

DANS LA MÊME COLLECTION

Volumes parus

Petit guide pédestre de la littérature française au XVIIe siècle (1600-1660), par Michèle et Michel Chaillou.

Le joli temps — Philosophes et artistes sous la Régence et Louis XV (1715-1774), par Jean-Noël Vuarnet.

Les villes imaginaires dans la littérature française, par Jean Roudaut.

Ces imbéciles croyants de liberté (1815-1852), par Michel Orcel et François Boddaert.

Le second XVIe siècle — Plumes et rafales (1550-1600), par Pierre Lartigue.

Les baromètres de l'âme — Naissance du journal intime, par Pierre Pachet.

Un grand désert d'hommes — Les équivoques de la modernité (1851-1885), par Claude Mouchard.

La mer hors d'elle-même — L'émotion de l'eau dans la littérature, par Jacques Darras.

Des mots et des mondes — Dictionnaires, encyclopédies, grammaires, nomenclatures, par Henri Meschonnic.

Volumes à paraître

Lettres créoles — Tracées antillaises et continentales de la littérature (1635-1975), par Patrick Chamoiseau et Raphaël Confiant.

Impressions de France — Incursions dans la littérature du premier XVIe siècle (1500-1550), par Jacques Roubaud.

Des femmes en littérature, par Natacha Michel et Martine de Rougemont.